PODER
FEMI
NINO

PODER FEMININO

Cure a Ferida Materna e quebre o ciclo da cultura do patriarcado

BETHANY WEBSTER

Tradução de
CLAUDIA HAUY

Dados Internacionais de Catalogação na Publicação (CIP)
(Câmara Brasileira do Livro, SP, Brasil)

Webster, Bethany
 Poder feminino: cure a ferida materna e quebre o ciclo da cultura do patriarcado / Bethany Webster; tradução Claudia Maria Hauy Alves. – 1. ed. – São Paulo : Editora Melhoramentos, 2022.

 Título original: Discovering the inner mother
 ISBN 978-65-5539-454-2

 1. Autoajuda 2. Autorrealização (Psicologia) 3. Desenvolvimento pessoal 4. Mães - Conduta de vida 5. Mãe e filho - Histórias de vida 6. Maternidade - Aspectos psicológicos 7. Mulheres - Conduta de vida I. Título.

22-109012   CDD-155.34

Índice para catálogo sistemático:
 1. Mulheres: Psicologia comportamental 155.34

Aline Graziele Benitez – Bibliotecária – CRB-1/3129

Esta é uma obra de não ficção. As experiências pessoais da autora aqui detalhadas são todas verdadeiras e foram fielmente reproduzidas conforme suas lembranças, da melhor maneira possível. Alguns nomes e outras características identificadoras foram modificados para proteger a privacidade das pessoas envolvidas. Além disso, este livro é escrito apenas como uma fonte de informação e não deve ser, em hipótese alguma, considerado um substituto à orientação de um profissional de saúde mental qualificado. A autora e os editores isentam-se expressamente da responsabilidade por quaisquer efeitos adversos decorrentes do uso ou aplicação das informações nele contidos.

Copyright © 2022 Bethany Webster
Publicado originalmente por acordo com William Morrow, um selo da HarperCollins Publishers. Direitos desta edição negociados pela Agência Literária Riff Ltda. Todos os direitos reservados. Mais informações sobre direitos autorais podem ser encontradas na página 271.

Título original: *Discovering The Inner Mother – A Guide to Healing the Mother Wound and Claiming Your Personal Power*
Tradução de © Claudia Hauy
Preparação de texto: Sandra Pina
Revisão: Cristiana Corrêa e Elizabete Franczack Branco
Projeto gráfico: Carla Almeida Freire
Diagramação: Estúdio dS
Capa: Brenda Sório
Imagem de capa: Shutterstock/Marylia

Direitos de publicação:
© 2022 Editora Melhoramentos Ltda.
Todos os direitos reservados.

1.ª edição, junho de 2022
ISBN: 978-65-5539-454-2

Atendimento ao consumidor:
Caixa Postal 729 – CEP 01031-970
São Paulo – SP – Brasil
Tel.: (11) 3874-0880
sac@melhoramentos.com.br
www.editoramelhoramentos.com.br

Siga a Editora Melhoramentos nas redes sociais:
 /editoramelhoramentos

Impresso no Brasil

Este livro é dedicado a todas as mulheres que estão sentindo a ânsia de personificar a sua verdade, quebrar os ciclos de trauma em suas famílias e expressar mais plenamente seu poder e potencial. Ao curar nosso trauma pessoal e coletivo, abrimos o caminho para que mais poder feminino se manifeste no mundo. Que você sinta o apoio de todas as mulheres corajosas através do tempo e espaço junto com você, torcendo por você.

Um dia você finalmente soube
o que tinha que fazer, e começou,
apesar das vozes ao seu redor
continuarem gritando
seus maus conselhos –
apesar da casa inteira
ter começado a tremer
e você ter sentido o velho puxão
nos seus tornozelos.
"Salve minha vida!",
cada voz gritava.
Mas você não parou.
Você sabia o que tinha que fazer,
apesar do vento ter arrancado
com seus dedos rígidos
os próprios alicerces –
embora a melancolia deles
fosse terrível.

Já era muito tarde,
e estava uma noite selvagem,
com a estrada cheia de galhos caídos
e pedras.
Mas, pouco a pouco,
como você deixou as vozes para trás,
as estrelas começaram a brilhar
através dos lençóis de nuvens,
e havia uma nova voz,
que você lentamente
reconhecia como a sua própria,
que lhe fez companhia
enquanto você caminhava cada vez mais fundo
para dentro do mundo,
determinada a fazer
a única coisa que você poderia fazer —
determinada a salvar
a única vida que você poderia salvar.

"A Jornada", de Mary Oliver

Sumário

NOTA DA AUTORA | 11
INTRODUÇÃO | 13

CAPÍTULO 1 – O que é a Ferida Materna? | 21
CAPÍTULO 2 – Como a Ferida Materna se manifesta? | 41
CAPÍTULO 3 – Dinâmicas de poder da Ferida Materna | 59
CAPÍTULO 4 – O que mantém a Ferida Materna ativa, e por que ela perdura? | 83
CAPÍTULO 5 – A lacuna materna | 101
CAPÍTULO 6 – Sinais de que você precisa fazer uma mudança | 117
CAPÍTULO 7 – A ruptura da linhagem materna e o custo de se tornar real | 127
CAPÍTULO 8 – Limites | 145
CAPÍTULO 9 – O tabu de questionar a mãe | 163
CAPÍTULO 10 – Desistindo do sonho impossível | 173
CAPÍTULO 11 – Responsabilidade | 185
CAPÍTULO 12 – Luto | 195
CAPÍTULO 13 – Descobrindo a mãe interior | 211
CAPÍTULO 14 – A vida além da Ferida Materna | 231
CONCLUSÃO – A mulher emergente: libertando a "submissa" e fazendo as pazes com o nosso poder | 245

AGRADECIMENTOS | 255
APÊNDICE | 257
FONTES CLÍNICAS sobre o trauma complexo do desenvolvimento, psicoterapia e as neurociências | 267
BIBLIOGRAFIA | 269
PERMISSÕES | 271

Nota da autora

A natureza da memória e da percepção é subjetiva, inerentemente enraizada na própria experiência do observador.

Os exemplos pessoais neste livro baseiam-se nas minhas percepções sobre as pessoas e fatos que ocorreram na minha infância, e como sinto que impactaram minha vida adulta.

Eu fiz o meu melhor para ser precisa e justa ao descrever minhas lembranças das pessoas e dos acontecimentos e quero deixar claro que essas perspectivas não são declarações de fato, são as minhas opiniões e percepções pessoais.

Introdução

Desde pequena, sentia que algo estava errado no meu relacionamento com minha mãe, mas instintivamente lidava com isso mantendo-me quieta e obediente no papel da "boa menina". Por volta dos dezenove anos, meus sintomas se tornaram tão intensos que procurei ajuda profissional e tive sorte em embarcar em uma preciosa jornada de décadas de duração com um terapeuta especializado em uma terapia, corretiva e profunda, baseada em relacionamentos; uma jornada que continua até hoje. No começo, evitava examinar minha relação com minha mãe, mas me sentia determinada a compreender a causa principal do meu desespero, o que, por anos, parecia um mistério para mim. Semana após semana, ano após ano, década após década, continuava a descobrir insights, conexões e progressos que nunca tinha visto, refletidos em obras acessíveis de desenvolvimento pessoal, psicologia ou autoajuda.

Em 2013 lancei um blog, sedenta por compartilhar tudo o que estava descobrindo sobre a Ferida Materna. Ninguém parecia falar sobre esse fenômeno e eu queria ajudar outras mulheres que, como eu, estavam lutando para identificar a causa principal dos seus sintomas. Lancei o blog e, quase de imediato, meus artigos começaram a viralizar e se espalharam pelo mundo. Começou a chover e-mails de mulheres me contando suas histórias e me agradecendo por articular experiências sobre as quais elas não tinham palavras ou coragem para falar.

Começaram a acontecer sincronicidades ao meu redor. Muitos meses depois, tinha acabado de marcar uma viagem a Barcelona, na Espanha, para umas raras férias quando, no dia seguinte, recebi um e-mail de uma professora de lá, perguntando se poderia traduzir um dos meus artigos para um *workshop* de mulheres. Respondi que, por acaso, estaria na cidade naquela época e que ficaria feliz em dar uma palestra sobre o artigo. Uma coisa levou à outra e acabei ministrando dois *workshops* lotados durante um único fim de semana daquela viagem. Ela me apresentou à sua rede de colaboradores na Europa, e voltei à Espanha para uma série de palestras por cidades como Barcelona, Bilbao, Madri, Valladolid, entre outras. Vinham mulheres de toda a Europa para esses *workshops*. Quando me dei conta, estava pegando um trem que cruzava o Reino Unido, dando *workshops* em Londres, Totnes, Frome, Nottingham e outras. Então, os convites começaram a chegar de Budapeste, Berlim, Itália, Viena, Croácia, Bélgica, Polônia, Holanda; e de outros lugares na Índia, Bali, Japão e Tailândia.

Em cada cidade que ia, entrava em uma sala cheia de mulheres curiosas, nervosas e ansiosas por se conectarem com outras mulheres e tratar desse assunto. Eram desde executivas de negócios, terapeutas, acadêmicas, mães e donas de casa a universitárias, avós, empresárias e millenials. No fim de cada *workshop*, o clima pesado que havia na sala inicialmente se abria para uma imensa leveza, amplitude e energia no ar. Eu ficava impressionada com os vínculos profundos que eram rapidamente criados ao explorarmos juntas esse tabu.

Mais tarde naquele ano, voltei de uma conferência de mulheres, frustrada pelo que vi devido à falta de profundidade na nossa discussão sobre as questões femininas. Vi como, até nos mais altos níveis de sucesso, a Ferida Materna estava quase aparente, mas ainda sendo evitada. A partir dessa noção de urgência, escrevi um ensaio chamado "Porque é crucial para as mulheres curarem a Ferida Materna". Esse artigo em particular parece ter elevado rapidamente a consciência sobre a Ferida Materna a um nível completamente novo: mulheres passaram a usar o termo com mais frequência em novos artigos, podcasts, *workshops* e nas redes sociais.

Eu sabia que queria escrever um livro sobre a Ferida Materna, mas isso continuava em segundo plano, pois meu trabalho continuava a se expandir conforme continuava a escrever, viajar e lecionar. Finalmente, podia deixar meu emprego como administradora de universidade e focar em período integral nesse trabalho. Com o tempo, percebi que um dos indicadores de as mulheres estarem curando sua Ferida Materna é uma crescente vontade de interromper e transformar a normalidade, um poderoso desejo de serem verdadeiras, autênticas e de viverem a vida em seus próprios termos. Vi mulheres abandonando casamentos, empregos e relacionamentos que não serviam para elas, ou começarem a transformá-los internamente; em ambos os casos, inspirando e estimulando as pessoas ao seu redor, elevando tudo a um nível superior.

Quando Trump foi eleito, senti maior urgência para escrever um livro que alcançasse mais mulheres e lhes ensinasse sobre a Ferida Materna; como ela se relaciona com o desmantelamento do patriarcado e porque é importante que a curemos. Certa manhã acordei com o claro sentimento de que era hora de lançar este livro o mais rápido possível; o mundo estava mudando e essa mensagem era mais necessária do que nunca. Planejei responder a um dos editores que havia me contatado, mesmo sem eu ter um agente. Mas parece que o universo tinha outros planos pois, no dia seguinte, recebi um e-mail de um agente interessado em me representar. O resultado foi este livro que você está segurando agora.

Resumindo, escrever um livro sobre a Ferida Materna foi o fruto orgânico de mais de duas décadas de pesquisa e um meticuloso trabalho interno. Este é o livro que eu gostaria de ter tido na época em que comecei minha própria jornada. Este é também um livro *para este* tempo, um tempo em que o despertar global das mulheres é essencial para a nossa sobrevivência coletiva.

Neste livro, vou compartilhar com você minha jornada de como descobri a Ferida Materna e as ferramentas que usei para continuar a lidar com isso, eu mesma, e trabalhar com milhares de mulheres. Também vou falar sobre os profundos avanços que vieram por eu ter encontrado minha própria Ferida Materna e os decorrentes *insights* que obtive sobre feminismo, trauma intergeracional e potencial humano.

A Ferida Materna é uma forma de trauma familiar e cultural específico daqueles que vivem em um patriarcado

Homens e mulheres têm a Ferida Materna. As manifestações dela são pessoais, culturais, espirituais e planetárias. Esse tópico é tão endêmico na nossa cultura, que poderia e deveria preencher muitos volumes: este livro é apenas uma introdução, e seu foco, principalmente, é no nível pessoal. Neste livro, eu me concentrei na aparência dela onde você a encontrará primeiro: em sua própria experiência. Creio que, uma vez que cada um de nós curar suficientemente a Ferida Materna no nível individual, estaremos mais bem preparados para atender à necessidade de transformá-la enquanto sociedade. Esta obra não é sobre culpar nossas mães, mas sobre responsabilidade geracional e intergeracional. É sobre possuir nosso poder enquanto mulheres e, consequentemente, criar um novo equilíbrio e harmonia entre energias masculinas e femininas saudáveis no nosso mundo.

Ao longo dos anos, escritoras como Adrienne Rich e Christiane Northrup mencionaram o termo "Ferida Materna", mas nenhuma jamais explicou exatamente o que é e por que continua sendo uma vivência universal das mulheres no mundo inteiro. Neste livro, pretendo preencher uma lacuna crucial no nosso entendimento da psicologia e do empoderamento da mulher, definindo, de forma abrangente, a Ferida Materna; explicando como se manifesta na vida das mulheres e fornecendo uma visão global juntamente com orientações práticas para a jornada de cura.

Embora eu tenha bacharelado e mestrado em psicologia, sou *coach*, não psicoterapeuta ou especialista em trauma. Um apêndice com mais termos técnicos foi elaborado pela minha terapeuta, Nicole Ditz, e está disponível na página 257 para quem quiser aprender mais, pois este livro vai tangenciar tópicos como funcionamento do cérebro e trauma complexo do desenvolvimento.

Poder feminino lidará com questões de interseccionalidade, gênero, sexualidade, raça, religião e outros vetores da nossa cultura, que são intrinsecamente ligados à Ferida Materna. Da mesma forma, o relacionamento de filhos e a Ferida Materna, assim como os padrões de pais interagirem com filhas, são áreas adjacentes incrivelmente importantes para o material deste livro. As formas com que essas questões se cruzam com a Ferida Materna merecem análise profunda e de qualidade, o que as limitações de um único volume não permitem. Eu espero abordá-las detalhadamente em obras futuras.

Nesse sentido, gostaria também de reconhecer que minhas vivências são embasadas pelo privilégio de quem eu sou e de onde vim, como uma mulher educada, branca e de classe média. Todos nós somos limitados pelo escopo da própria vida, e meus testemunhos não representam a todos. Tenho consciência que minhas experiências e identidades limitam minhas perspectivas e minha compreensão. Ofereço minha história como um exemplo e uma porta para discussão, na esperança de que isso ajude você a lançar luz sobre a sua situação específica.

Escrevi este livro como uma mulher branca que se beneficiou de privilégios por causa da cor da pele, que se beneficiou do legado doloroso deixado por meus ancestrais, que está comprometida com o seu trabalho interno e externo para desmantelar o racismo e os sistemas de opressão, e com os mais elevados padrões de responsabilidade. Embora minha pesquisa e minhas conversas com milhares de mulheres revelem que há uma ressonância do fenômeno da Ferida Materna em todas as muitas raças e culturas, fatores como racismo sistêmico e institucionalizado, traumas e opressão baseados em raça e outros interagem e agravam a Ferida Materna em muitas mulheres.

Quando falo da Ferida Materna no contexto das culturas patriarcais, refiro-me às culturas invasivas, patriarcais e capitalistas enraizadas na colonização e destruição da terra, que passou a dominar a maior parte do mundo. Este livro, descrevendo minha história pessoal e minhas observações, pretende servir meramente como uma entrada para um ruidoso coro de vozes femininas de uma enorme variedade de histórias de vida, raças e culturas, para emergir e compartilhar suas experiências vividas da Ferida Materna.

Embora este livro seja focado nas mulheres, acho que todos que o lerem ganharão algo valioso. Para aquelas que são mães, convido-as a ler este livro pelo prisma de si mesmas *como filhas*, pois é a partir desta perspectiva que a Ferida Materna é curada. Conforme vá obtendo *insights* sobre como foi criada e o impacto que isso teve sobre você, a forma como se mostra como mãe provavelmente mudará em muitos sentidos positivos, permitindo vínculos mais fortes e saudáveis com seus filhos.

Este livro passa do pessoal ao cultural, começando com a discussão sobre o que é a Ferida Materna, como ela se manifesta e os tipos de dinâmica de poder dos quais se alimenta. A partir daí, aprofundamo-nos no processo de abordar o trauma dentro de nossa própria família, o trabalho interno que isso requer e, finalmente, as mudanças que você pode esperar ver ao trilhar seu caminho para o outro lado. Na conclusão de cada capítulo, há uma série de questões para reflexão, colocadas para auxiliar você a explorar o material no contexto de sua própria vida. Para aquelas que lerem o livro e sentirem-se prontas para mergulhar mais profundamente no processo de cura, recomendo que visitem meu site para mais recursos e informações.

Por fim, curar a Ferida Materna não é sobre nossas mães. É sobre mulheres acolhendo a nós mesmas e nossos dons, sem vergonha. É sobre expandir nossa capacidade de controlar e transformar o sofrimento emocional em consciência. É sobre reparar um desequilíbrio criado pelo patriarcado. Não vamos mais nos sentir crianças abandonadas em desespero, projetando nossa dor inconsciente em tudo ao nosso redor. Curar nossas Feridas Maternas permite que nos tornemos a testemunha amorosa da amada criança interior e personifiquemos a consciência feminina benevolente que tem estado dormente dentro de muitas de nós. A cura intergeracional requer que aprendamos a encarnar exatamente as coisas que nunca recebemos, para sermos a presença amorosa que queríamos para nós mesmas, a presença incondicional e benevolente que está lá, independentemente de qualquer coisa. Compreender que temos dentro de nós uma reserva inexplorada de apoio com a qual podemos nos conectar em qualquer momento. Tornamo-nos não apenas mantenedoras, mas mantidas, as que procuram e as procuradas, o veículo coletivo para algo novo e sem precedentes a nascer neste mundo.

Eis uma breve amostra do que ganhamos ao curar a Ferida Materna

Sensibilizar-se novamente para a vida: a vida é reanimada. Em vez de ver as coisas através de lentes de merecimento, rótulos e uma sobreposição de projeções traumáticas, podemos facilmente perceber a beleza visceral, a profundidade e a preciosidade da vida ao nosso redor.

Integrar ao invés de compartimentar: somos mais capazes de ver a vida como um todo integrado e nossa autoconsciência aumenta. Vemos mais conexões do que diferenças. Vemos as diferenças, mas as sentimos menos ameaçadoras. Ficamos mais abertas a opiniões.

Redefinir os gatilhos como oportunidades: nossa reatividade é um indicador a nos mostrar o que vem a seguir para nos curarmos do nosso passado. Cada gatilho é uma oportunidade de fazermos novas escolhas que não podíamos quando éramos crianças.

Reivindicar formas incorporadas de saber: a experiência sentida torna-se uma fonte de sabedoria e informação. Agimos de acordo com nosso autoconhecimento e aprendemos a confiar nele. Reivindicamos a autoridade sobre nossa experiência e aprendemos a confiar nas nossas observações e intuições.

Deixar de fazer em excesso: validamos nossa necessidade de descanso, de silêncio, de espaço, de tempo sem a sensação de que algo terrível vai acontecer se não formos produtivas.

Desobjetificar o mundo ao redor: conforme nos tornamos emocionalmente disponíveis para a criança interior traumatizada, ficamos emocionalmente disponíveis para outras pessoas, sentimos mais empatia e nos sentimos mais conectadas às espécies não humanas e à própria terra.

Valorizar o vulnerável: à medida que entramos em contato com o escopo e a magnitude de como sofremos emocionalmente como crianças, vemos valor em coisas como raiva e lamento, acolhendo-os mais do que os julgando ou nos sentindo envergonhadas por senti-los. Procuramos a renovação e regeneração que eles oferecem e a clareza que sempre vem depois do seu despertar.

Curar a Ferida Materna não é um caminho rápido, glamouroso ou fácil. Mas é o verdadeiro caminho para a cura intergeracional e a transformação que precisamos para criar mudanças duradouras para as gerações do futuro. Com esse trabalho, criamos um mundo melhor para nós, nossas famílias, nossos filhos e para a terra.

CAPÍTULO 1

O que é a Ferida Materna?

Todas as grandes verdades começam como blasfêmia.
George Bernard Shaw

Éramos uma família de classe média na Nova Inglaterra. Meus pais tinham empregos estáveis e vivíamos em uma boa vizinhança. Eu tinha um teto sobre minha cabeça, comida na mesa e férias de verão. Recebia uniformes escolares novos e faziam festas de formatura para mim. Mas, por mais bem intencionados que meus pais fossem, para mim, nosso lar parecia uma zona de guerra emocional, comigo no meio. Meus pais se casaram jovens e, creio eu, reproduziram inconscientemente os padrões disfuncionais a que foram sujeitados em suas famílias.

Eu tinha seis anos quando minha mãe me disse que eu era sua melhor amiga e que me amava mais do que a qualquer outra pessoa. Por volta dessa mesma época, notei que meu pai começou a ficar até tarde bebendo em bares; eu consolava minha mãe quando ela chorava e me unia a ela, ficando brava com meu pai quando, finalmente, ele voltava para casa.

Eu era sua aliada, sua guerreira e, num contexto emocional, sua cônjuge-substituta. Sentia que minha segurança dependia de dar apoio emocional a ela. Quando meu pai ficava até tarde na rua, nós assistíamos TV na cama dela e conversávamos. Sua aliança comigo me fazia sentir necessária e importante, mas também presa ao seu sofrimento. Eu guardava a esperança de que, um dia, minhas necessidades fossem também atendidas.

Com o passar dos anos, meu papel como mediadora familiar aumentou – gritando com meu pai em favor de minha mãe; amortecendo a ira dela contra o meu pai; intervindo para proteger meu irmão quando papai ficava violento. Eu era a esponja de sentimentos indesejados da família, a absorvedora de choques nas crises, a solucionadora de problemas e o depósito de lixo emocional. Como resultado, sempre enterrava fundo minhas necessidades, observações, sentimentos e reações autênticas, sacrificando-me enquanto funcionava além da conta para o sistema familiar. Era calma por fora, mas, por dentro, hipervigilante para impedir catástrofes.

Por volta dos sete anos, sonhava repetidamente que estava encontrando um bebê real, um que fosse meu e de quem eu podia cuidar. Desejava ser uma garota real, não uma boneca, não um objeto, mas uma garota de verdade, merecedora de carinho, suporte emocional e atenção amorosa de um adulto saudável. Do ensino fundamental ao médio, desenvolvi uma profunda devoção à Virgem Maria. Meus pais não eram religiosos, então minha devoção parecia ser o meu mundo próprio e especial, à parte do deles, uma tábua de salvação em meio ao caos. Ocasionalmente, eu ficava na casa de minha bisavó, e ela me ensinou a rezar. Eu tinha dez anos quando ela morreu e herdei todos os seus pertences religiosos – estátuas, santinhos, rosários e livros. Criei um altar no meu quarto e costumava rezar para Maria aparecer para mim no caminho de volta da escola ou no quintal, como fez para as crianças de Fátima. Praticava boas ações secretamente, como ajudar colegas na escola ou ser generosa com meu irmão, e as oferecia a ela. Tentava passar dias inteiros sem cometer um único pecado.

Eu tinha onze anos e me lembro do silêncio na casa em um fim de tarde quando não havia mais ninguém lá. Tirei uma grande faca serrilhada de uma gaveta da cozinha e levantei minha blusa. Coloquei a ponta da faca no meio do meu peito e fechei os olhos. Pensei: "Isso melhoraria tudo, todos ficariam felizes sem mim". Comigo eliminada, sentia que a dor deles e a minha terminariam. No fundo, estava com muito medo para ir até o fim. Olhando para trás, posso ver com que clareza percebia minha existência como o problema, devido a quão me sentia desdenhada durante toda a infância.

Até a faculdade, continuei sendo a "boa menina", mesmo me sentindo perseguida pelas carências de minha mãe, que começava a parecer uma sombra ameaçadora sempre nas minhas costas. Desde que me lembro, ela me confidenciava várias situações que a incomodavam, fosse sobre a relação disfuncional com meu pai ou algo com que estivesse lidando no trabalho. Quando fiquei mais velha, parecia que ela esperava que eu fosse sua caixa de ressonância. Com o tempo, aumentaram minha raiva e meu ressentimento sobre o que entendia como um desequilíbrio no relacionamento que demandava que minhas necessidades fossem invisíveis. Ela parecia esperar que eu aliviasse suas angústias. Geralmente, mencionar os meus problemas fazia com que ela se retirasse ou se tornasse totalmente hostil. Meu papel como serva emocional parecia funcionar como um controle sobre sua raiva. Eu sentia que não poderia me desviar desse papel sem algum grau de punição.

Quando era bem-sucedida nos estudos ou nas artes, seu orgulho de mim sempre aparecia atrelado a agudas e táticas exigências de "Não me deixe. Não me supere. Não me ameace". Eu podia sentir perfeitamente o que parecia ser um abismo voraz que ela revelava apenas para mim, mantido sob controle porque ela me "mantinha na linha" em algo que eu entendia como as expectativas dela de que eu fosse sua mascote, sua líder de torcida particular e sua melhor amiga. Quando eu expressava opiniões contrastantes com as dela, colocava limites, demonstrava um momento de confiança ou exercia minha independência, ela tratava isso como uma traição. Reagia com uma saída agressiva, um sopro exasperado ou uma rejeição imediata ao que eu tinha dito. Algumas vezes, sua reação era apenas um olhar raivoso e incrédulo, como se minha capacidade de expressar uma realidade diferente provocasse nela uma abrupta dor física. Eu tinha sonhos recorrentes, em que era uma prisioneira, e minha mãe, a guarda da prisão, que me obrigava a sentar e observá-la comendo, enquanto eu ficava ali parada, com fome.

Na faculdade, fiquei à deriva. Eu estava começando a viver a vida da minha mãe, me vendo em relacionamentos como o que ela tinha com meu pai, e seguindo a mesma carreira profissional: estudando para ser professora. Sentia-me cada vez mais perdida, deprimida e vazia – e menos capaz de esconder isso. A minha dor começava a emergir, mas não tinha nenhum modelo de autocuidado. Aos dezenove anos, fiquei inesperadamente grávida; tive que parar e reavaliar quem eu era e quem eu queria ser.

Lembro-me do dia em que estava em uma loja de alimentos saudáveis e fui até o mural olhar panfletos e cartões de visitas, disfarçadamente procurando informações sobre terapeutas locais. Meus olhos pararam em um cartão que tinha o símbolo da deusa. Liguei para o número no cartão. Fui à minha primeira sessão uma semana após meu aborto. Embarquei no que se tornou vinte e dois anos de profunda, intensiva e compreensiva terapia de trauma de desenvolvimento baseada em relacionamentos. Continuei regularmente durante todos esses anos até agora, e continua a ser uma tábua de salvação na minha jornada.

Em vez de terapia convencional, que tipicamente inclui alívio temporário dos sintomas, terapia de curta duração com foco em resultados rápidos e abordagem superficial, minha terapeuta, Nicole, ofereceu uma terapia intensiva baseada no trauma, focada em um processo intensamente reparador e relacional que tem me ajudado profundamente a mudar meu cenário interno ferido, curar partes da minha criança interior e desenvolver minha capacidade de ser maternal comigo mesma. O cerne do meu trabalho com Nicole foi a formação de um vínculo afetivo primário corretivo, seguro e curador, baseado em várias teorias e práticas de muitas outras linhas de psicoterapia.

O estilo da terapia era colaborativo, com um alto nível de respeito pela minha individualidade, uma profunda sintonia empática e respeito por mim, até em momentos de contratransferência hostil que vieram à tona por projetar inconscientemente minha Ferida Materna em Nicole. Em resumo, exatamente por estar recebendo o oposto do que tinha vivido na minha família por tantos anos, eu me tornei capaz de transformar minha Ferida Materna em profundidade, culminando em uma capacidade de apoiar também outras mulheres em suas jornadas de cura.

Depois do aborto, tranquei a faculdade por um semestre e decidi trocar minha especialização em educação por psicologia. Eu me inscrevi na pós-graduação e voltei a morar com meus pais, continuando a me sustentar como garçonete. Todo esse tempo, eu intencionalmente abordava a relação com meus pais de uma forma ponderada e civilizada. Na época em que acabei o mestrado em psicologia e tinha sido aceita em um programa de doutorado, me apaixonei por David, um colega de trabalho e conhecido de longa data, cuja cunhada estava procurando inquilinos para seu apartamento em Manhattan. Escolhi não fazer o doutorado e, em vez disso, mudei-me com David para a cidade de Nova York e consegui um emprego como escritora/editora em uma faculdade de medicina da Ivy League. Nunca vou me esquecer de estar no caminhão da U-Haul com David dirigindo pela I-95 Sul em direção a Hell's Kitchen naquela manhã cinza de setembro e abrir um cartão da minha mãe dizendo: "Eu te amo como ninguém". Coloquei imediatamente o cartão na minha bolsa e respirei fundo e fiquei feliz por ter minha própria casa à minha frente. Nesse ponto, eu mantinha o relacionamento com minha mãe a uma distância calculada para ficamos em um nível básico de aparente harmonia. Mesmo depois de anos em terapia, eu realmente comecei a sentir a magnitude do impacto de minha mãe sobre mim, após algum tempo *de distância física dela. Nessa época, descobri um lago profundo de raiva e tristeza enormes sobre como minha mãe havia me tratado e como meu pai falhara em me proteger.*

Ao explorar conscientemente meus mais profundos níveis de sofrimento em uma relação terapêutica hábil, profundamente sintonizada e corretiva eu, lentamente, quase imperceptivelmente em alguns momentos, comecei a formar uma nova noção de identidade, sentindo que se formava uma base cada vez mais sólida dentro de mim. Pouco a pouco, sessão após sessão, ano após ano, eu experimentava a alegria e o alívio de me tornar livre. Foi um processo lento, árduo e libertador.

Dificuldades e desafios entre mães e filhas são crescentes e generalizados, mas não se fala abertamente sobre eles. Geralmente, reconhecer e discutir sobre dinâmicas dolorosas com nossas mães é considerado tabu. O silêncio sobre a verdade dos relacionamentos mãe-filha é parte do que sustenta a Ferida Materna ativa, mantendo-a escondida na sombra, apodrecendo e longe da vista. Nos últimos anos tem aumentado nas mulheres a vontade de quebrar o silêncio e compartilhar nossa verdade, curar e quebrar o ciclo para as gerações futuras, um passo crucial para a cura e o empoderamento das mulheres como um todo. Vamos nos aprofundar agora na definição do que é exatamente a Ferida Materna, e como ela se manifesta em nossas vidas. A Ferida Materna, uma condição social enraizada no patriarcado, existe em quatro níveis: pessoal, cultural, espiritual e planetário.

Ferida Materna pessoal: um conjunto de crenças e padrões limitantes internalizados que se originam das primeiras dinâmicas com a mãe, que causam problemas em muitas áreas da vida adulta, impactando a forma como vemos nós mesmas, uns aos outros e nosso potencial.

Ferida Materna cultural: a desvalorização sistêmica das mulheres em quase todos os aspectos das culturas patriarcais, enraizadas na colonização, que vieram a dominar a maior parte do mundo e, como resultado, gerar seu desequilíbrio disfuncional.

Ferida Materna espiritual: a sensação de estar desconectada e alienada de um poder superior e da vida em si.

Ferida Materna planetária: o mal causado à Terra (por exemplo, desmatamento, extinção em massa das espécies, crise climática etc.), que está ameaçando a vida neste planeta.

Tudo isso começa no nível pessoal. Ao curarmos o nível pessoal da Ferida Materna, aumentamos nossa conexão conosco, uns com os outros e com a Terra.

A Ferida Materna é curada no nível da condição de filha

Nem toda mulher é mãe, mas *todas* as mulheres são filhas. Curar a Ferida Materna não se trata de colocar mães e filhas umas contra as outras; pelo contrário, é sobre as mulheres coletivamente assumirem seu poder. O melhor que uma mãe pode fazer por uma filha é comprometer-se a curar a própria Ferida Materna. Por meio desse processo curativo, ela ampliará sua capacidade de empatia por si mesma e, por conseguinte, empatia e disponibilidade emocional para sua filha. A relação pode então sair de "ou/ou" (apenas uma de nós pode ser completamente amável e completamente poderosa) para uma com bastante espaço para que ambas, mãe e filha, sejam igualmente amadas e poderosas. Há espaço para pertencer, assim como há espaço para ser um indivíduo separado, tanto para mãe quanto para filha. Esse processo quebra o entrelaçamento, ou "fusão", que as culturas patriarcais fomentam na relação mãe-filha, e abre novas possibilidades e expressões para a conexão autêntica.

Não é necessário estar em uma relação com a sua mãe para curar sua Ferida Materna. Como ela está dentro de *nós*, podemos curá-la mesmo que nossas mães estejam ausentes, já tenham falecido ou se recusem a engajar-se conosco no caminho de cura. Para algumas mulheres, curar a Ferida Materna trará mais proximidade com a mãe, para outras isso aumentará a distância. Não se pode prever qual caminho esse processo tomará. Mas, em ambos os casos, a cura e o empoderamento da filha é o primeiro resultado. Isso requer que tenhamos fé de que, qualquer que seja o resultado, desenvolveremos uma conexão mais saudável e sólida conosco, o que é essencial para nossa capacidade de progredir.

O custo de evitar a Ferida Materna

A Ferida Materna mantém as mulheres separadas delas mesmas, umas das outras e do seu verdadeiro empoderamento. Têm-se permitido que nosso trauma coletivo apodreça livremente por gerações, distorcendo o relacionamento mãe e filha em uma briga de poder que é impossível vencer. O preço de se evitar a Ferida Materna é muito alto. Mantê-la viva garante que nossa dor renegada continue a ser transmitida às futuras gerações.

O custo para a nossa vida pessoal é viver eternamente:

- Com um sentimento vago e persistente de que "Há algo errado comigo".
- Nunca concretizando nosso potencial por medo de falhar ou sermos desaprovadas.
- Tendo limites frágeis e falta de clareza sobre nós mesmas.
- Não nos sentindo dignas ou capazes de criar o que desejamos de fato.
- Não nos sentindo seguras o bastante para dar espaço e voz à nossa própria verdade.
- Organizando a vida em torno de "não afundar o barco".
- Sabotando-nos quando aproximamos de um progresso.
- Esperando inconscientemente pela permissão ou aprovação da mãe antes de reivindicarmos nossa própria vida.

O custo para a sociedade, e para o mundo, é que gerações de mulheres se mantêm limitadas para não ofender, são compelidas a se culparem e deixam passar a chance de realizar plenamente o seu potencial. Assim, o mundo perde a genialidade, o poder, o amor e os dons de incontáveis mulheres. Nós não podemos permitir que essa tragédia continue.

O custo para a Terra é muito bem resumido por Eckhart Tolle: "A poluição do planeta é apenas um reflexo externo de uma poluição psíquica interna: milhões de indivíduos inconscientes sem assumir responsabilidade pelo seu espaço interior".

O que ganhamos ao curar a Ferida Materna

Até chegarmos à raiz das causas de nosso sofrimento interno, que são os padrões básicos estabelecidos no começo da vida, e lamentarmos as situações que nos fizeram internalizá-los, o desenvolvimento pessoal ou o trabalho espiritual que fazemos somente atinge, na melhor das hipóteses, um nível superficial. Muitos dos problemas aparentes que continuam a acontecer na vida diária, inclusive conflitos nos nossos relacionamentos, na carreira e na saúde, todos apontam de volta para um cerne em comum: a dor em relação à mãe e as crenças sobre nós mesmos, que se originam desse relacionamento primário. Eu acredito que curar a Ferida Materna é a coisa mais importante na qual uma mulher pode focar, devido ao potencial incrível que se encontra do outro lado dela e à magnitude da transformação possível através da sua cura. Nenhum outro relacionamento tem o poder de nos limitar ou de nos libertar quanto o nosso relacionamento com a mãe.

Benefícios de curar a Ferida Materna:

- Sermos mais fluentes e hábeis em lidar com nossas emoções, vendo-as como uma fonte de sabedoria e informações.
- Termos limites saudáveis que dão suporte à autorrealização.
- Desenvolvermos uma sólida "mãe interior" que nos dá amor incondicional, apoio e conforto.
- Reconhecermo-nos como competentes, sentindo que tudo é possível e estando abertas a milagres e a todas as coisas boas.
- Estarmos em contato constante com nossa bondade interna e nossa habilidade de inseri-la em tudo que fazemos.
- Termos profunda compaixão por nós mesmas e por outras pessoas.
- Não nos levarmos tão a sério; não precisarmos de validação externa para nos sentirmos bem.
- Acreditarmos que a vida nos traz o que precisamos em cada momento.
- Sentir-nos seguras na nossa própria pele e ter a liberdade de ser quem somos.
- Enxergar nossas mães e a nós mesmas com precisão, não levando para o lado pessoal as limitações delas.

- Chegar à gratidão pelo que nossas mães *puderam* nos dar... e à compaixão e aceitação pelo que elas *não* puderam nos dar.

Raiva, vergonha e culpa

A Ferida Materna existe por não haver um lugar seguro para nossas mães processarem sua raiva a respeito dos sacrifícios que a sociedade exige delas. Em um ensaio publicado na *TeenVogue* chamado "A maioria das mulheres que você conhece tem raiva. E tudo bem", Laurie Penny escreve:

> A raiva feminina é um tabu, e por uma boa razão – se nós falarmos sobre ela diretamente, em números altos demais para ignorar, algumas coisas precisariam mudar. Quantas vezes os homens no poder – inclusive Donald Trump – tentaram afastar e diminuir mulheres que os criticam, insinuando que nossas opiniões não passam de um monte de besteira, dos hormônios, nenhuma delas racionais, nenhuma delas reais? Essas brincadeiras nunca são apenas brincadeiras. Elas são uma estratégia de controle. O patriarcado tem tanto medo da raiva feminina que, por fim, nós aprendemos a temê-la também.

Muitas filhas adultas ainda temem inconscientemente a rejeição ao escolherem não fazer os mesmos sacrifícios que as gerações anteriores fizeram, e esse medo sempre é transmitido, também de modo inconsciente, para nossas filhas. Uma filha jovem é um potente alvo para a raiva de uma mãe, porque a filha ainda não teve que abrir mão da sua personalidade em prol da maternidade. A filha jovem pode fazer com que a mãe relembre de seu próprio potencial não vivido. E se a filha se sente valiosa o suficiente para rejeitar algumas das exigências patriarcais que a mãe teve que engolir, ela pode facilmente acionar essa raiva oculta na mãe.

Curar a Ferida Materna não é culpar a sua mãe

Culpar a mãe é evitar responsabilidade; curar a Ferida Materna é uma forma de assumir a responsabilidade pessoal.

Culpar a mãe caracteriza-se por:

- Complacência e sensação de vitimização.
- Esconder-se do próprio poder e da própria responsabilidade.
- Projetar a raiva não processada nos outros.
- Evitar a tristeza latente pela sua infância.

Curar a Ferida Materna envolve:

- Examinar a relação mãe e filha com a intenção de obter clareza e *insights* para criar uma mudança positiva em nossas vidas.
- Transformar crenças limitantes que herdamos, com a intenção de adotar novas crenças que apoiem totalmente nossa autorrealização.
- Assumir responsabilidade por nossos próprios caminhos, tornando-nos conscientes dos padrões anteriormente inconscientes, e fazendo novas escolhas, que refletem nossos reais desejos.

Existe muita conversa hoje em dia sobre feminismo e sobre ser uma mulher desperta e consciente. Mas a realidade é que não conseguimos ser verdadeiramente empoderadas se ainda não abordamos internamente os exatos lugares dos quais nos sentimos banidas e exiladas do feminino. Nosso primeiro e mais formativo encontro com o poder feminino foi com nossas mães. Até que tenhamos coragem de quebrar o tabu e encarar a dor que vivenciamos em relação a nossas mães, imagens de poder feminino não passam de outra forma de conto de fadas, uma fantasia de resgate por uma mãe que não vem. Esperar por um salvador nos mantém, de certa forma, na imaturidade. Temos que separar a mãe humana da mãe arquetípica para sermos verdadeiras portadoras do poder feminino consciente. Temos que desconstruir as mentiras, distorções e falsas estruturas patriarcais dentro de nós antes de podermos construir um novo alicerce dentro de nós para manter essa energia. Até fazermos isso, permanecemos presas em um tipo de limbo em que nosso empoderamento não vive muito e a única explicação que parece fazer sentido é nos culpar.

O patriarcado como a causa principal da Ferida Materna

O patriarcado gera a Ferida Materna. Nas culturas dominadas pelo masculino, as mulheres são condicionadas a pensar sobre si mesmas como "menos que", não merecedoras nem dignas. Esse sentimento de ser menos tem sido internalizado e passado adiante por incontáveis gerações de mulheres.

Os princípios corrosivos do patriarcado que dão origem à Ferida Materna incluem:

- Priorizar os homens em detrimento das mulheres.
- Dominação, detenção do poder.
- Normalizar a supressão dos sentimentos.
- Ver a expressão dos sentimentos como inerentemente fraca ou ruim.
- Sentir vergonha por ter necessidades.
- Sentir vergonha por descansar ou desacelerar.
- Necessitar produzir para sentir-se valorizada.
- Violação de limites.
- Sensação de escassez de dinheiro, tempo, amor, energia.
- Sentimentos de isolamento e desconexão.
- Objetificação: não ver as pessoas como pessoas.
- Obediência e adequação são exigidas.
- Ver a violência como forma de poder.
- Admirar a falta de empatia.
- Romantizar/erotizar as dinâmicas de dominação e submissão.
- Desdenhar de tudo o que é percebido como feminino.
- Considerar os homens como o padrão do ser humano.
- Manter a crença racista de que "branco é bom".
- Manter a crença de que a heterossexualidade é a norma e o ideal.

A maternidade e a Ferida Materna

Historicamente, as culturas patriarcais não só trataram a maternidade como uma obrigação para as mulheres, mas também a tornaram opressiva, submetendo as mães a padrões absurdos, como demandar que elas:

- Abdiquem de suas ambições pessoais para cuidar da família.
- Esgotem-se para manter a família e criar os filhos.
- Sejam a principal responsável pelos cuidados da casa.
- Atendam constantemente aos outros e às necessidades deles, sem atender às próprias.
- Administrem tudo com facilidade 100% do tempo; tenham filhos bem comportados e mantenham um alto padrão de beleza, desejo sexual, carreira bem-sucedida e um casamento sólido.

Mensagens não ditas de nossa sociedade para as mães incluem:

- "Se a maternidade é difícil, é por sua culpa."
- "Que vergonha você não ser super-humana."
- "Existem 'mães naturais' para quem a maternidade é fácil. Se não é uma delas, existe algo muito errado com você."

Como resultado dessas crenças limitantes e padrões sobre-humanos, as mulheres renunciam aos seus sonhos, reprimem seus desejos e suprimem suas necessidades em prol de atingir o ideal cultural do que deve ser a condição de mulher. Essa pressão é sufocante para a maior parte das mulheres, engendrando raiva, depressão, ansiedade e absoluto sofrimento emocional, o qual – quando não reconhecido, como é frequente no caso das culturas patriarcais – é inconscientemente passado para as filhas sob formas sutis, ou até agressivas, de abandono emocional (mães não conseguem estar emocionalmente presentes quando estressadas), manipulação (vergonha, culpa e obrigações) ou rejeição. As crianças interpretam esses momentos de abandono materno, rejeição ou manipulação como: "Tem algo de errado comigo", "Eu sou responsável pelo sofrimento de minha mãe" ou "Eu posso fazer a minha mãe feliz se eu for uma boa menina". Isso faz sentido quando se considera o desenvolvimento cognitivo limitado de uma criança, que se vê como a causa de todas as coisas. Se não forem abordadas, essas crenças inconscientes e falsas no cerne da Ferida Materna podem afetar negativamente todas as áreas da vida.

Para as mães que, sem dúvida, sacrificaram muitas coisas para ter filhos em nossa cultura, pode realmente parecer rejeição quando a filha a supera ou é bem-sucedida, realizando sonhos que ela pensou serem possíveis para si. Talvez haja um sentimento de dever, direito ou necessidade de ser validada por seus filhos, o que pode ser um modo muito sutil, porém poderoso, de manipulação. Essa dinâmica pode fazer com que a próxima geração de filhas se mantenha limitada, de modo que suas mães possam continuar a sentirem-se validadas e afirmadas em suas identidades de "mãe", uma identidade pela qual muitas sacrificaram tanto, mas receberam de volta muito pouco apoio e reconhecimento.

As mães podem projetar inconscientemente uma profunda raiva pelos filhos, de maneiras sutis. Entretanto, a raiva não é realmente das crianças, e sim da cultura patriarcal, que exige que as mulheres se sacrifiquem e se esgotem completamente em favor da maternidade. Para a filha, que necessita da mãe, sacrificar-se em um esforço para, de alguma forma, aliviar a dor da mãe com frequência é uma decisão subconsciente, feita logo no início da vida e normalmente identificada como a causa de problemas subjacentes bem mais tarde, quando a filha já é adulta.

Muito disso acontece subliminarmente devido aos muitos tabus e estereótipos sobre a maternidade nessa cultura, a qual dita que:

- Mães são sempre carinhosas e amorosas.
- Mães não devem nunca sentir raiva ou ressentimento das filhas.
- Mães e filhas devem ser melhores amigas.

Embora os estereótipos geracionais tenham mudado ao longo das décadas, a mensagem subliminar da crítica implacável tem sido a mesma: nos anos 1950, as mães eram muito organizadas; nos anos 1970, as mães eram muito negligentes; nos 1980, muito ambiciosas; nos 1990 era tudo uma questão de troféus de participação; nos 2000, foram as mães exigentes. O estereótipo de que "Todas as mães deveriam ser amorosas o tempo todo" separa as mulheres da sua plena humanidade. Como às mulheres não é dada a permissão de serem seres humanos plenos, a sociedade sente-se justificada em não dar respeito total, apoio e recursos para as mães.

A verdade é que mães são seres humanos e todas têm momentos sem amor. E é fato que existem mães que simplesmente não são amorosas a maior parte do tempo, seja por causa de vício, doença mental ou alguma outra luta. Até que estejamos dispostos a enfrentar essas realidades desconfortáveis, a Ferida Materna permanecerá na sombra e continuará a ser transmitida ao longo das gerações.

É claro que a maioria das mães quer o melhor para suas filhas.

Entretanto, se uma mãe não lidou com o próprio sofrimento ou não chegou a um acordo sobre os sacrifícios que teve que fazer, seu apoio à filha pode ser misturado com mensagens que sutilmente instilem vergonha, culpa ou obrigação. Essas mensagens podem se infiltrar na mais benigna das situações, normalmente sob alguma forma de crítica ou de um elogio à própria mãe. Em geral, não é o conteúdo da frase, mas a energia com a qual é transmitida, que carrega ressentimentos ocultos.

As culturas patriarcais não apenas distorcem o relacionamento mãe e filha nessa dinâmica de poder como colocam as filhas em um duplo vínculo. Se uma filha internaliza as crenças inconscientes de sua mãe (alguma forma de "Eu não sou boa o suficiente"), então terá a aprovação materna, mas também terá traído a si mesma e ao seu próprio potencial. Entretanto, se a filha não internaliza as crenças inconscientes da mãe como suas próprias limitações, mas, ao invés disso, afirma seu poder e potencial, está ciente de que a mãe pode, inconscientemente, ver isso como uma rejeição pessoal.

A filha não quer arriscar perder o amor e a aprovação de sua mãe, então, internalizar essas crenças limitantes inconscientes é uma forma de lealdade e sobrevivência emocional. Para a filha, pode parecer perigoso realizar seu pleno potencial, pois isso pode significar correr o risco de ter alguma forma de rejeição por parte da mãe. A filha talvez sinta, inconscientemente, que o seu pleno empoderamento pode provocar tristeza ou raiva na mãe, por ter desistido de partes dela mesma em sua vida. Sua compaixão pela mãe, um desejo de agradá-la e um medo do conflito podem fazer com que ela se convença de que é mais seguro se encolher e permanecer limitada. Portanto, filhas criadas nas culturas patriarcais têm que escolher entre serem empoderadas e serem amadas.

A Ferida Materna pertence a todas as mulheres

A Ferida Materna existe em um espectro, com os relacionamentos mãe e filha saudáveis e solidários em uma ponta e, na outra, traumáticos e abusivos. Existem muitos fatores que influenciam nosso lugar nesse espectro, como até que ponto a mãe tratou de sua própria Ferida Materna e se houve violência doméstica, vício ou dificuldade financeira na família.

Uma filha que tem um vínculo saudável e amoroso com a própria mãe pode não ter muito da Ferida Materna em nível pessoal, mas ela ainda tem que lutar contra a Ferida Materna cultural. Como as culturas patriarcais desvalorizam as mulheres e tudo o que é feminino, essa Ferida Materna cultural afeta o modo pelo qual ela vê seu próprio corpo, potencial e seus relacionamentos. Entretanto, ter uma relação sólida, saudável e amorosa com nossa mãe – uma relação em que somos validadas e enaltecidas por nossa individualidade e profundamente conectadas com nossa mãe – nos protege e amortece os virulentos impactos das crenças culturais patriarcais sobre as mulheres.

Como disse o escritor e psicólogo Mario Martinez, as mães funcionam como "significativos editores culturais", definindo os limites do que é possível por meio de suas próprias crenças e comportamentos, que nós, filhas, inconscientemente internalizamos como sendo nossos durante o desenvolvimento na infância. As mensagens limitantes que herdamos de nossas mães foram profundamente mescladas com nossas mais sinceras necessidades humanas de amor, segurança e pertencimento. Abandonar as crenças que nos impedem de ir adiante pode parecer com abandonar a própria "mãe". Nossa tarefa é dissociar aquelas crenças herdadas de nossa necessidade de amor, segurança e pertencimento, de forma que possamos efetivamente eliminá-las. Por elas virem da única pessoa a quem nós, como filhas, precisamos nos vincular para sobreviver, as crenças enfraquecedoras que são transmitidas pelas mães são mais prejudiciais do que todas as mensagens culturais juntas.

A gravidade de nossa Ferida Materna depende principalmente do quão severamente nossas mães foram feridas no relacionamento com as mães delas. Nos melhores casos, as mães projetam, sem querer, sentimentos de inferioridade e vulnerabilidade em um esforço inocente de protegerem as filhas de possíveis rejeições ou vergonhas ("Não seja muito importante, notável ou poderosa. Se for, vai acabar rejeitada ou sozinha"). Nos piores, mães que têm sérias Feridas Maternas culparão as filhas, projetando nelas seu sofrimento renegado e desencadeando abuso ou negligência impunemente.

Inconsciente, tácito e tabu

A mente inconsciente é responsável por nos proteger da nossa dor não elaborada. Na introdução do seu livro *O cérebro intuitivo: os processos inconscientes que nos levam a fazer o que fazemos*, John Bargh escreve: "Uma vez que adquirimos a visão correta para compreender a interface entre as operações conscientes e inconscientes de nossa mente, novas oportunidades se abrem para nós. Podemos aprender a curar as mágoas, romper hábitos, superar preconceitos, reconstruir relacionamentos e despertar capacidades adormecidas". Ele prossegue, escrevendo que "após décadas de pesquisa, experimento após experimento tem demonstrado que o inconsciente não é um muro impenetrável, mas uma porta que pode ser aberta". Meu trecho favorito dessa seção do livro aponta a maior ramificação de tais descobertas: "Pense em quão mais controle você pode adquirir reconhecendo e se dando conta dessas influências (inconscientes), ao invés de fingir que elas não existem (permitindo assim que elas controlem você)".

Uma das principais mensagens culturais que recebemos é que sentimentos são inerentemente fracos e existem para serem suprimidos. Algumas emoções são de fato rotuladas como "negativas" e julgadas como fracas, não atraentes, inconvenientes e "ruins". Em algum momento, todos tivemos sentimentos negativos por nossa mãe quando ela não quis ou não pôde atender às nossas necessidades. Apesar de numerosos estudos sobre o desenvolvimento psicológico humano reforçarem que esses sentimentos são normais, naturais e esperados, os filhos sentem vergonha por reconhecerem sentimentos negativos por suas mães, o que faz com que essas emoções apodreçam nas dinâmicas dolorosas que afetam sua opinião sobre si mesmos e sua habilidade de prosperar no mundo.

Em *Minha mãe. Meu modelo*, o clássico livro de Nancy Friday sobre o relacionamento mãe e filha, a autora observa como nossa tendência de polarizar as mães em idealização (mães devem ser reverenciadas) ou difamação ("Só pode ser culpa da mãe") é, em um nível individual, "um dos nossos mais primitivos mecanismos de defesa". Como filhas, não queremos nos aliar à cultura patriarcal que prejudica nossas mães, então nos focamos na oportunidade de examinar o relacionamento para compreensão e cura. Fomos ensinadas a achar que essa ignorância intencional é benéfica e protetora para ela e para nós. Como Friday escreve: "Esperamos pelo retorno (da boa mãe) por anos, sempre convencidas de que a mulher diante de nós, que nos faz sentir culpadas, inadequadas e agressivas, não é a nossa mãe".

Devido à imposição cultural de que vejamos todas as mães como amorosas o tempo todo, podemos, inconscientemente, evitar qualquer reflexão sobre a dor que podemos sentir em relação a elas, por medo de isso ser visto como culpar a mãe.

Se evitamos conhecer o completo impacto do sofrimento de nossas mães em nossas vidas, ainda permanecemos, em um certo sentido, crianças.

Chegar ao pleno empoderamento requer que olhemos para nosso relacionamento com nossas mães e tenhamos coragem para separar nossas crenças pessoais, valores e pensamentos dos delas. Requer sentir a tristeza por termos testemunhado o sofrimento que nossas mães suportaram, e processar o nosso sofrimento legítimo que suportamos como consequência. Isso é desafiador, mas é o nascimento da verdadeira liberdade. Ao abraçarmos a dor, ela pode ser transformada em autoconhecimento, integridade e crescente autoconfiança.

À medida que curamos a Ferida Materna, a distorcida dinâmica de poder entre as mulheres vai sendo cada vez mais resolvida, uma vez que não estamos mais pedindo umas às outras que se mantenham pequenas para aliviar a dor. A dor de viver no patriarcado deixa de ser um assunto tabu na conversa. Não precisamos mais fingir ou nos esconder por trás de máscaras que enterram nossa dor sob uma fachada de manter tudo sob controle sem dificuldades. A dor então pode ser vista como legítima, aceita, processada e integrada e, por fim, transformada em sabedoria e poder.

Conforme as mulheres processam cada vez mais a dor da Ferida Materna, podemos criar mais lugares seguros para expressar a verdade da dor e receber o apoio necessário. Mães e filhas podem se comunicar sem medo de que a verdade sobre seus sentimentos destrua a relação. A dor não precisa mais ir para o subterrâneo e para as sombras, onde se manifesta como manipulação, competição e ódio por si mesma. Nossa dor pode ser sofrida plenamente, para que depois se transforme em amor, um amor que se manifesta como forte apoio mútuo, e profunda autoaceitação, libertando-nos para sermos corajosamente autênticas, criativas e verdadeiramente realizadas.

À medida que curamos a Ferida Materna, nós começamos a compreender o incrível grau de impacto do bem-estar de uma mãe na vida de uma criança, especialmente na primeira infância, quando mãe e criança são uma coisa só. Nossas mães formam a base de quem nos tornamos: nossas crenças começam como as crenças dela, nossos hábitos começam como os dela. Alguns são tão inconscientes e fundamentais, que são quase imperceptíveis.

Nós abordamos a Ferida Materna porque ela é parte importante da autorrealização e de ACEITARMOS ser as mulheres poderosas e fortes que somos chamadas a nos tornar. Em última instância, curar a Ferida Materna é reconhecer e honrar os fundamentos que nossas mães nos deram para nossas vidas, de forma que possamos nos concentrar em desenvolver a vida especial que verdadeiramente desejamos e sabemos que somos capazes de criar.

Conforme nos engajamos nesse processo de cura, lentamente removemos a névoa densa da projeção que nos mantém presas, de forma que possamos ver com mais clareza, apreciar e amar a nós mesmas. Deixamos de carregar o fardo do sofrimento de nossas mães ou nos mantemos diminutas como resultado dessa dor. Podemos emergir confiantes na vida, com energia e vitalidade para criar o que desejamos sem vergonha ou culpa, mas com paixão, poder, alegria e amor.

A Ferida Materna funciona como um véu, criando um sentimento de desconexão e separação de nós mesmas, umas das outras e da vida em si. No início de nossa vida, nossa vivência com a mãe era sinônimo da própria vida. Para uma criança, mãe é Alimento, é Ar, é o Mundo, é Ser. Nossa vivência de nós mesmas e do mundo foi filtrada pelo corpo e pela mente dessa pessoa que foi nossa mãe. Curar a Ferida Materna é um processo de ganhar clareza sobre as dinâmicas predominantes com nossas mães que impactaram nosso desenvolvimento inicial, e continuam a impactar nossas escolhas como adultos. Isso também implica processar as emoções desafiadoras que acompanham aquelas dinâmicas, com o propósito de cura e autodescoberta. Eventualmente, chegamos a um lugar de *insight*, sabedoria, aceitação e gratidão.

Para todos os seres humanos, a primeira ferida emocional veio do lado materno, do feminino. E através do processo de curar aquela ferida, nosso coração passa de um estado debilitado de defensividade e medo, para um nível completamente novo de amor e poder, o qual nos conecta com o divino coração da vida em si. A partir daí, ficamos conectadas com o coração arquetípico e coletivo que vive em todos os seres, e somos portadoras e transmissoras da compaixão e do amor verdadeiros que o mundo precisa agora. Dessa forma, curar a Ferida Materna é uma oportunidade real de ser iniciada no verdadeiro poder feminino. Por isso é tão crucial as mulheres curarem a Ferida Materna: nossa cura pessoal e reconexão ao coração da vida, pelo caminho do feminino, afeta o todo e dá suporte à nossa evolução coletiva.

──────────── **QUESTÕES PARA REFLEXÃO** ────────────

1. No contexto dos princípios patriarcais descritos na página 31, de que maneiras você vê o patriarcado influenciando sua vida no momento? Como tem lidado com eles?

2. Como uma extensão da patriarcal desvalorização das mulheres, nossa cultura tem uma relação ferida com as mães, considerando-as como totalmente amorosas o tempo todo, ou culpando-as por tudo. Como a sua mãe lida com isso? Como essa distorção cultural impactou o seu relacionamento com a sua mãe? Em que grau você sente que teve que carregar ou absorver a dor de sua mãe como parte do seu papel de ser uma boa filha?

CAPÍTULO 2

Como a Ferida Materna se manifesta?

O relacionamento mãe-filha pode ser visto como o primeiro relacionamento violado pelo patriarcado.

ADRIENNE RICH

Quando eu era pequena, desenvolvi o papel da "boa menina", a perfeccionista e a mediadora dos confrontos familiares. Eu era a confidente e melhor amiga de minha mãe, alguém a quem ela confiava suas questões com meu pai, seus problemas no trabalho, conflitos com amigos e fofocas sobre outros membros da família. Desempenhar esse papel fazia eu me sentir importante, mas também vazia e oca por dentro, de uma forma que só pude reconhecer muito mais tarde.

Lembro-me de uma vez, sentada com minha mãe e minhas tias, quando uma delas disse: "Oh, nem percebi que estava aqui, você é uma menina tão boazinha". Na superfície, eu era invisível e prestativa; no fundo, era medrosa e hipervigilante, sempre atenta ao primeiro sinal de problema. Aprendi que era uma boa menina quando parecia deixar de existir para os adultos ao meu redor.

Aos meus dez anos, quando comecei a ir além do meu núcleo familiar, consegui encontrar uma turma de amigos animada e recebi apoio de maneiras que não recebia na minha vida em casa, o que me deu a oportunidade de me rebelar de um modo seguro. Com os meus amigos, me sentia valorizada por minha presença, não por ser invisível. Mas o papel de "boa garota" ainda operava em mim e eu fazia questão de ser sempre superacolhedora e disponível para qualquer um que precisasse de apoio.

Aos dezenove anos, engravidei acidentalmente. Foi uma encruzilhada, o momento em que compreendi que não poderia dar à luz a ninguém até que eu mesma nascesse. Fiz um aborto e comecei a fazer terapia. Fiquei determinada a entender quem eu era e o que queria da vida.

Nessa época, fiquei um ano fora da faculdade, trabalhei como garçonete e aluguei meu próprio apartamento. Naquelas primeiras sessões de terapia, falei sobre como minha família era ótima e como eu admirava minha mãe. Mas chorava sem parar. Não conseguia entender por que estava tão mal. Tudo o que sabia é que me sentia completamente vazia. Eu me joguei nos estudos sobre espiritualidade e religiões orientais, uma técnica de evitação que mais tarde aprenderia se tratar do que se chama "desvio espiritual" – inconscientemente tentar usar conceitos espirituais como um modo de evitar olhar para o meu trauma de infância.

Em terapia, trabalhei para descobrir meu caminho profissional e as questões que tinha com comida e com minha imagem corporal, além de navegar por sequências de relacionamentos fracassados. Mas eu não passava perto de minha relação com minha mãe. Evitava olhar para ela porque parecia muito assustador, muito ameaçador. Não queria ser uma filha ingrata. Não queria mudar as coisas na minha família, pois sempre me senti responsável pelo nosso frágil equilíbrio. Afinal de contas, achava que tinha salvado minha mãe da depressão, protegido meu pai das emoções dela e blindado meu irmão da violência dele. Acreditava que eles precisavam de mim. O que eu não percebia era que tinha sido exposta desde o nascimento a toda a toxicidade que sentia e que ainda vivia em mim, só esperando para se tornar consciente. Mais cedo ou mais tarde, ela me alcançaria.

Percebi, olhando para tudo, exceto para meu relacionamento com minha mãe, que praticamente tudo acabava voltando a ele. Os problemas que tive com relacionamentos, minha imagem corporal e carreira sempre acabavam voltando para as mesmas questões, crenças e padrões que se originaram naquele relacionamento fundamental com minha mãe, o que parecia estar ligado àquele sentimento terrível no fundo, a sensação de que havia algo terrivelmente errado comigo.

Eu era tão funcional que não pensava em mim como uma sobrevivente de trauma. Mas, lentamente, ao longo do tempo, aprendi que estava sofrendo de um complexo trauma de desenvolvimento. Levei anos para perceber a amplitude e a profundidade do meu trauma de desenvolvimento, como ele quebrou meu senso de identidade, deixando em mim sintomas extremamente dolorosos e generalizados em todos os níveis da existência. Esses sintomas incluem medo *vago, terror em alguns momentos, pavor, culpa, insegurança, vergonha, esforço perfeccionista e falta de autoestima. Eles também incluíam diminuir-me perto de outras pessoas por medo de rejeição caso eu parecesse muito poderosa, uma vaga sensação de ameaça e perigo no meu ambiente, sentimentos dissociativos de estar em uma neblina e pesadelos de invasão e perseguição. Tudo isso tinha estado trancado sob a fachada da "boa menina" e gradualmente viria à tona no processo de cura.*

Enfim, me senti forte o bastante para encarar minha relação com minha mãe, principalmente porque entendi que não olhar diretamente para ela era exatamente o que estava me mantendo presa. No fundo, sabia que adiar essa exploração era adiar a vida que eu realmente queria.

Negação, martírio e direito

A capacidade feminina para a empatia foi explorada em nossa cultura, distorcida em culpa, senso de obrigação, zelo emocional, codependência e autorrecriminação. Estas distorções podem nos paralisar quando sentimos o desejo de expressar nosso poder verdadeiro.

Para quem tem uma mãe impossibilitada de reivindicar o próprio poder, pode parecer muito assustador fazer isso por si mesma. Amar-se pode parecer estranho. É uma habilidade que estamos sendo chamadas a aprender sem muitos modelos. Uma dinâmica comum que muitas filhas adultas vivem é a compulsão por resgatar, consertar e curar a mãe. Isso é complicado porque muitas mães mais velhas frequentemente apresentam seus problemas afetivos para as filhas, sentindo-se no direito de ter apoio significativo e intensivo.

A dor de uma mãe pode aparecer de várias formas:

- Um casamento infeliz.
- Vícios.
- Doenças mentais.
- Os dramas que podem se desenrolar nas relações dela.
- Doenças, problemas de saúde ou deficiências.

- Solidão e medo de envelhecer.
- Problemas financeiros.

Existem formas legítimas por meio das quais podemos apoiar nossas mães sem se esgotar emocionalmente. E existem outras formas pelas quais elas podem pedir apoio que não são apropriadas, que podem violar nossos limites e nos manter presas em um ciclo de culpa, exaustão e insegurança. Podemos atender a demandas ou comportamentos inapropriados por amor e compaixão, mas isso não se sustenta se nosso bem-estar básico for sendo constantemente reduzido.

Para expressar e encarnar nosso poder, temos que cortar quaisquer linhas disfuncionais de enredo que possamos ter com nossas mães.

O enredo disfuncional entre mães e filhas pode aparecer de várias maneiras:

- A mãe usa a filha como uma consoladora e um depósito de lixo para suas emoções não processadas.
- A filha precisa da aprovação da mãe em todos os aspectos da sua vida antes de ser capaz de sentir-se bem consigo mesma e com suas escolhas.
- A mãe encontra conforto em ter a filha como um "bicho de estimação" que sempre concorda com ela e está de acordo com suas opiniões e crenças, rejeitando a filha se ela expressa independência.
- A mãe usa a filha como um instrumento narcisístico para atrair a atenção e enaltecer a si mesma.
- A filha se sente sobrecarregada com as necessidades da mãe, e gasta uma quantidade enorme de energia preocupando-se com os problemas da mãe e como resolvê-los.
- A mãe sente que deve falar com a filha por horas, e muitas vezes ao dia, para manter a própria estabilidade emocional.
- A mãe se sente no direito de acessar e/ou controlar aspectos importantes da vida da filha, desde questões físicas a detalhes e informações pessoais.
- A mãe critica a filha por causa de seu medo de que não seja uma boa mãe, e vê as expressões normais de emoções negativas da

filha como uma ameaça ao seu controle e um sinal de que ela está falhando como mãe.

Mães que fazem essas coisas geralmente as fazem de forma totalmente inconsciente e sem intenção, como um modo de aliviar a própria dor e evitar os próprios desafios pessoais não resolvidos. Contudo, mães que usam as filhas assim estão explorando a empatia delas de modo patriarcal.

Para equilibrar e curar a exploração de nossa empatia, as filhas devem se recusar a sentir culpa por seus desejos e capacidades de serem poderosas e independentes. Mesmo se isso significar rejeição por parte da mãe, quando estabelecer limites claros e saudáveis no relacionamento.

É importante as mães reconhecerem e deterem os modos como podem estar, inconscientemente, pressionando as filhas em razão das próprias questões pessoais. É importante que as mães detenham o patriarcado dentro delas. Se não são capazes de fazer isso, as filhas devem se manter firmes e reivindicar seu direito sobre si mesmas e suas próprias vidas.

Podemos ser boas filhas e estabelecer limites saudáveis com nossas mães. Mas, para isso, não podemos confiar apenas em suas opiniões sobre nós para nos sentirmos seguras em nossas decisões. Precisamos nos sentir empoderadas e seguras com os limites que estabelecemos no relacionamento.

Filhas não são responsáveis pela estabilidade emocional das suas mães. Quando estamos prontas para encarar o fato de que somos impotentes, como filhas, para curar nossas mães, podemos viver o luto necessário para seguir em frente e, finalmente, assumir nosso poder e levar uma vida autêntica, alegre e abundante... sem culpa.

É uma tragédia que algumas mães manipulem ativamente as filhas em razão de seus próprios sentimentos inconscientes de carência e medos de abandono. E é uma tragédia que filhas percam a oportunidade de assumirem sua individualidade por um sentimento de culpa paralisante em relação às mães.

A criança carente dentro da mãe pode estar procurando na filha o alimento emocional que nunca recebeu da própria mãe. Essa é uma das formas pelas quais a Ferida Materna é transmitida. As mães não são atendidas pelo autossacrifício e codependência das filhas. Isso perpetua o aprisionamento e a negação delas. E isso é prejudicial à filha; compromete diretamente sua habilidade em acolher, com segurança, o seu próprio ser.

Em nossa cultura, o autossacrifício é idealizado, baseado nos resíduos das crenças das gerações mais velhas, que dizem:

- O martírio é admirável.
- Mulheres ficam naturalmente felizes em servir e cuidar dos outros.
- Mulheres não devem se expressar, ter vontades, nem ser assertivas.
- Mulheres que recusam elogios e são propensas à autodepreciação são louváveis e recomendáveis.

A compulsão por curar a mãe

Se olharmos mais profundamente, deve haver uma crença inconsciente e infantil de que se nós, como filhas, pudermos curar ou salvar nossas mães, elas finalmente se transformarão nas mães de que sempre necessitamos – fortes, incondicionalmente amorosas, felizes, carinhosas etc. – e nós, como filhas, poderemos ter, enfim, os mimos de que precisávamos. Mas isso não é possível. É impossível, pois nossa infância acabou, e não podemos voltar atrás e ter o precisávamos. Passar pelo luto e então aceitar esse fato é a chave para a nossa liberdade.

Existe uma relação direta entre nosso desejo infantil de salvar nossas mães de sua dor e nosso medo de poderosamente reivindicar nossas próprias vidas.

Cada relação mãe e filha é diferente. Cada filha adulta nesta situação deve refletir e ter clareza sobre o que está disposta a aceitar ou não na sua relação com a mãe, e comunicar respeitosamente isso a ela. É uma escolha individual e pode ser demorado perceber onde ficam seus limites. Enfim, a filha deve ser leal e verdadeira primeiramente, e sobretudo, a si mesma. Ironicamente, isso é o que toda mãe em seu estado saudável deveria querer para a filha: ser boa para si mesma e fazer o que for melhor para ela.

Mas, quando uma mãe possui traumas não resolvidos e necessidades fundamentais de desenvolvimento não atendidas, seu desejo de tê-las satisfeitas pode anular sua capacidade de corretamente ver e amar sua filha crescida como um adulto independente, separado e soberano, que tem direito a dizer não sem culpa.

Vergonha, culpa e isolamento

"Eu não consigo progredir em minha carreira. Não sei por que fico sabotando meu sucesso."

"Sinto culpa sempre que faço coisas por mim mesma. Eu fico presa em um círculo de culpa e ressentimento."

"Percebi que eu, basicamente, me casei com minha mãe!"

"Minha vida profissional está em ascensão, mas meus relacionamentos estão um caos."

"Minhas crianças me tiram do sério. Parece que eu não faço nada direito."

Porque a Ferida Materna atinge o âmago da nossa autoestima, suas manifestações aparecem em todas as áreas de nossa vida adulta, em algumas mais intensamente do que em outras. Do casamento à educação, à carreira, ao relacionamento com nossos corpos, a Ferida Materna está lá, sob a superfície, e nos mantém empacadas, correndo em círculos. Podemos observar que as mesmas questões aparecem repetidamente em diferentes roupagens. Como uma cerca invisível, a Ferida Materna nos mantém inconscientemente presas a certos padrões, comportamentos e pensamentos cíclicos. Podemos atribuir erroneamente nossos desafios a outras razões em um nível superficial, não percebendo que existe uma única causa central situada em um nível bem mais profundo. A dor dessas amarras normalmente é o que dá a energia e a motivação necessárias para encontrarmos a causa mais profunda e fazermos uma mudança.

Manifestações da Ferida Materna incluem:

- Sentir-se inferior.
- Comparar-se aos outros.
- Competitividade e ciúmes de outras mulheres.
- Duplos vínculos ("Seja inteligente, mas não muito. Seja sexy, mas não muito").

- Trabalhar demais, exaustão e esgotamento (burnout).
- Sentir que há algo errado com você.
- Uma sensação de não ser "verdadeira"; tendo que aparentar felicidade.
- Uma sensação de estar presa, paralisada, incapaz de realizar mudanças.
- Solidão, depressão, desconexão.
- Necessidade de dominar os outros.
- Rigidez e perfeccionismo.
- Evitar relacionamentos longos.
- Funcionar e cuidar emocionalmente de outras pessoas além do necessário.
- Codependência e "fusão" com os outros.
- Severidade e falta de compaixão por si mesma.
- Medo de ficar só.
- Sentir-se incapaz de estabelecer limites.
- Agir demais e fazer o trabalho emocional pelos outros.
- Vícios, depressão, transtornos alimentares, dentre outros problemas.

Muitas filhas equiparam o silêncio sobre seu sofrimento como uma forma de lealdade a suas mães.

Sim, sua mãe pode ter tentado fazer o seu melhor. Sim, ela pode ter encarado sofrimentos e batalhas inacreditáveis na vida. MAS os seus sentimentos TAMBÉM importam. Eles são de igual importância. Trata-se de transformar "ou isso/ou aquilo" em "isso/E aquilo". Nossa compaixão por nossas mães jamais deveria eclipsar a compaixão por nós mesmas.

É muito comum mulheres resistirem a embarcar no processo de cura da Ferida Materna, especialmente se o relacionamento com a mãe é repleto de tensões dolorosas. Entretanto, quanto mais resistência você tem em realizar o trabalho, mais importante é que o faça. As manifestações dolorosas da Ferida Materna podem, na verdade, nos ajudar a entrar em contato com nosso trauma e transformá-lo.

É exatamente quando as mulheres se permitem SENTIR toda a sua raiva e indignação em nome das meninas que elas foram um dia, que o poder, a autenticidade, a clareza e a confiança começam a emergir com força total. A empatia encontrada ali faz nascer um carinho profundo por si mesma, que se manifesta como uma forte recusa em permitir que se faça mal àquela menina interior.

"Tenho tanto medo de me transformar em minha mãe."

O medo de nos transformarmos em nossas mães é um medo saudável de não vivermos nossas próprias vidas individuais. É o medo legítimo de ser tragada pelas correntes de mitos familiares e culturais que nos conduzem a levar vidas menores e mais estreitas do que nossas almas demandam. É o medo de que nossas vidas escapem enquanto esgotamos nossas energias em padrões de obrigação, cuidados emocionais e conformismo. É um sinal do apodrecimento do potencial feminino que nós sentimos, em algum nível, nas vidas não vividas de nossas mães, a amargura e o descontentamento que devia viver sob seus sorrisos forçados, e a agressão camuflada que vinha à tona nos momentos mais favoráveis. Nós vemos os sinais de alerta nas vidas de nossas mães. E não queremos repetir seus erros e passar adiante suas feridas. É importante tornarmos os motivos conscientes, avaliando por que nos sentimos assim e que experiências tivemos para chegar a esse ponto.

A criação do falso eu quando menina

Como uma maneira de sobreviver a um ambiente emocional hostil em suas famílias, muitas meninas aprendem a suprimir sua individualidade para tranquilizar suas mães. Lindsay C. Gibson, em seu livro *Filhos adultos de pais emocionalmente imaturos*, explica que "A individualidade de uma criança é vista como uma ameaça para pais imaturos e inseguros porque isso desperta medos de possíveis rejeições ou abandonos", e "Por isso, seus filhos, em uma tentativa de evitar que seus pais fiquem ansiosos, suprimem quaisquer pensamentos, sentimentos ou desejos autênticos que poderiam perturbar a sensação de segurança de seus pais". Algumas das crenças dolorosas que foram ensinadas a essas crianças incluem: Sempre pensar primeiro no que as outras pessoas querem que você faça. Não pedir ajuda. Não se defenderem. É vergonhoso querer algo para si mesma. Uma criança pode começar, inconscientemente, a ver sua própria existência (com suas necessidades e sentimentos individuais) como uma forma de deslealdade à sua mãe. Isso cria uma cisão na criança, uma guerra constante entre lealdade à mãe e o fato de ter sua própria existência independente.

Não existe lugar para uma garota "real:" a capacidade para a tensão é inteiramente absorvida pela situação parental.

O equilíbrio em famílias disfuncionais é sempre tão tênue que a tensão natural que surge quando seus membros exercem sua individualidade não é tolerada. Em tais famílias, emaranhados e codependência são o que une os membros, não a intimidade emocional e a conexão genuína. A tensão na família pode ser causada por várias questões, como vícios, problemas financeiros, violência doméstica ou problemas de saúde mental, só para citar alguns. Limites imprecisos na família e problemas conjugais são o solo fértil no qual as crianças se tornam "responsáveis", desempenhando o papel de pais dos seus pais. Os filhos podem ver a tensão causada por suas próprias necessidades como o problema, internalizando assim a crença de que eles são inerentemente ruins, errados e imperfeitos; e precisam ser melhorados. Isto é a criação de um "falso eu" para agradar aos pais. Está além da capacidade de uma criança ver que a tensão dolorosa à qual está reagindo na verdade não está relacionada a ela de forma alguma, mas é um resultado do ambiente, ou seja, seus pais, e como eles lidam com suas próprias vidas, são fatores completamente fora do controle da criança.

A tragédia das boas meninas e filhas parentificadas

Não é preciso dizer que meninas são totalmente dependentes de suas mães para suporte emocional, mental e físico. Para isso, o caminho entre a garotinha e sua mãe é para ser uma via de mão única com o apoio fluindo constantemente da mãe para a filha. Entretanto, uma das muitas facetas da Ferida Materna é a dinâmica comum na qual a mãe, inapropriadamente, depende da filha para provê-la com apoio emocional e mental. Esse papel invertido é incrivelmente prejudicial à filha, tendo efeitos de longa duração sobre sua autoestima, autoconfiança e amor-próprio.

Para atender a essas demandas, a filha jovem deve reprimir suas próprias necessidades de desenvolvimento para se acomodar às necessidades emocionais de sua mãe. Ao invés de a filha espelhar-se na mãe, espera-se que ela seja o espelho. Ao invés de poder usar a sua mãe como uma base emocional segura a ser explorada, espera-se que ela seja a base emocional segura de sua mãe.

A filha é vulnerável e dependente de sua mãe para sobreviver, então tem poucas opções disponíveis; uma é obedecer e atender às necessidades da mãe, a outra é ter algum grau de rebelião.

Uma filha está sendo explorada quando sua mãe lhe atribui papéis adultos, como substituta do cônjuge, melhor amiga ou terapeuta. Quando é solicitado de uma filha que seja uma escora emocional para a mãe, ela é incapaz de confiar na mãe o suficiente para ter atendidas as próprias necessidades de desenvolvimento.

Filhas tornadas responsáveis por seus pais podem reagir a essa dinâmica de várias formas:

- "Se eu for uma boa menina mesmo (obediente, quieta, sem necessidades), minha mãe finalmente me verá e cuidará de mim."
- "Se eu permanecer forte e proteger minha mãe, ela me verá."
- "Se eu der à minha mãe o que ela quer, ela vai parar de abusar de mim."

Como adultas, podemos estar projetando essa dinâmica em outras áreas de nossas vidas. Por exemplo, em nossos relacionamentos: "Se eu continuar tentando ser boa o suficiente, ele vai se comprometer comigo". Em nossas carreiras: "Se eu continuar a trabalhar nos fins de semana, serei boa o bastante para ser promovida".

Essas mães estabelecem uma competição com suas filhas sobre quem vai receber cuidados maternos.

A mensagem é de que não há maternidade ou amor suficientes para todas. Meninas crescem acreditando que amor, aprovação e validação são *muito escassos*, e a pessoa precisa trabalhar demais a si mesma para ser merecedora dessas preciosas mercadorias. Então, como adultas, elas atraem situações que replicam esse padrão repetidamente (muitas dessas dinâmicas e efeitos também ocorrem com meninos).

Filhas parentificadas são roubadas de sua infância. A filha *não* recebe afirmação para si como uma *pessoa*; pelo contrário, ela recebe afirmação apenas como um resultado de exercer uma *função* (aliviar a mãe de sua dor).

As mães podem esperar que suas filhas ouçam seus problemas e solicitar que forneçam conforto e aconchego para acalmar seus medos e preocupações de adulta. Pode-se esperar da filha que salve sua mãe de seus problemas ou limpe suas bagunças, sejam físicas ou emocionais. Ela pode ser convocada regularmente como uma solucionadora de problemas ou mediadora.

O que essa mãe transmite à filha é que ela, como a mãe, é fraca, sobrecarregada e incapaz de lidar com a vida. Transmite à filha que as necessidades de desenvolvimento dela são simplesmente "demais" para ela, como mãe, então a criança se culpa até por existir. A menininha recebe a mensagem de que não tem direito de ter necessidades, não tem direito de ser ouvida ou validada como pessoa.

O papel de "boa menina" vem com muitas recompensas sedutoras. Por exemplo, a filha só pode receber elogios ou validação quando age como a guerreira, salvadora e consoladora da mãe. Então, a criança passa a ficar muito confortável desempenhando esse papel e isso dá a ela uma sensação de controle em um ambiente que, de outra forma, seria imprevisível. Filhas que se tornam as responsáveis pelos pais podem se apegar a esse papel e a seus prêmios até na vida adulta.

Para algumas, expressar as próprias necessidades pode significar rejeição ou abuso por parte de sua mãe.

Conforme a filha cresce, ela pode temer que sua mãe seja muito "facilmente quebrável" e pode esconder a própria verdade por medo do que isso causaria à sua mãe. A mãe pode alimentar esse sentimento, fazendo-se de vítima e fazendo a filha se sentir uma agressora caso ouse expressar sua realidade separada. Isso pode se manifestar na crença inconsciente da filha de que "Eu sou demais. O meu verdadeiro eu fere os outros".

Embora essas filhas possam carregar a projeção da "boa mãe" para suas mães, também podem carregar a projeção da mãe negativa. Por exemplo, isso pode aparecer quando, como adulta, a filha está pronta para se separar emocionalmente de sua mãe. A mãe pode, inconscientemente, ver a separação da filha como uma repetição da rejeição que sentiu da própria mãe. A mãe pode reagir com raiva infantil ostensiva, mau humor passivo ou criticismo hostil.

As mães que exploram suas filhas dessa forma em geral são as mesmas que dizem: "Não me culpe!" ou "Pare de ser tão ingrata!" se a filha expressa descontentamento ou quer discutir a relação entre elas. Filhas que foram roubadas de suas infâncias pelas necessidades invasivas das mães são atacadas por elas por terem a audácia de propor uma discussão sobre as dinâmicas do relacionamento.

Essas mães podem não estar dispostas a ver seu papel na dor das filhas porque isso é muito doloroso para *elas*. E provavelmente estão em negação de como suas relações com suas mães as afetaram. "Não culpe sua mãe" pode ser usada como uma forma de incutir vergonha nas filhas e silenciá-las de falar a verdade sobre a dor que elas suportaram.

Se vamos reivindicar nosso poder como mulheres, precisamos estar dispostas a ver as maneiras pelas quais nossas mães foram verdadeiramente responsáveis por nossa dor quando éramos crianças – e como, como mulheres *adultas*, somos plenamente responsáveis por curar essas feridas dentro de *nós*.

Parte de ser poderosa é a capacidade de causar dano, voluntária ou involuntariamente. Se as mães são completamente ignorantes sobre os danos que causaram, ou se fogem desse conhecimento, o fato é que, como as adultas da relação, eram responsáveis. As filhas devem possuir a legitimidade de sua dor. Se não possuem, nenhuma cura real pode ocorrer. Encarar a magnitude do sofrimento que você passou quando era criança é doloroso e desconfortável, mas é uma parte necessária do processo de libertação. As filhas continuarão a se sabotar e limitar sua habilidade de prosperar e florescer no mundo até que possam reconhecer esses padrões a partir de seu ponto de origem.

O patriarcado privou as mulheres a tal ponto, que, quando se tornam mães, muitas vezes se voltam para suas filhas, famintas e vorazes por validação, aprovação e reconhecimento. Essa é uma fome que uma filha jamais poderá saciar. Mesmo assim, geração após geração de filhas inocentes ofereceram-se, voluntariamente sacrificaram-se no altar do sofrimento e da inanição de sua mãe, com a esperança de que finalmente um dia "seriam boas o bastante" para ela. Há uma esperança infantil de que ao "alimentar a mãe", ela será capaz de alimentar a filha. Essa refeição não vem nunca. Você consegue a refeição que sua alma vem buscando ao engajar-se no processo de cura da Ferida Materna e tomando posse de sua vida e de seu valor.

Precisamos parar de nos sacrificar por nossas mães, porque, afinal, nossos sacrifícios não as alimentam. O que as alimentará é a transformação que está do outro lado da sua própria dor e lamento, a qual ela deve avaliar por conta própria.

Quando nos recusamos a reconhecer as formas pelas quais nossas mães podem ter sido culpadas por nosso sofrimento enquanto crianças, continuamos pela vida como adultas que sentem que há algo errado conosco, que somos, de alguma forma, ruins ou deficientes. Isso porque é mais fácil sentir vergonha do que encarar a dor de entender a verdade sobre como podemos ter sido abandonadas ou exploradas por nossas mães. Dessa maneira, a vergonha pode funcionar como um amortecedor que protege da dor da verdade.

A garotinha dentro de nós prefere sentir vergonha e ódio de si porque isso preserva a ilusão da "boa mãe".

Aguentamos a vergonha como uma forma de preservar nossa mãe. Dessa forma, envergonharmo-nos de nós funciona como um modo de se sentir cuidada pela mãe. Assim, a vergonha é uma das maiores manifestações da Ferida Materna.

Devemos ter coragem para liberar a dor que nossas mães nos pediram que carregássemos em seu lugar. Liberamos a dor quando colocamos a responsabilidade onde ela realmente reside: com o adulto da situação, a mãe, não a criança. Como crianças, não éramos responsáveis pelas escolhas e comportamentos dos adultos ao nosso redor. Uma vez que realmente entendamos isso, podemos assumir total responsabilidade lidando com o fato e reconhecendo como ele impactou nossas vidas, assim podemos fazer novas escolhas como adultas que estão alinhadas com nosso Eu verdadeiro.

Muitas mulheres tentam pular esse passo e ir direto ao perdão e empatia, o que pode mantê-las empacadas. Você não pode evoluir verdadeiramente se não identificar de onde está partindo. O perdão não é algo que se possa simplesmente "dar". O verdadeiro perdão é a consequência de um processo de transformação, no qual a dor é reconhecida, processada, aceita e transformada em autoconhecimento. O perdão torna-se então menos sobre as outras pessoas e mais sobre nossa própria plenitude. Sempre que estivermos sendo pressionadas para perdoar, seja por nós mesmas ou por outra pessoa, não devemos ceder à pressão, ao invés disso, devemos levar o tempo que precisarmos para a cicatrização.

Quando meninas, muitas de nós sentimos o terror de "não ter ninguém ao volante" em nossas famílias. Por várias razões, podemos ter recebido a mensagem de que os adultos "foram embora" de certa forma, e que estávamos por própria conta. Nosso sistema nervoso respondia com luta, fuga ou congelamento, estabelecendo os primeiros modelos de como lidamos com o estresse e com mudanças.

Para mulheres que cresceram com o padrão da "boa menina", existe uma sensação de estar sendo usada, de ter que funcionar, e uma sensação latente de vazio. A boa menina acredita em algo como: "Um dia, Mamãe/Papai estarão plenos e então eles me darão o que necessito". O problema é que esse dia não chega nunca. Essas mulheres se tornam adultas que vivem altos níveis de estresse e hipervigilância quando encaram situações cotidianas, como desapontar alguém, receber elogios, estabelecer limites e cuidar de si mesmas.

Fomos ensinadas que a sobrevivência envolvia atuar para o homem patriarcal. Muitas "boas meninas" ou "filhas parentificadas" assistiram suas mães aceitarem o comportamento masculino tóxico, seja incorporando-o nelas mesmas ou tolerando-o nos homens da família; ou ambos. Podemos ter aprendido a internalizar crenças prejudiciais como "Eu posso perder sua aprovação se não me entregar" ou "Para que gostem de mim, tenho que me desvalorizar". Podemos ter assistido nossas mães tendo que depender de migalhas de aprovação de homens ignorantes. Podemos ter visto outras mulheres mais velhas tolerarem a inépcia e o abuso em silêncio. Talvez tenhamos suportado, enquanto nossas mães nos invadiam ou abandonavam por causa de sua própria carência.

Como "boas meninas" em recuperação, é importante ver nossa conivência inconsciente em sermos usadas, e reivindicar veementemente nossa autossoberania.

A "criança interior usada" anseia por ser amada por quem ela realmente é, não apenas quando está usando a máscara da "boa menina" e demonstrando ter valores patriarcais (produtiva, perfeita, de acordo com as expectativas, fazendo com que os outros pareçam bons, sacrificando-se, reprimindo-se etc.). A criança usada anseia por ser amada quando decepciona alguém, está mal-humorada, é inconveniente, está desarrumada, está confusa, quando não produz nada, é inconsistente, está de mãos vazias, muda de ideia etc. A pergunta real é: quanto estamos dispostas a *nos* amar nesses momentos? Quanto mais conseguimos nos amar por quem realmente somos, mais podemos nos sentir merecedoras do amor dos outros.

QUESTÕES PARA REFLEXÃO
---

1. Como sua mãe expressou e transmitiu suas crenças para você, seja por palavras, seja veladamente, por meio de suas escolhas, decisões e ações?

2. Quais eram as crenças de sua mãe sobre as grandes áreas da vida, como dinheiro, homens, sexualidade, potencial profissional, seu próprio corpo, casamento, amizades femininas, sua própria mãe, normas familiares etc.?

3. Como as crenças de sua mãe aparecem na sua própria vida? Há maneiras de você ter absorvido inconscientemente as crenças dela como suas?

4. Quais são algumas formas simples pelas quais você possa agir mais de acordo com as suas próprias crenças? Existe algum medo a respeito de como suas crenças e escolhas autênticas impactariam seu relacionamento com sua mãe?

QUESTÕES PARA MÃES REFLETIREM SOBRE HONRAR A SI MESMAS E ABRIR O CAMINHO PARA SUAS FILHAS
---

1. O que eu precisava da minha mãe que não obtive? De que maneiras posso estar projetando inconscientemente essas necessidades na minha filha ou em outras pessoas?

2. Estou recebendo o carinho e aconchego maternais que preciso no meu dia a dia? Caso não, como posso ter essas necessidades atendidas (amigos, experiências, recursos, apoio profissional)?

3. Estou negligenciando as necessidades emocionais da minha filha? As necessidades emocionais dela me deixam desconfortável? Caso sim, quais? O que despertam em mim?

4. Estou pedindo que minha filha seja minha mãe, de alguma maneira? Caso sim, de que maneira posso obter a ajuda que preciso de uma outra fonte para não colocar esse fardo sobre a minha filha?

5. Sinto alguma raiva ou ressentimento por ser mãe? Se sim, quais são alguns modos seguros e saudáveis pelos quais eu possa processar e superar isso?

6. Sinto-me, de algum modo, com ciúme ou ameaçada pela minha filha? Se sim, por quê? Como isso se manifesta nas minhas interações diárias com ela? Como posso encontrar um caminho seguro e saudável para processar isso?

7. Que limitações sobre mim tive que aceitar quando tinha a idade da minha filha? Como isso impactou a minha vida? Como posso apoiar a minha filha a não aceitar as mesmas limitações?

8. Como posso demonstrar para minha filha que me valorizo?

9. O que vem à tona em mim quando reflito sobre minha filha ter mais oportunidades do que eu tive?

10. De que maneiras eu posso estar transmitindo essa crença em limitações? Como posso mudar isso?

CAPÍTULO 3

Dinâmicas de poder da Ferida Materna

Quando criança, eu idealizava minha mãe. Levei décadas para questionar a narrativa dela de que éramos melhores amigas; só então percebi que essa ilusão de melhores amigas só foi possível porque eu, diligentemente, desempenhei o papel designado a mim – o da "boa menina", confidente e mediadora familiar. "Melhores amigas" tinha funcionado porque eu me ausentava emocionalmente e cuidava dela. Instintivamente, fazia o máximo para esconder meus reais sentimentos e necessidades, qualquer evidência de que era uma criança. Basicamente, fingia ser uma adulta. Havia momentos em que a dor de minha mãe vazava de sua armadura de aço, aberta ou veladamente, deixando-me confusa, espantada ou em desespero. Eu, automaticamente, interpretava a perda de conexão naqueles momentos como falha minha, o resultado de algo que tinha feito errado. Vivia minha vida em estado de hipervigilância, determinada a nunca cometer o mesmo erro duas vezes. Por exemplo, sempre que eu expressasse autoconfiança, ou uma opinião ou postura extremamente diferente das de minha mãe, sentia visceralmente ela começar a se afastar de mim, lançar um olhar ciumento, ou emitir grunhido altivo ou um suspiro de desaprovação; e, quando sentia isso, era muito doloroso. Eu tinha aprendido inconscientemente a equacionar os sentimentos de liberdade e alegria com uma expectativa de punição e abandono.

Mas havia outras épocas em que o domínio que eu sentia de minha mãe era mais evidente e, naqueles momentos, sentia que ela deixava claro quem estava no controle, quem dava as ordens e quem não deveria ser ultrapassada sob quaisquer circunstâncias. Eu lembro de ter uns sete anos, estar sentada no banco traseiro do carro e dizendo em um momento de desejo: "Mamãe, algum dia eu vou ser rica!". Quando o sinal de trânsito fechou, ela virou-se e, pelo que me lembro, me encarou com adagas nos olhos, seu rosto marcado e depauperado. No que pareceu um tom amargo e cortante, ela disse: "Era o que eu pensava, também, Bethany". A mensagem que ouvi foi: não ouse pensar que você é capaz disso; não ouse achar que é melhor do que eu e que vai ter o sucesso que eu não tive. Essa breve interação deixou uma marca profunda na minha mente juvenil.

Se eu expressasse minhas opiniões abertamente, com sinceridade e sensibilidade, minha mãe dizia às vezes: "Você se acha tão superior!" e eu sentia que era como se ela não pudesse ver a minha independência sem se sentir atacada pessoalmente. Como sua melhor amiga, esses momentos eram insuportavelmente dolorosos, então, comecei a verbalizar cada vez menos minhas opiniões até que eu fosse um perfeito espelho que a refletia. Eu não tinha ideia, mas estava no processo de separação entre a boa menina que ela queria que eu fosse e a menina real que eu tinha enterrado bem fundo.

Também havia interações nas quais, concluí mais tarde, parecia que a dor dela estava sendo projetada em mim. Naquela época, eu não tinha nenhum conceito de projeção; apenas via que minha mãe estava me magoando e a única razão possível para que ela fizesse isso era porque eu merecia. Lembro uma noite quando era adolescente, contando para minha mãe sobre a Laurie, uma garota má da minha sala que fazia as meninas diferentes de alvos para implicar e intimidar. Esperando sua validação, perguntei: "Mamãe, a Laurie é mais bonita que eu?" Ela parou, franziu os lábios e disse: "Sim, ela é mais bonita que você". Fiquei chocada com isso, porque até esse ponto da conversa, ela havia sido excepcionalmente gentil, mas, de repente, sua mensagem, como eu senti, tinha se tornado fria, cortante e sem compaixão. Depois que ela falou aquilo, senti nojo e me tranquei no quarto, confusa, rejeitada e sozinha. Entendi que ser vulnerável com ela era perigoso e comecei a me fechar perto dela ainda mais.

Todas as mães e filhas vivenciam algum grau de disputa devido à influência do patriarcado no relacionamento mãe e filha. O poder está sempre em jogo de algum modo, graças a essa atmosfera cultural. Para filhas adultas de mães com um estilo de maternidade ou personalidade autoritária mais forte, a comunicação e o estabelecimento de uma relação baseada em reciprocidade podem ser quase impossíveis. O que constitui uma relação "harmoniosa" com uma mãe autoritária envolverá quase sempre alguma perda do *eu*. Isso deve-se a esse estilo ser inerentemente desprovido de cooperação e crescimento mútuo. Mutualidade é vista como derrota e perda de poder por mães desse estilo. O que torna isso até mais confuso é que a mãe pode, imprevisivelmente, assumir um tom autoritário quando provocada e, às vezes, quando está com o humor mais positivo, vir de um lugar de mutualidade, que a criança não tem como prever. Isso resulta em um "reforço intermitente", a mais poderosa forma de reforço, na qual a mãe é às vezes empática e amorosa, mas quando acionado algum gatilho, torna-se controladora, hostil e ferina. Essa dinâmica de constante mudança mantém a criança em uma montanha-russa de emoções sem fim e promove uma sensação de instabilidade dentro dela.

No seu livro histórico *Como enfrentar a violência verbal*, Patricia Evans expõe os dois tipos de poder que permeiam o nosso mundo. Por milhares de anos o mundo tem operado sob o reinado patriarcal do "poder-sobre", da dominação de outros povos. Evans descreve isso no contexto dos relacionamentos verbalmente abusivos nos quais os homens são a parte no controle, mas essa dinâmica de poder também está presente nas relações entre mães e filhas, e pode explicar inúmeras dinâmicas dolorosas entre elas. Quando você sente como se estivesse falando um idioma diferente do de sua mãe, quando sente que nada nunca se resolve, quando questiona frequentemente suas próprias percepções, ter clareza sobre a dinâmica de poder em jogo pode explicar muita coisa.

Evans chama o poder-sobre de "Realidade 1", que é caracterizada pela desigualdade, competição, manipulação, hostilidade, controle e negação. Nessa realidade, uma sensação de segurança vem de "derrotar" outra pessoa. Existe uma inerente desconfiança na reciprocidade e uma vulnerabilidade. Geralmente aqueles que vêm dessa realidade passaram por profundas mágoas na própria infância e tornaram-se fechados para seus sentimentos, projetando-os nos outros. A reciprocidade é sentida como uma ameaça à própria segurança e identidade.

Inconscientemente, sentem a igualdade com um outro ser humano como inferioridade. Aqueles nessa realidade não experimentam o poder pessoal pois estão muito desconectados dos seus sentimentos, e então evitam sentimentos de impotência, focando-se em controlar e dominar os outros. Poder-sobre é uma tentativa de produção de poder pessoal, o poder que vem de dentro. Ficar vulnerável, perguntar o que querem, é muito assustador porque abre a possibilidade de rejeição e ter que sentir as emoções associadas de desapontamento e humilhação. Eles baseiam todas as escolhas em uma necessidade inconsciente de evitar encarar os sentimentos e as partes vulneráveis de si mesmos, que precisaram abandonar para sobreviver à sua infância. Estão em profunda negação de seus sentimentos e podem distorcer e confundir a realidade, abusando psicologicamente de outras pessoas sem saber o que estão fazendo. Essa realidade torna a comunicação e os relacionamentos saudáveis virtualmente impossíveis.

O poder pessoal, que Evans chama de "Realidade 2", caracteriza-se por vir de um lugar de igualdade, parceria, reciprocidade, boa vontade, intimidade e validação. Nessa realidade, o poder pessoal vem da conexão com os próprios sentimentos da pessoa e algum nível de conexão com a vida em si. Há um pressuposto de que ambas as pessoas pretendem crescer, apoiar e melhorar a vida uma da outra. A Realidade 2 é uma realidade compartilhada com outros. Uma pessoa sozinha não pode criar esse tipo de relacionamento mútuo com outra. É preciso dois participantes. As mulheres frequentemente ficam frustradas quando estão fazendo tudo o que podem para se conectar com suas mães, e nada funciona. A verdade é que nós não podemos criar esse tipo de relacionamento mútuo com nossas mães se elas são oriundas primordialmente da Realidade 1.

Evans explica que o principal fator para que as pessoas desenvolvam uma Realidade 1 ou uma Realidade 2 é se *existiu uma testemunha adulta compreensiva em sua infância*; um adulto estável e amoroso que fosse emocionalmente presente e reconfortante em momentos de estresse emocional. Por ter uma testemunha adulta compassiva em momentos de sofrimento, a criança torna-se capaz de manter uma conexão com ela mesma e desenvolver confiança de que pode encarar emoções desafiadoras. Isso a prepara para sentir uma sensação de poder pessoal como adulta. Para aquelas que não tiveram uma testemunha solidária na infância e que viveram emoções traumáticas com pouco ou nenhum suporte emocional, seus sentimentos dolorosos foram provavelmente empurrados para o subconsciente como forma de sobrevivência, e o poder excessivo é adotado, em algum grau, como mecanismo de autodefesa. Assim, sem acesso ao poder pessoal, é mais provável que terminem com uma Realidade 1, poder-sobre; orientação dominante para o mundo.

A premissa mortal

Uma das coisas que mantém a Ferida Materna ativa é a premissa cultural de que todas as mães são provenientes de um lugar de preocupação, reciprocidade, gentileza, boa vontade e validação – Realidade 2. Entretanto, nossas mães são seres humanos que provavelmente sofreram algum tipo de trauma, tanto de suas próprias famílias quanto o de ser mulher em um patriarcado. E, a menos que nossas mães tenham tido uma testemunha solidária com a dor que enfrentavam como criança, ajudando-as a manterem acesso às suas emoções como ponto de conexão e senso de poder pessoal, elas podem operar na Realidade 1, um lugar de manipulação, dominação, projeções, distorções, abuso e controle. Quando uma mãe não tem acesso às próprias emoções, pode ver a filha como uma extensão de si mesma e visualizar seus sentimentos negativos como vindos de sua filha, e não de sua própria dor, que foi profundamente reprimida no seu inconsciente. Assim, ela pode isolar e abusar da filha, repetindo o mesmo abuso que sofreu, enquanto se encontra em negação ou sem consciência de estar fazendo isso.

Birras maternas e "mamipulação"

A opressão patriarcal das mulheres perderá o controle progressivamente conforme as mulheres mais velhas assumam a responsabilidade por sua própria dor e as mais jovens recusam-se a carregar mágoas que não são suas. Isso permitirá que jovens mulheres caminhem confiantemente em direção aos seus sonhos, sem culpa ou vergonha paralisantes.

Conforme sua vida muda baseada na adoção de crenças novas e expansivas, sua família pode se sentir confusa, deixada para trás ou traída. Mudar a perspectiva de "ou/ou" para "ambos/e" requer que corramos o risco do afastamento em prol de sermos autênticas e estabelecer limites. A forma como as mães demonstram reação ao ter sua dor provocada pode variar de uma pequena crítica pouco solidária a um episódio de explosão total (por exemplo: fúria violenta, retirando-se ou ficando amuadas, xingando você de todos os nomes, ou trazendo à tona todos os erros que já cometeu para envergonhá-la e fazer com que volte a ser a sua muleta emocional).

Eu chamo esses aborrecimentos de "birras maternas", porque isso acontece quando a criança interior não curada de uma mãe explicitamente começa a projetar sofrimento não processado sobre a filha em resposta a ela não estar cumprindo a ordem tácita de manter-se não ameaçadora para a mãe. Uma birra materna ocorre quando a filha sai do seu papel de subserviente, reverente ou submissa à mãe e ousa mudar a dinâmica do relacionamento, expressando completamente seu eu verdadeiro e autêntico perto dela (pode ser na forma com que a filha estabelece limites, fala sua verdade, limita contatos, faz escolhas autênticas que não estão necessariamente alinhadas com as crenças da mãe etc.).

Os relatos de filhas adultas a seguir são exemplos reais de birras maternas. São compostos de exemplos que ouvi das minhas alunas e clientes em meu curso on-line, seminários e retiros em que lecionei. Todos os nomes foram modificados. Esses exemplos ilustram o que acontece quando mães que falharam em resolver suas Feridas Maternas são provocadas por gatilhos, projetando tragicamente essas feridas em suas filhas. O gatilho em si não é o problema; às vezes, é normal reviver dores da própria infância na convivência com os filhos. O problema é quando a mãe não assume responsabilidade por lidar com esse gatilho e, ao invés disso, projeta suas mágoas na criança.

Shawna: "Minha mãe vasculhou todos os meus diários que estavam guardados no sótão de sua casa depois que eu disse que precisava de umas semanas sem contato enquanto trabalhava em um importante projeto do trabalho. Ela disse, por e-mail, que não podia entender por que eu abandonaria minha mãe e não sabia mais o que fazer, porque eu não falaria com ela. Começou a criticar coisas que eu tinha escrito nos meus diários e disse que estava preocupada comigo. Eu sabia que ela não se importava em desrespeitar meus limites, mas nunca pensei que iria tão longe."

Talia: "Minha mãe comprou presentes para as pessoas que participariam do meu jantar de ensaio de casamento, apesar de eu ter pedido para não fazer isso até que eu pudesse dar uma olhada nos itens on-line. Ela gritou comigo em altos brados: 'Os presentes são meus para elas, então eu tinha todo o direito de dá-los!'."

A.J.: "Quanto mais bem-sucedida minha carreira se torna, mais minha mãe quer falar comigo ao telefone sobre coisas superficiais. Me lembro que, quando eu estava ocupada durante as provas na faculdade de Direito, ela me fez ficar falando com ela durante três horas, quase todas as noites daquela semana, para lhe dar conselhos sobre planejar férias no México. Somente anos depois entendi que ela estava, de certa forma, tentando me distrair para que eu não a superasse. No dia da minha formatura, ela foi para o pronto-socorro alegando dor do peito. Perdi minha formatura, sentada na sala de espera com meus irmãos. No fim, ela estava bem."

Tanesha: "Minha mãe ficava distante sempre que eu compartilhava algo positivo que estava fazendo. Mudava de assunto imediatamente, como se não suportasse me dar um retorno positivo. Algumas vezes até começava a falar sobre algo parecido, que os filhos de suas amigas estariam fazendo, quase para dizer que eu não faço nada comparado a eles. É muito doloroso, embora eu saiba que ela não tem a menor consciência disso."

Olivia: "Minha mãe tem que fazer um comentário ruim sobre minha aparência toda vez que a vejo. 'Você ainda está no Vigilantes do Peso?' ou 'Você passou essa blusa?' ou 'Seu cabelo está muito despenteado. Aqui, use minha escova.' Esses comentários infantilizadores faziam com que me sentisse com cinco anos. A ironia é que minha mãe era alcoólatra e eu a ajudava a se arrumar para o trabalho, passava suas roupas, dava-lhe o batom e as meias. Isso negava totalmente minha experiência de ter que apoiá-la. Minha presença devia lembrá-la, de alguma maneira, o quanto falhara comigo. Eu nem sei se ela lembrava. Me pergunto se ela sequer é capaz de se preocupar realmente comigo. A evitação de sua dor parece ser o princípio organizador de sua vida."

Jordyn: "Depois que o meu pai deixou a minha mãe, quando eu era adolescente, foi como se ela e eu nos tornássemos melhores amigas. Ela reclamava da sua vida e de quanto era só. Dizia que eu era a única pessoa no mundo que a entendia. Eu morava com ela durante a faculdade e, quando levava um namorado, ela ficava muito passivo-agressiva comigo. Fazia coisas como "acidentalmente" manchar minha peça de roupa favorita. Ou meu celular desaparecia por horas e ela, de repente, o encontrava. Uma vez, quando estava ficando sério com um rapaz, ela fez alguma coisa no motor do meu carro e ele não ligou quando tentei sair. Enquanto crescia, pensava que ela fazia essas coisas porque me amava. Agora vejo que, em algum nível, ela sentia que era minha dona."

Finn: "Minha família toda girava em torno do mantra 'Não aborreça a sua mãe.' Ela era incrivelmente ansiosa e tinha pouca tolerância com crianças. Ela também tinha uma grande preocupação com 'o que os vizinhos vão pensar.' Me lembro de passar horas nos fins de semana fazendo ginástica no jardim da frente, enquanto ela estava na cozinha, esperando que me notasse. Outras vezes, a vi largar tudo para passar horas conversando com os amigos de quem ela reclamava. Eu ficava lá sentada ouvindo a conversa deles, sentindo-me emocionalmente faminta por sua atenção. Toda vez que eu expressava tristeza ou raiva, era rebatida com um sarcástico: 'Qual o problema dela agora?'

Sinto que a maior parte da minha infância, fiquei parada lá, olhando pela janela, esperando ela voltar para casa. Quando ela estava presente, não havia conexão. Acho que ela via minhas necessidades emocionais como um dreno sobre ela."

Brooke: "Minha mãe sempre precisava ser mais bonita que eu. Quando alguém me elogiava em sua presença, ela tinha que se aproximar da pessoa e chamar sua atenção. Algumas vezes era tão sutil que mais ninguém notava; outras era dolorosamente óbvio para todos que ela estava competindo comigo. Nunca vou esquecer suas palhaçadas durante meu casamento; muitas pessoas estavam comentando sobre meu vestido e minha mãe se intrometeu na conversa e pediu em voz alta para alguém ajudá-la a fechar seu bracelete. Todos olharam para ela, revirando os olhos, enquanto contava uma história banal, irrelevante. Desde que eu era adolescente, ela se arrepiava ao me ver como o centro das atenções."

Destiny: "Minha mãe adora que meu marido fique do seu lado e nos joga um contra o outro. Sempre, nas reuniões de família, ela encontra um jeito de flertar com ele de um modo quase imperceptível, e ele aceita. Antes que eu percebesse, os dois se juntaram contra mim. Durante muito tempo, meu marido não percebia que estava sendo manipulado. Mas agora está aprendendo a lidar com isso para que, independentemente do quanto ela tente me isolar e me fazer sentir como se eu não fosse boa o bastante, permaneçamos juntos. Pode ser sobre minha comida estar muito salgada, minha máquina de lavar muito barulhenta, ou questionar por que eu ainda não comprei um carro novo. Ela vai encontrar algo para criticar em mim e mobilizar outras pessoas a questionarem minhas decisões. Isso me deixa louca."

Elizabeth: "Minha mãe me manda e-mails sucintos e aparentemente amigáveis. Mas existe um tom de desaprovação que me desestabiliza. A mensagem é que ela é uma mãe melhor do que eu, e que sou inerentemente deficiente. 'Quando as crianças têm folga da escola? Você verificou o calendário escolar delas???' Quando respondo, tem sempre uma segunda pergunta esclarecedora, como se ela não acreditasse em mim: 'Eles têm QUATRO dias de folga???' Estou muito cansada de me defender para ela pela mais simples das coisas. Isso está me desgastando."

Mich: "Minha mãe me humilhava na frente dos meus filhos e permitia que eles fizessem coisas contra a minha vontade. Uma vez ela disse a minha filha que estava preocupada com a minha sanidade. Senti como se ela estivesse tentando criar alianças com meus filhos para me derrubar. Minhas filhas disseram que não querem mais ficar sozinhas com a vovó . Eu vejo o porquê. Achava que estaria privando-as de uma avó; ao contrário, eu as estava colocando em perigo ao permitir que a avó cuidasse delas. Tinha esperança de que, se ela se tornasse avó, sua tendência narcisista diminuiria, mas eu estava errada."

Claire: "Meus pais são cientistas. Nossa casa era cheia de ativistas, escritores e acadêmicos. Eu ficava acordada até tarde ouvindo eles falarem. Minha mãe era tão entusiasmada e engajada na 'causa' que, com frequência, esquecia de me alimentar ou me dar banho. Como filha única, aprendi a me integrar e fazer tudo por conta própria desde bem nova. Lutei contra a depressão durante toda a minha vida adulta. Toda vez que nos encontramos, começo a visita esperando que possamos nos conectar de alguma forma. Mas sempre acaba com ela me perguntando: 'Por que você não se controla?' 'O que há de errado com você?' e 'Eu não sei por que você não consegue ter uma vida normal como todos os filhos das minhas amigas.' Depois de cada visita entro em crise durante dias."

Abbie: "Minha mãe se tornou mãe solteira quando eu tinha dois anos. Ela quase teve um colapso quando eu tinha dez anos, e eu era seu principal apoio emocional. Meu irmão mais novo lutava contra as drogas e pulava de um emprego para outro. Eu, sendo o 'anjo' de minha mãe, fui boa aluna e tenho um doutorado. Toda vez que ela me liga, o que acontece quase todos os dias, fica na defensiva sobre o meu irmão. Recentemente, ele se mudou para a casa dela. É como se tivessem se unido contra mim, embora tudo o que eu queira é conectar-me com ela. Me esforcei por todo esse sucesso para que ela finalmente me visse e sentisse orgulho de mim, mas, ao invés disso, ela ficou intimidada. Constantemente me afasta ou, ao contrário, me aproxima dela para me magoar ou me pôr para baixo de alguma maneira. Eu só quero que ela me ame."

Dawn: "Eu disse à minha mãe que não gostava do tom que usava quando falava com meu filho. Ela foi duramente crítica quando ele cometeu um erro de ortografia em seu dever de casa. De início, ela se desculpou. Mas, no dia seguinte, me enviou um e-mail dizendo que não iria mais me ajudar a pagar meus empréstimos estudantis. Isso foi duas semanas após eu pedir a ela o login para acessar os meus empréstimos, pois gostaria de assumi-los, e ela negar, dizendo que era algo que queria fazer por mim. Foi como se ela precisasse encontrar um modo de 'se vingar' de mim por estar estabelecendo um limite."

No momento de uma birra materna, sua mãe não está vendo você como a filha dela, e sim como *a mãe dela, que a rejeitava*. É por isso que pode parecer que a interação, embora benigna na superfície, pode ter um subtom agressivo – você está testemunhando uma energia regressiva da criança brava que sua mãe ainda tem que integrar e curar dentro dela. Compreender essa questão pode ajudá-la a não levar o comportamento de sua mãe para o lado pessoal. O comportamento dela realmente não é sobre você.

É normal querer ignorar ou prevenir a birra materna a todo custo; ninguém quer presenciar ou estar sujeito a essas interações dolorosas e perturbadoras. E a sua criança interior fica aterrorizada com essa situação, já que provavelmente repete dinâmicas dolorosas da sua infância. O objetivo é apoiar a sua criança interior e enfatizar para você mesma que, embora possa não ter se sentido emocionalmente segura quando criança (rejeição da mãe significa morte), você agora é uma adulta capaz de apoiar a sua criança interior através dessa experiência. Você vai sobreviver à birra, e estar emocionalmente preparada para as consequências enquanto sua mãe estiver chateada vai libertar você. Atendemos melhor tanto a nós mesmas quanto nossas mães quando nos recusamos a apresentar versões de nós que distraem nossas mães de sua dor; diminuir-se só prolonga o sofrimento e adia a cura delas.

Reconhecendo a "mamipulação" na prática

Contrárias às dinâmicas das birras maternas mais explícitas, que são tipicamente mais explosivas e conflituosas, estão as dinâmicas mais silenciosas, mais implícitas, que chamo de "mamipulação".

Mamipulação é uma forma de manipulação sutil exercida pela mãe que pode facilmente passar despercebida porque o julgamento ou hostilidade é camuflado em linguagem ou comportamentos que parecem "maternais" (isto é, carinhoso, preocupado, adorável ou solidário). Mamipulação pode ser difícil de reconhecer e, frequentemente, seu principal sintoma para a filha é uma sensação de pavor, desespero ou raiva que não podem ser atribuídos a alguma interação, fazendo com que a filha se culpe por sua reação parecer desproporcional à interação. Uma interação pode, na superfície, parecer de um jeito – gentil, amigável, benevolente –, mas a energia e o subtom dela ser muito diferente: áspero, hostil, agressivo. Como qualquer tipo de intimidação, a melhor forma de reconhecer a mamipulação é notar o que *você sente* no seu corpo durante a interação. Olhe mais profundamente se tudo parecer bem na superfície, mas você perceber que está se sentindo mais deprimida ou mais triste depois de um encontro com sua mãe. É bem possível que esteja em jogo a mamipulação.

A maneira como você reage diante de uma birra materna ou mamipulação será específica para a particular dinâmica entre você e sua mãe. O desafio é não ser tragada para dentro do drama de vítima, perpetrador ou salvador, mas permanecer em sua verdade. Para algumas, isso significa falar; para outras, permanecer em silêncio. Refletir sobre qual seria a reação mais empoderadora e apropriada à mamipulação ou birra materna é um poderoso processo de descoberta em si.

Sensação de ser devedora

Uma das crenças mais problemáticas e comuns que filhas podem ter é "Minha mãe me deu a vida. Eu devo a ela _____". Claro, não há nada de errado em ter amor e respeito genuínos por uma mãe e real apreço por tudo o que ela possa ter feito por você. Entretanto, o sentimento de "estar devendo" a ela é algo muito diferente, e uma dolorosa ilusão que pode custar muito caro. Muitas mulheres usam essa justificativa para não fazerem o que desejam, como um motivo para sentirem culpa ou insegurança, uma razão para tolerarem um tratamento ruim ou ficarem em um lugar de aprisionamento.

Filhos não "devem" às suas mães, ainda que essa ilusão de dívida mantenha gerações de mulheres aprisionadas. Uma vez eu vi um vídeo no Facebook que era voltado a mães que se sentiam estressadas, privadas de sono e desvalorizadas. No final, ele dizia: "olhe nos olhos da sua criança e saiba que você importa". Cada frase expondo sobre como a mãe é elevada aos olhos da criança, querendo dizer que isso deveria ser suficiente para você aguentar. O ponto principal do vídeo era que uma mãe precisa apenas olhar nos olhos dos filhos para ser validada. Achei estranho ele não mencionar o apoio de amigos, parceiros ou comunidades para ajudar mulheres a atravessar momentos difíceis como mães. Não mencionar o autocuidado. Não ajudar mulheres a se verem como inerentemente válidas e importantes. Ele simplesmente dizia para as mães olharem para um único lugar em busca de um sentido de valor e significado: os olhos de seus filhos.

À primeira vista, pode parecer um vídeo inofensivo, com a intenção de honrar o incessante trabalho das mães. Ele foi "curtido" por milhares de pessoas. Mas achei esse vídeo perturbador por muitas razões. Para mães, perpetua a ilusão de que a aprovação dos filhos deveria ser compensação suficiente para o brutalmente interminável, mal-agradecido e isolante trabalho da maternidade no mundo moderno. E isso prepara a criança para carregar o fardo emocional das lutas de uma mãe e aprender a acumular funções como uma cuidadora emocional. Isso faz com que a criança sinta que ela "deve" à sua mãe uma versão de si mesma que proteja a mãe de sofrimento. Essa crença é como um veneno, que pode prejudicar o autoconceito, a autoestima e a habilidade da filha de formar relacionamentos duradouros e saudáveis com outras pessoas.

Infelizmente, uma das manifestações mais comuns da Ferida Materna é a relação codependente e intrincada entre mãe e filha. Representações como a do vídeo que descrevi perpetuam e reforçam esse emaranhado insalubre como "amor materno" normal. Não se deve esperar de uma criança que ela seja a salvadora da mãe, seu espelho, sua terapeuta ou sua única razão de viver. É responsabilidade da mãe, como adulta, obter o suporte que necessita de outros adultos, inclusive terapeutas, cônjuges, parceiros, da comunidade, instituições etc.

O bem-estar da mãe não é responsabilidade da criança. Uma mãe esperar trabalho emocional da filha torna essa criança uma refém da sua dor. Geralmente, se esse padrão começa na infância, continua até que a filha seja adulta, fazendo com que sinta insegurança, culpa e raiva reprimida, e tenha a síndrome da impostora e relacionamentos problemáticos, dentre outros sintomas. Nossa cultura, com sua hostilidade em relação às mulheres, expressa pela diminuição ao acesso a cuidados de saúde reprodutiva, disparidade salarial, falta de ampla licença-maternidade, violência masculina contra as mulheres, assim como outras barreiras sistêmicas, como o racismo institucional, tudo combinado para isolar a mãe e coagir a criança a carregar o fardo de validar emocionalmente sua mãe na ausência do suporte de parceiros, adultos, instituições e da sociedade em geral. Esse é um vácuo que uma criança não pode nunca preencher. Solicita-se que as crianças preencham as lacunas pela falta de respeito e assistência emocional dadas às mães nesta cultura. A sociedade diz às mães que seus filhos devem bastar como recompensa e as culpam quando sentem qualquer coisa menos do que a total satisfação.

A dor das nossas mães é passada para nós por duas principais fontes:

- O grau de trauma ou abuso herdado que ela viveu em sua família de origem, o qual pode inconscientemente transmitir de alguma forma.
- A Ferida Materna cultural: a dor de ser uma mulher nesta cultura, e como essa dor é passada adiante através de gerações.

A culminação de muitos fatores pode resultar em uma criança sentindo como se "devesse algo" à mãe:

- A lealdade natural que todos os filhos sentem por suas mães.
- Ver a mãe sofrer sem ajuda, sabendo que ela é necessária para a sua sobrevivência.
- A mãe reforçar a ideia de que a criança é responsável pelo seu bem-estar.
- A mãe crer que a filha lhe deve algo, devido à sua própria história (ela pode ter sentido que devia algo à sua mãe).
- A mãe não tem apoio do cônjuge/parceiro, da família, de amigos etc.

Nas gerações passadas, e ainda para algumas pessoas hoje, ser pai ou mãe significava prover os filhos com alimento, abrigo, roupas e educação. As necessidades emocionais eram consideradas menos importantes do que as físicas. Assim como objetos ou animais de estimação, os filhos eram "para ser vistos, não ouvidos". Problemas como vícios, doença mental, dificuldades financeiras e abuso simplesmente não eram comentados. As pessoas acreditavam que, se você fingisse que esses problemas não existiam, mantivesse-os em segredo, tudo ficaria bem. Estamos começando a entender que isso não é verdade. Esses problemas não vão embora quando você finge que não são reais ou tenta esquecê-los. Eles estão presentes nas nossas lutas diárias.

O desenvolvimento natural de uma criança inclui crescer e ter sua própria vida independente, separada.

Para uma filha emaranhada com a mãe, tentativas de individualização podem ser um campo de batalha brutal pela apropriação de si mesma. É crucial que a filha obtenha suporte para desmistificar a lógica patriarcal distorcida que estabelece que ter a própria vida independente torna-a perpetradora de um mal contra a mãe, que separação equivale a agressão, ou que os seus limites são um ataque. É preciso resistir a essas distorções e obter ajuda de múltiplas fontes para colocar em movimento novos e saudáveis padrões. Aprendi no início da minha própria jornada como "filha responsável" em recuperação a dolorosa crença que "Estou privando a minha mãe de cuidados ao tomar conta de mim mesma".

Foi uma longa jornada de aprendizado para:

- Desassociar o que eu percebo como o senso de direito de minha mãe, do meu próprio cuidado pessoal.
- Ocupar espaço sem temer o abandono.
- Atrair um parceiro romântico com capacidade para igual reciprocidade.
- Verbalizar um claro "não" para pessoas que parecem esperar cumplicidade tácita com minha própria sujeição, ainda que sutil.
- Não mais comparar empoderamento com solidão.

Esse trabalho precisa de tempo, um passo de cada vez, para construir uma relação de confiança com a criança interior e ajudá-la a aprender um novo paradigma no qual é seguro ser real, ter necessidades, dizer "não", ter emoções, celebrar a si mesma e é seguro ser vista. É preciso obter ajuda profissional (como alguma forma de psicoterapia relacional), estabelecer limites, praticar o autocuidado radical e permitir-se lamentar. Tantos de nós testemunhamos nossas mães lutarem, sacrificarem-se e sofrerem sob todas as formas de opressões. As crianças são naturalmente leais às suas mães por necessidade de sobrevivência. Mas o verdadeiro respeito não é possível quando é imposto ou baseado em obrigação, vergonha ou dívida emocional. "Dever" não é respeito. É controle.

Mães podem pensar que seus filhos lhe "devem", se, como mães, elas:

- Sentem-se carentes ou não validadas em outras áreas da vida adulta.
- Têm falta de entendimento sobre a história da própria infância.
- Têm uma história de infância que envolve abuso, negligência ou trauma, com pouca ou nenhuma terapia.
- Apresentam sinais de possível doença mental.
- Acreditam que mães têm poder de domínio absoluto sobre seus filhos.
- Possuem um estilo autoritário de maternidade.

Mães que reforçam isso estão, em geral, inconscientes do que fazem. É importante que as filhas obtenham apoio e estabeleçam limites em relação a suas mães. Deve ser dado o devido respeito, admiração e lugar sagrado na nossa sociedade à impressionante quantidade de amor e potencial físico e emocional que uma mãe tem a oferecer. Mas isso vai permanecer desvalorizado e relativamente invisível enquanto as mães reproduzirem a dinâmica prejudicial de esperarem que as filhas sejam seus espelhos, suas salvadoras e sua razão de vida. E a maternidade continuará desvalorizada enquanto a sociedade desvalorizar as mulheres e induzir crianças a pagarem a conta. Devemos nos conscientizar sobre as maneiras pelas quais o patriarcado priva as mães, e como essa privação é descarregada sobre as crianças, em última instância, incapacitando de algum modo a todos nós, coletivamente.

Tanto tem sido *permitido* sob a crença de que "Eu devo à minha mãe". Abuso emocional, abuso físico, negligência, silêncio doloroso e outros traumas. Tanto tem sido *reprimido* sob a dor de "Dever à minha mãe". Desejos verdadeiros, potencial, sonhos, inspiração, abundância, riqueza e muito mais foram ignorados e reprimidos por mulheres que foram ensinadas que a sua verdadeira expressão fere aqueles que elas amam. Mães emocionalmente carentes que alimentam essa dinâmica roubam a força vital das filhas e alimentam-se dela como se fosse sua.

A seguir estão alguns exemplos de mensagens não ditas de mães com mentalidade patriarcal (provenientes de se sentirem impotentes e fora do controle em suas próprias vidas):

- "Você é ingrata quando é completa, grandiosa e autêntica."
- "Você me honra quando está sofrendo porque olha quanto sofrimento eu suportei para trazê-la ao mundo."
- "Eu sou sua mãe e mereço seu respeito independentemente de quanto eu a difame ou abuse de você."
- "Você me faz sentir inadequada quando atinge seus objetivos."

Logo começa a haver uma associação entre estar segura e ser inofensiva.

Para muitas mulheres, uma das coisas MAIS difíceis é permitir que a mãe tenha as suas próprias lições dolorosas e seu próprio processo de cura. Trata-se de abrir mão da necessidade de mostrar um falso ser para agradar a mãe e, ao invés disso, ser uma pessoa autêntica na presença dela, mesmo se ela expressar desaprovação. Isso envolve permitir que a mãe expresse desgosto sobre a sua verdade sem deixar que isso desoriente você e sem ser dragada para uma batalha com ela.

Você não é uma "filha má" por permitir que sua mãe tenha suas próprias lições e desafios, sem correr para resolvê-los por ela.

Nas melhores situações, deixar que sua mãe lide com as próprias lições dolorosas e problemas pode estimular a tristeza necessária para trazer a verdadeira cura dentro dela, mas só se sua mãe estiver aberta e disposta a crescer. A triste verdade é que algumas mães evidentemente não estão dispostas a fazer o trabalho árduo de curar as próprias mágoas, e preferem fazer as filhas sentirem-se responsáveis por elas.

Como filha, se sua mãe tem um padrão de reagir com hostilidade quando você expressa sua própria identidade, individualidade, realidade e poder, pode ser porque sua expressão autêntica estimulou as sementes do potencial que nunca desabrochou nela. Ela pode sentir o seu eu verdadeiro, vital e autêntico como um espelho doloroso, lhe mostrando os caminhos que precisou abandonar para sobreviver à própria família. Isso pode provocar um lamento profundo sobre a perda de si mesma. Se ela não puder, ou não quiser, sentir a tristeza completa e processá-la, pode reagir com raiva, manipulação, competição, ciúme ou afastamento.

A carência que sua mãe sente não pode ser resolvida por nada que você faça.

A dor dela não pode ser preenchida por você permanecer pequena e infeliz. Pisar em ovos e "não virar o barco" podem conseguir uma "paz" temporária, mas, em longo prazo, você está entregando sua força vital para a Ferida Materna. É uma forma de abrir mão do seu poder. Você não deve nada à sua mãe. Sua infelicidade e insatisfação jamais a compensarão por suas feridas mal curadas e conflitos. Ela é a única que pode tomar as atitudes necessárias para mudar a própria situação.

Quando cuidamos emocionalmente de nossa mãe na forma de autossabotagem, nós, na verdade, inibimos a cura dela porque nos tornamos cúmplices em manter suas ilusões. E colocamos nossas vidas em suspenso indefinidamente esperando sua aprovação, que nunca virá.

A experiência que quebra esse padrão é compreender que é possível sobreviver à rejeição da mãe. Isso pode parecer óbvio para sua mente intelectual adulta, mas para a sua criança interior, ou as partes primitivas e emocionais do seu cérebro, a rejeição da mãe parece perigosa e arriscada demais. É por isso que chegamos tão longe e então, bum! – inconscientemente sentimo-nos inseguras, e voltamos aos antigos padrões de culpa, cuidados emocionais, nos diminuindo para agradar aos outros, desculpando-nos por existirmos e sendo viciadas em aprovação e validação externa.

Sentir-se pequena e presa não é bom, mas, para a nossa criança interior, parece SEGURO.

Para curar a autossabotagem, precisamos quebrar o elo entre ser autêntica e alguma forma de perda da mãe, como o sentimento de ser abandonada ou rejeitada por ela. E precisamos criar um *novo* elo entre sermos autênticas e estarmos seguras, sermos amadas e queridas.

A separação emocional saudável entre mãe e filha precisa acontecer para que ambas floresçam como indivíduos e haja uma autêntica e nutritiva conexão de coração entre elas.

Qualquer coisa obrigatória é forçada e não gratuita. Não é conexão verdadeira. É uma transação. Existe um mundo completamente novo além da ilusão de "dever", onde sua vida pertence a você e onde as suas necessidades e sentimentos são acolhidos, não vergonhosos. Sua vida pertence a você e não há dívidas com a sua mãe. Desencorajar nossa habilidade de sermos confiantes em nossa separação tem sido uma tática do patriarcado para oprimir as mulheres. Não estou falando em separar-se de modo frio, defensivo, mas em ser singular, completa e única perante si mesma.

Nossa personalidade independente é um lugar de poder que devemos cultivar, e apoiar umas às outras a desenvolver. Não precisa ser isso ou aquilo. Ser independente não equivale a ser excludente ou desconectado. Quanto mais nos sentimos autorizadas a ter amor e apoio de nós mesmas, mais forte podemos nos tornar e mais mudanças positivas podemos gerar juntas.

É hora de reivindicar o sagrado impulso de existir separadamente. O tabu da Ferida Materna há muito tempo paralisou o processo de curar as mulheres individual e coletivamente. É importante que vejamos a verdade, ainda que desconfortável, de que curar a Ferida Materna *não* é culpar a mãe. É uma parte essencial de ser uma adulta madura e consciente. De fato, curar a Ferida Materna (e não a transmitir para a próxima geração) é a expressão máxima da maturidade e da responsabilidade pessoal.

Quando a empatia por sua mãe mantém você presa

Os impactos das crenças patriarcais de uma mãe são especialmente devastadores para o desenvolvimento pessoal e para o processo de individuação de uma filha. A mãe negar a própria dor é parte do que mantém a Ferida Materna ativa. Mais do que os filhos, as filhas estão mais propensas a verem suas mães como vítimas de seus sonhos não vividos, da falta de oportunidades ou de desvalorização pelos homens. Devido à empatia da filha pela condição da mãe, ela é mais propensa a absorver a dor da mãe como sua, criando uma mistura tóxica que impede diretamente sua capacidade de florescer em sua própria vida. Quanto mais inconscientes e intensas são as mágoas não curadas da mãe, mais ameaçada pela separação e pela individualidade da filha ela vai se sentir. Assim, o vínculo mãe-filha pode ser forjado em um ambiente de dor que mantém ambas presas.

Quanto mais generosa e amorosa uma mulher é consigo mesma, mais pode oferecer isso à sua filha. Uma mãe não pode dar à filha o apoio, o amor, a orientação e o empoderamento que ela mesma não tem. Se uma mulher não tem esse modelo saudável de amor-próprio em sua mãe, precisa procurar esses modelos em outro lugar.

Pelo vínculo patriarcal, as mulheres aprendem que devem ser bem-sucedidas, mas não muito; sensuais, mas não demais; fortes, mas não muito; inteligentes, mas não muito etc. Uma mãe pode, involuntariamente, perpetuar isso por uma necessidade inconsciente de evitar o que é desencadeado nela por meio da filha. Se a filha permanece impotente, pequena e sempre duvidando um pouco de si mesma, então a mãe elimina a possibilidade de que ela acione o gatilho da dor interna não reconhecida que preferiria ignorar. Para mães que não estão dispostas a fazer seu próprio trabalho interno, essa é uma forma inconsciente de autopreservação emocional à custa da filha.

Para uma mãe inconsciente e profundamente magoada, uma filha impotente é o antídoto perfeito para sua infelicidade, porque permite que a mãe mantenha uma ilusão de poder pessoal sem ter que fazer o trabalho duro do crescimento pessoal e da cura. Se a filha for empoderada, próspera, feliz e realizada, é mais provável que a mãe ferida se depare com a tarefa de confrontar sua dor não curada.

Uma mãe pode exibir externamente uma fachada de calma e amabilidade, mas no fundo pode haver uma sensação de empobrecimento emocional que se expressa principalmente em relação à filha, que pode carregar a projeção das suas mágoas renegadas.

A mensagem implícita para a filha, em ambas as instâncias, é: "Seu empoderamento é inaceitável". O empoderamento da filha é inaceitável porque ele lembra à mãe suas perdas não lamentadas ou a raiva não expressada que pode sentir em relação ao patriarcado em sua família e cultura. Uma mãe pode sentir o empoderamento da filha como uma traição, rejeição pessoal ou desconsideração. Ela pode, inconscientemente, pressionar a filha a baixar sua voz, minimizar seu sofrimento, reduzir suas ambições ou se contentar com menos, assim como ela pode ter se sentido pressionada a fazer quando era jovem.

Uma filha empoderada é um estímulo para que as partes não curadas dentro da mãe se manifestem e sejam curadas. Uma mãe ferida pode confundir a dor que sente na presença da filha, como sendo responsabilidade e culpa dela, não percebendo que a dor estava lá há muito tempo e que pertence somente a ela – a mãe. Neste sentido, a filha está, na verdade, dando um presente à mãe. Sua luz revela a sombra da mãe, e o próximo passo em sua cura. Se a mãe é saudável e aberta, verá mais facilmente o presente. Mas, se a mãe for inconsciente, profundamente magoada e paralisada, provavelmente o verá como um motivo para castigar a filha (velada ou abertamente).

Exemplos de jogos de poder patriarcal de mães incluem:

- A filha ser usada como seu lixão emocional.
- A mãe é negligente, mas usa a filha como ferramenta narcisista para atrair a atenção da mãe dela.
- A mãe não tem nenhum respeito pela filha se ela não concorda com os seus pontos de vista. É do jeito dela ou nada.
- Birras maternas: hostilidade explícita, *bullying*, explosões de raiva, saídas tempestuosas, violência física.
- Mamipulação: distanciamento frio, competição, ciúme, triangulando* a filha contra outros membros da família, ameaças veladas ou humilhações, crítica disfarçada em comentários inocentes, humor sarcástico etc.

Nota: todas essas dinâmicas também podem ser praticadas com um filho. E também podem ser características de doença mental na mãe.

---

* Triangulação: uma forma de manipulação, que usa ameaças de exclusão ou manipulação. O objetivo é dividir e conquistar. Envolve o uso de comunicação indireta, em geral pelas costas da pessoa. É um comportamento tóxico para se conseguir o que deseja ou sentir-se seguro em um relacionamento. A comunicação entre duas das pessoas trianguladas é limitada ou nula, exceto através da pessoa que está manipulando. Fonte: *What Is Triangulation in Psychology?*. Disponível em: https://www.verywellmind.com/what-is-triangulation-in-psychology-5120617. Acessado em: 26 abr. 2022. (N.T.)

Você notará que todas as dinâmicas listadas há pouco têm a ver com uma coisa: ganhar poder e controle. A mãe que abriu mão de seu poder, buscará por ele de outras formas. Isso é verdade para todos nós. Quando abrimos mão de nosso poder, um vácuo é criado, e somos compelidas a preenchê-lo de alguma forma, em geral processando-o ou projetando-o. Para uma mãe, o alvo mais fácil de projeção é a filha. Isso confere à relação um atributo vampírico: a filha fica fraca e a mãe sente-se forte. Entretanto, isso não beneficia nem mãe nem filha.

O patriarcado impede que ocorra uma importante função humana, que é sentir a verdade de todos os nossos sentimentos. Em certo grau, tanto homens quanto mulheres (meninos e meninas) afastam-se dos sentimentos por vergonha, seja através de violência, abuso ou negligência, seja em nossas famílias ou em nossa cultura como um todo. A vergonha é devido à crença patriarcal de que sentimentos são inerentemente fracos e devem ser suprimidos.

A tarefa de cura é para cada um de nós metabolizarmos e processarmos nossa dor completamente. Ao fazermos isso, tomando posse de nossas feridas, sentindo nossa dor e vivendo o luto até o fim, a energia da Ferida Materna se transforma em sabedoria, amor e poder. Para mãe e filhas, isso significa que precisa haver uma distância emocional saudável na qual ambas possam engajar-se completamente em seu processo de cura e cada uma possa vivenciar o seu próprio poder pessoal e liberdade. Ambas precisam de suporte e recursos para navegar com sucesso por sua jornada.

Quando metabolizamos a verdade do que suportamos como crianças, somos capazes de, finalmente, desvincular a forma como nossas mães nos trataram do nosso valor próprio como seres humanos. Começamos a ver nossas mães como indivíduos, com seus próprios caminhos, jornadas e lições. E podemos parar de fazer com que a disfunção, as dores ou limitações de nossa mãe signifiquem algo sobre *nós*. Passar por esse processo de separação é essencial para a verdadeira individuação e autorrealização, dar à luz o verdadeiro eu e incorporá-lo ao mundo. Esse é um ato de grande coragem, fortaleza e resistência.

O patriarcado se trata de poder a qualquer custo. Uma forma pela qual esse poder tem sido reunido é através de ideias rígidas do que é certo e o que é errado. Mas, na verdade, não existe certo ou errado absolutos, apenas uma diversidade de preferências e consequências. Ao dissolver cada vez mais a carga de polarização, conceitos como certo/errado e bom/mau, infinitas possibilidades começam a se abrir e os indivíduos podem fazer escolhas que sejam verdadeiramente autênticas e corretas para si, sem medo ou vergonha.

Por todo lado, estamos vendo instituições patriarcais falirem e ruírem: religiões, governos, mídia etc. A família também é uma instituição patriarcal; e as famílias sentirão cada vez mais a pressão para mudarem e acomodarem uma nova consciência que está emergindo. No modo dominador do patriarcado, uma família disfuncional é ameaçada pela individualidade de seus membros. Dessa forma, as mães patriarcais podem ser ameaçadas pela individualidade das filhas e podem, inconscientemente, sabotá-la. Como uma nova forma de família está surgindo, sinto que serão mais flexíveis, inclusivas e acolhedoras da individualidade. Talvez a própria definição de "família" mudará e se expandirá. Pessoas que se dizem da família podem não ser vinculadas por consanguinidade, mas por conexão de almas que mutuamente nutrem sua jornada para descobrir e viver sua autêntica verdade. Essa mudança cultural começa no nível de indivíduos que escolhem fazer o trabalho de cura e resgate.

Para mães, a jornada de curar a própria Ferida Materna é precisamente o que liberta as filhas desse legado doloroso.

Para sermos mulheres completas, empoderadas, precisamos ser desleais com o patriarca em nossas mães. Precisamos dizer não. Devemos nos recusar a abdicar de nosso poder para alimentar o organismo da dor de nossas mães, poder que é, em última instância, um grande presente para elas e para o mundo. É hora de nos honrarmos. É a hora das mulheres curarem a Ferida Materna. Temos que fazer a coisa difícil e sagrada, que é nos concentrarmos em nossa própria cura de forma que possamos, finalmente, nos sentirmos completas e criarmos esse novo nível de completude para nossas filhas e para as mulheres do futuro.

No próximo capítulo, vamos explorar em detalhes os elementos pessoais e culturais subjacentes que mantêm a Ferida Materna ativa.

---------- **QUESTÕES PARA REFLEXÃO** ----------

1. Como você vê as dinâmicas de poder atuando em sua vida? Nos seus relacionamentos interpessoais, comunidades, organizações?

2. De que maneiras você enxerga o "vínculo patriarcal" atuando em sua vida e na vida das mulheres ao seu redor? (Vínculo patriarcal é o senso de precisar ser bem-sucedida, mas não tanto; bonita, mas não tanto etc.)

3. Olhando para a sua infância, como sua família abordava dificuldades emocionais? Como eram tratadas ou evitadas? Como esses mecanismos de enfrentamento impactam você agora?

4. Ao refletir sobre o relacionamento com sua mãe, como era a dinâmica de poder entre vocês? Algumas dessas dinâmicas repercutem em você ("mamapatia", mamipulação, birras maternas)?

CAPÍTULO 4

O que mantém a Ferida Materna ativa, e por que ela perdura?

Minha resistência em olhar para o meu relacionamento com minha mãe era forte. Como poderia questionar minha família? Eles puseram um teto sobre minha cabeça, levavam-me para as férias, pagavam as aulas de piano e de costura. Compravam-me presentes de Natal e Ovos de Páscoa. Por fora, nada parecia errado. Éramos uma família normal, até afortunada. Mas meus sintomas estavam contando uma história completamente diferente. Eu estava começando a ter ataques de ansiedade regularmente. Tinha alguns gatilhos que me deixavam para baixo por vários dias.

Com o passar do tempo, descobri que estava cansada de ser uma falsa eu, uma boa garota, uma cuidadora obediente. Queria ser autêntica, ser REAL. Essa fome continuava a aumentar. Estudei espiritualidade centrada no feminino. Descobri o feminismo. Minha idealização da minha mãe começou a mostrar rachaduras. Ansiava por sabedoria vinda dela, por encorajamento de algum tipo quando eu batalhava para dar um sentido e uma direção à minha vida. Sentia-me perdida. Mas, estranhamente, minha mãe parecia ficar cada vez mais quieta e distante. Eu sabia que ela tinha passado por um trauma significativo, mas nunca falou sobre isso. Ela continuava a atender à sua própria mãe idosa enquanto reclamava dela incessantemente, e eu podia sentir a tensão que carregava por causa disso. O mantra da minha mãe parecia ser sempre "Reprima e prossiga". Nunca mostrava fraqueza. Aos meus vinte anos, *conforme eu batalhava, podia sentir, pelas beiradas, seus ciúmes e seu desprezo por mim, mas não podia reconhecer completamente, nem para mim mesma. Precisava crer que ela queria o melhor para mim, que ela me apoiava. Precisava crer que todo o apoio que eu tinha oferecido a ela por todos esses anos seria, algum dia, retribuído. Ela era minha mãe, afinal.*

A Ferida Materna é mantida ativa por uma rede complexa de fatores, inclusive pessoais (dentro de nós, particularmente, devido às nossas próprias histórias), culturais (a atmosfera na qual crescemos), espirituais (sentindo-nos desconectadas da vida como um todo) e em um nível planetário (desenraizadas da sensação de estar em um lugar seguro no meio ambiente), e pela interação entre esses quatro. Uma vez que tenhamos compreendido esses fatores e como eles interagem, ficamos mais capazes de ver a Ferida Materna em ação e mais preparadas para transformá-la em nossas vidas diárias, enfraquecendo seu controle sobre nós em limitar nossas escolhas e ditar nossos comportamentos. Com essa maior clareza, ficamos menos suscetíveis a culpa, vergonha e isolamento, que podem nos paralisar em nossa dor. Tornamo-nos mais empoderadas e criativas, mais inspiradas e energizadas para sermos agentes da mudança cultural, abrindo o caminho para as futuras gerações.

Uma vez que é um produto do patriarcado, vou começar por aí, e explicar as forças culturais maiores que dão origem às dinâmicas e manifestações pessoais da Ferida Materna.

Negação, "resistência" e desdém por sentimentos

Nas gerações anteriores, parecia existir uma crença coletiva em um lugar chamado "distante". O pensamento é que se não falarmos sobre emoções e nossos reais sentimentos, eles vão embora – deixam de existir e sua influência sobre nós se dissolve. Por exemplo, se tivermos uma briga e nunca discutirmos depois, então cremos que o conflito não existe mais.

Os psicólogos do desenvolvimento discutem o estágio do desenvolvimento de "permanência do objeto", no qual a criança aprende que, ainda que objetos não estejam aparentes, eles continuam a existir. Por exemplo, se uma cuidadora esconde um bicho de pelúcia sob uma coberta, existe um ponto do desenvolvimento em que a criança sabe que o bicho de pelúcia ainda está lá, apesar de estar fora da vista. Assim como a permanência do objeto, essa forma cultural de negação parece uma falha na etapa do desenvolvimento cultural da "permanência da *emoção*". A permanência da emoção significa assumir responsabilidade por nossas emoções e seus impactos inevitáveis sobre outras pessoas. De certo modo, não é surpresa que haja tanto medo generalizado de emoções fortes, pois tivemos muito poucos modelos do que significa processar emoções fortes de uma maneira saudável. Coletivamente, temos sido emocionalmente atrofiados.

O que não aceitamos, nós vamos projetar.
Atualmente, jovens e idosos estão despertando para o fato de que não existe esse lugar "distante" e que dor reprimida não deixa de existir se for ignorada ou empurrada para baixo do tapete. De fato, ela não apenas continua a existir, como se torna uma força inconsciente violenta, influenciando negativamente nosso comportamento, com consequências tóxicas para aqueles ao nosso redor. A dor reprimida é transmitida. Tudo o que nos recusamos a processar sobre como sofremos vai nos influenciar, limitando nossas escolhas, diminuindo nossa energia vital e criando amargura, ressentimento e tormento. Dessa forma, "resistência" ou negação não são nobres. São, na verdade, fraquezas. A maré está mudando, e hoje, ter a coragem de buscar ajuda para *processar a nossa dor* e colher as informações resultantes que mudam nosso comportamento, iluminando o caminho para outras pessoas, está sendo visto, cada vez mais, como a escolha nobre.

A vergonha é o principal agente do patriarcado. É a emoção primária do oprimido e a emoção pretendida pelo opressor, porque paralisa a vítima. A vergonha nos torna alguém fácil de ser controlado. Ela nos torna submissas. A civilização ocidental vê a expressão das emoções, particularmente as emoções "negativas", como uma coisa vergonhosa e frágil. Essa visão nos mantém paralisadas individual e coletivamente.

As gerações mais antigas acreditavam que haveria uma recompensa por fingir. Muitos estão descobrindo que essa recompensa não vem nunca. As gerações subsequentes de pais diriam: "Eu não quero estragar meus filhos da forma com que eu fui estragado pelos meus pais;" e achavam que apenas dizer isso era o suficiente para impedir que acontecesse. Mas só saber que você não quer repassar a dor geracional não é suficiente. Leva muitos e muitos anos de trabalho interno focado para deter os ciclos de dor intergeracional. E, ainda assim, nada é mais importante do que completar essa jornada. Podemos ajudar uns aos outros e fornecer a coragem, o suporte e as ferramentas necessárias para chegar ao outro lado. A permanência da emoção é reconhecer a realidade de que nossas emoções impactarão nossos relacionamentos e circunstâncias, quer queiramos ou não.

A mentira da inferioridade feminina

Existe uma mentira de incríveis proporções que se coloca no centro de nossas vidas. Essa mentira é tão difundida que se torna praticamente invisível. Essa mentira é a de que a inferioridade feminina é *a ordem natural*, insinuando que tudo o que seja feminino tem uma deficiência natural. É essa mentira que causa o apodrecimento da relação mãe-filha, incapacitando as mulheres coletivamente. A mutilação só pode continuar enquanto permanecermos inconscientes da miríade de manifestações desse apodrecimento, a Ferida Materna. Neste momento da história, precisamos tornar as manifestações tão conscientes quanto possível para que possamos ir além delas.

A mentira patriarcal sobre a inferioridade feminina coloca a filha, em conflito entre seu desejo natural de viver seu pleno potencial e a realidade da carência de sua mãe, nas mãos das instituições patriarcais, incluindo a família, a igreja, a escola, a mídia e o Estado. O vínculo mãe-filha pode ter uma tensão de fundo fomentada pela inerente escassez de poder pessoal que é permitido a elas na sociedade, e também pelo enredamento entre elas devido à sua situação difícil. A ligação é colorida, até certo ponto, pela forma como cada uma lida com a mentira sobre sua inferioridade.

A crença em uma "deficiência feminina" mantém as mulheres em uma roda interminável de autoaprimoramento, trabalhando constantemente para atingir padrões impossíveis do que uma "mulher desejável" deve ser. A mãe é, muitas vezes, a primeira a transmitir esses padrões para a filha, geralmente em um esforço inconsciente para manter a criança do sexo feminino segura em um mundo hostil com as mulheres. O problema reside no fato de que esses padrões na verdade prejudicam a filha, assim como prejudicaram a mãe, e a mãe dela antes.

Toda nova criança vem com uma demanda saudável por viver a vida em seus próprios termos.

Quando uma filha tenta ir além dos padrões da mãe, para uma vida em seus próprios termos, pode soar como uma traição. Contudo, esse impulso de ir além dos ideais da mãe é saudável e vitalizador. Individuar-se e viver como o seu eu verdadeiro, não o falso eu que o patriarcado requer, é um impulso natural. Combater esse impulso saudável é manter a filha em um tipo de imaturidade emocional, sempre um pouco desconfiada e duvidando de si mesma, e nunca vivendo plenamente a própria vida.

"Eu aguentei, então você também pode. Por que eu deveria facilitar para você?"

Essa atitude pode ser vista em famílias, times e organizações de todos os tipos. Ela geralmente se desenrola assim: alguma forma de dor é vivida pelas pessoas de uma certa geração ou de um certo escalão em uma organização. Existe um ressentimento sentido sobre o que esse grupo viveu, uma sensação legítima de injustiça e raiva não resolvida. Mas, como eles não levaram em conta ou fizeram um esforço para, ou foram suficientemente capazes de processar o sofrimento que passaram, esse ressentimento fica estagnado e é redirecionado para uma sensação de prazer em ver outras pessoas passarem pela mesma situação. Ao invés de facilitarem para os que vêm depois, eles se sentem justiçados ao vê-los herdar o mesmo sofrimento. Isso é uma tragédia, pois, consequentemente, o opressor é protegido e os oprimidos apenas continuam oprimindo uns aos outros. Para alguns, ao longo do tempo, a capacidade de suportar o sofrimento e a disfuncionalidade torna-se parte de sua identidade, e então, quando novas gerações buscam transformar ou mudar, seja a eles mesmos, uma organização ou uma tradição, alguns das gerações mais antigas podem sentir esse desejo de mudança como uma ameaça às suas identidades e ativamente sabotam, descartam ou fazem pressão contrária. Isso geralmente impede a comunicação e conexão que ambos estão desejando.

Idealização de mães que envergonham as crianças

Todos os humanos têm a capacidade para as emoções humanas, ainda que tenhamos vergonha de ter emoções consideradas "negativas" – sentimentos como raiva, tristeza, inveja, desapontamento, ódio, saudade etc. Além disso, todos os humanos têm a capacidade de sentir essas emoções negativas pelas nossas mães; esse tipo de sentimento negativo é o maior tabu.

Todos os chavões a seguir, muito comuns, dão a ilusão de elevar a mãe e rebaixar a criança por ter uma variedade normal de sentimentos:

"Não culpe a sua mãe."
"Sua mãe lhe deu a sua vida."
"Como você se atreve a questionar a sua mãe?"
"Sua mãe faz o melhor que pode."
"Você só tem uma mãe."

Estereótipo de mulheres como as "trabalhadoras emocionais"

O patriarcado não apenas faz com que emoções pareçam frívolas, fracas e vergonhosas; ele projeta todo o domínio emocional sobre a mulheres. A individuação requer que a filha desista de tudo o que esteja funcionando (trabalho emocional) pela mãe, seja como seu bode expiatório, sua confidente afetiva, sua solucionadora de problemas, seu animal de estimação, o alvo de sua raiva ou sua distração. Também requer que a filha deixe de esperar que a mãe faça algo que simplesmente não tem capacidade, como enaltecê-la, vê-la com exatidão, reconhecer suas diferenças amorosamente etc. Em geral, há muita tristeza a ser trabalhada aqui.

É essencial algum grau de diferenciação emocional de sua mãe para se sentir no comando da própria vida.

Infelizmente, nossa cultura rejeita as filhas que analisam seus relacionamentos com a mãe como simples "acusadoras da mãe". Embora a rápida rejeição pareça proteger o "elevado status" da mãe dentro da cultura, na verdade a explora ao proteger sua habilidade em transmitir normas patriarcais nocivas, mantendo-as ignorantes da verdadeira magnitude do seu sofrimento. A reflexão consciente sobre esse relacionamento é a base da verdadeira responsabilidade adulta, ainda que muitos continuem a crer no oposto.

A vida não vivida de uma mãe pode ser sentida pela filha, consciente ou inconscientemente, como um poderoso fardo. Fatores importantes incluem o quanto a mãe tinha conflitos com sua própria mãe, o quão profundamente ela internalizou a mentira de sua inferioridade e se existe trauma não curado em sua história. Em outras palavras, tudo o que uma mãe se recusa a confrontar em sua vida vai representar algum tipo de desafio na relação com a filha e, adicionalmente, pode contribuir para algum tipo de desafio para a filha em sua própria vida.

Mães podem sentir ciúmes ou inveja das filhas, colocando-as em uma situação difícil. A filha pode presumir que é responsável pela carência da mãe. Como uma mulher me disse: "Sempre senti a insinuação de que eu era má quando coisas boas me aconteciam facilmente. A questão não dita era: 'Como você acha que isso faz a mamãe se sentir?' fazendo com que eu associasse culpa com sentir-me bem".

A diferenciação saudável da sua mãe diz respeito a parar de viver na sombra da disfuncionalidade dela como se fosse sua.

Uma outra mulher explicou: "Sinto esta terrível impotência por não ser capaz de fazer minha mãe entender que não estou tentando ser cruel com ela quando estou feliz. Não importa o quanto eu tente, ela nunca consegue ver desse modo. Aos poucos aprendi que duvidar de mim mesma era uma forma de lealdade a ela. Não ser totalmente bem-sucedida, não totalmente ambiciosa, era um modo de amá-la. Se ela me sentisse cruzando a linha, sequer me *aproximando* da linha, em contínuo estado de contentamento ou confiança, eu podia senti-la afastar-se de mim energicamente. Ela começava a debochar, criticar ou me punir, principalmente de forma sutil e dissimulada. Não acho que tinha consciência de nada disso. Na única vez que eu não consenti com sua demanda de me enfraquecer, ela me abandonou completamente. Entendi depois que minha disposição em conter o meu potencial por ela era um tipo de nutrição da qual ela dependia em sua vida que, de outra forma, seria desprovida de validação".

Uma dinâmica de escassez surge: uma sensação de não ter amor, espaço ou poder suficientes entre elas. Comparação, competição e inveja são manifestações dessa sensação básica de escassez.

Para filhas de mães invejosas, pode parecer que precisam escolher entre o amor da mãe e seu próprio potencial. Como a criança depende da mãe, ela terá, claro, que escolher a mãe e renunciar a si mesma. Deixada sem tratamento e sem exame, essa dinâmica criará uma sensação de privação e ressentimento que ela poderia provavelmente passar para a filha. E essa é uma das maneiras pelas quais a ferida é perpetuada em outra geração.

Estou cada vez mais convencida que o mundo será curado pela capacidade das mulheres de sentir a dimensão total dos nossos sentimentos.

O paradoxo é que sentir a verdade dos nossos próprios sentimentos envolve recusar-se a sentir os sentimentos dos outros por eles. Em outras palavras, requer abster-se de funcionar exageradamente e assumir responsabilidades por aqueles que não estão dispostos a *fazer seu próprio trabalho interno*.

Cabe a nós ver como funcionamos emocionalmente além do necessário e evitar fazer isso.

Tradicionalmente, o trabalho das mulheres não apenas tem sido cozinhar, limpar e cuidar dos filhos, mas também suportar o trabalho emocional dos relacionamentos: limpar bagunças emocionais, começar as conversas desconfortáveis, sentir o peso dos silêncios, viver com coisas não ditas, enterrar necessidades indizíveis, ser a tela de projeção da dor renegada, passar em silêncio por ofensas passivo-agressivas etc. O problema é que os homens têm sido tradicionalmente ensinados a desvalorizar o trabalho emocional e vê-lo como exclusivamente feminino, quando, na realidade, ambos os parceiros deveriam assumir igual responsabilidade pela inteligência emocional e habilidades de comunicação.

Historicamente, as mulheres têm sido as "moças da limpeza" da cultura, o proverbial cesto de lixo das emoções indesejadas, de quem se espera que as sintam pelos outros e, então, sejam culpadas por expressarem as mesmas emoções que os outros se recusam a sentir. É hora de sair desse papel. Estamos nos entupindo com um material que bloqueia o nosso próprio poder e clareza. E estamos protegendo pessoas de suas próprias verdades dolorosas – as mesmas verdades que as libertarão.

É hora de desmantelar a falsa ética do patriarcado que mantém as mulheres presas no papel de trabalhadoras emocionais.

Para as mulheres, o patriarcado confunde trabalho emocional com um falso senso de ética. É essa falsa ética que nos leva a perpetuar nossa própria opressão internalizada. Somos ensinadas de várias formas que o trabalho emocional é uma habilidade inata feminina e, se não o fazemos, implica que não somos uma "boa pessoa" ou uma "mulher adequada". Isso nos leva a suspeitar de nós mesmas se nos sentimos fartas. Há uma tendência de sentir vergonha quando nos aproximamos de nossos limites por carregar o peso emocional pelos outros.

Você não está sendo uma "má pessoa" quando se recusa a carregar o peso emocional dos outros.

Fomos ensinadas a nos orgulharmos da capacidade de suportar a responsabilidade desigual pelos aspectos emocionais de nossos relacionamentos. A disposição de aguentar esse fardo tem raiz em um senso de escassez; a noção de que as migalhas que estamos recebendo são o melhor que podemos conseguir. De muitas maneiras, curar a Ferida Materna é sobre o movimento fundamental da escassez para a abundância.

Muitas vezes nossa resistência mais potente é largar o trabalho emocional que fazemos por nossas mães.

Uma das conversas mais tristes que tenho frequentemente com mulheres é quando me contam que estão completamente exaustas de se sentirem responsáveis pela felicidade de suas mães. E quando consideram parar de exercer esse papel, elas questionam seu valor como pessoa, se sentem "más" por sequer reconhecer sua exaustão. Representar esse papel a reduz a pó. Nada que você faça por sua mãe será suficiente, porque o que ela está procurando só é possível obter dentro de si mesma. Não tem saída. Recuse-se a absorver a culpa. Seu impulso de jogar fora esse peso é válido. O peso nunca foi seu para que você o carregasse.

Somos normalmente treinadas para o trabalho emocional por nossas mães, seja limpando as bagunças emocionais delas ou observando-as fazer o trabalho emocional para os outros.

Recentemente eu estava falando com uma cliente que resumiu assim sua relação com a mãe: "Eu a protejo dela mesma e acabo pagando o preço mais alto". Ouço variações deste tema o tempo todo. Muitas de nós, que tivemos mães emocionalmente ausentes, foram para o lado oposto, tornaram-se cuidadoras emocionais, dando aos outros o que desesperadamente precisávamos de nossas mães.

Maneiras pelas quais você pode estar protegendo a sua mãe dela mesma:

- Mostrando-lhe uma máscara; demonstrando apenas as emoções que ela prefere.
- Não a confrontando quando seu comportamento é insultante, humilhante ou manipulativo.
- Permitindo que ela use você como um lixão para negatividade tóxica.
- Absorvendo as projeções dela sem se manifestar (pisando em ovos).
- Moldando-se para atender às inseguranças dela e parecer inofensiva.
- Não estabelecendo limites com as "birras maternas" que ocorrem quando você expressa sua individualidade.

Maneiras pelas quais isso prejudica você:

- Reforça a ideia de que o seu papel de direito é o de depósito de lixo emocional.
- Alimenta sentimentos de vergonha por suas próprias opiniões, pensamentos e observações, independentes e legítimos.
- Mantém você presa a padrões inconscientes que refletem medos e crenças da infância.
- A forma como você se apaga perto de sua mãe vai aparecer em outros contextos e relações (carreira, parentalidade, relacionamentos amorosos).

Curar a Ferida Materna é essencial para a desintoxicação do papel de trabalhadora emocional. Isso dissolve o enredamento disfuncional com nossas mães e cria a separação emocional necessária para sentirmos nosso poder enquanto indivíduos. Essa separação emocional vem na forma de estabelecermos limites saudáveis que honram nossa soberania pessoal.

As mulheres do futuro não vão exercer a função "sentir" pelos outros.

Quando devolvemos às nossas mães a responsabilidade de processar sua própria dor, criamos um espaço para assumirmos a responsabilidade por *nossa* própria dor. As duas coisas caminham juntas. Carregar a dor de sua mãe e assumir responsabilidade por sua felicidade pode parecer gentil e altruísta na superfície, mas devemos ver isso pelo que realmente é: evitar nosso próprio poder.

Saiba que tudo do que você se privar por sua mãe é um "cheque" que vai apresentar a alguém para lhe devolver no futuro, seja seu parceiro, sua filha ou suas amigas. Esse desequilíbrio vai tentar se corrigir em algum momento. Não perpetue o débito em sua linhagem materna para a próxima geração. Reivindique sua vida agora. Liberte-se, e à geração que virá.

Nenhum relacionamento vale perder-se de si, incluindo o com a sua mãe. Se ela (ou qualquer pessoa) se recusa a interagir a menos que você desempenhe o papel de cuidadora emocional ou depósito de lixo emocional, você não está sendo amada – está sendo usada. Encarar isso pode ser muito duro, mas é preciso se quisermos verdadeiramente reivindicar nossas vidas como nossas.

Além de falar de maneiras que antes silenciávamos, precisamos também permanecer em silêncio naqueles momentos em que anteriormente falávamos de forma a entregar nosso poder. Precisamos ser capazes de suportar o silêncio e segurar a língua, para assim não cometer o eterno erro de preencher o vazio para os outros, que se recusam a fazer o próprio trabalho interno, falar com a própria voz e processar a própria dor.

Esse é um dos maiores serviços que podemos oferecer aos outros, mesmo se eles protestarem.

Quando nos recusamos a labutar emocionalmente por outrem e paramos de pedir que os outros façam o trabalho emocional por nós, estamos corrigindo um antigo desequilíbrio. Esse desequilíbrio é responsável por muito sofrimento humano.

Eu convido você a corajosamente ver-se como uma pioneira em corrigir um desequilíbrio que as mulheres têm suportado por séculos. Veja a longo prazo e honre a si mesma como uma parte poderosa no quebra-cabeça coletivo de uma nova era de empoderamento feminino. Você está ajudando a construir uma nova linhagem materna, não apenas para a sua, mas para todas as mulheres. Não subestime o quanto pequenas ações que você faça todos os dias para honrar-se contribuem para abrir novos caminhos de existência para todos.

Nossa constituição fisiológica

Nosso sistema fisiológico é projetado para assegurar nossa sobrevivência física, sempre que preciso. *Nosso sistema prefere o conhecido.* Ele é configurado para ver a mudança e novas formas de fazer as coisas como ameaças. Ele não é configurado para garantir que prosperemos, apenas que sobrevivamos. Isso significa que as mesmas adaptações e mecanismos de enfrentamento que desenvolvemos para sobreviver a ambientes disfuncionais na nossa infância mais tarde tornam-se barreiras à nossa verdadeira saúde e realização como adultas. Nosso cérebro está conectado com três respostas principais à ameaça percebida: fugir, lutar e paralisar. Se não tivermos processado ou trabalhado nosso trauma, situações do dia a dia que tenham ares ou características semelhantes às da nossa infância podem nos causar *flashbacks* emocionais. Estes *flashbacks* emocionais, ou "gatilhos", são poderosas oportunidades de curar o passado e fazer escolhas diferentes das que podíamos quando crianças, abrindo-nos para novas possibilidades no futuro. Mas, sem esse nível de consciência, confundimos o gatilho (a reação emocional desproporcional) como tendo vindo da situação aparente, a qual é realmente apenas uma ponta do enorme iceberg do passado. Giramos em torno dos mesmos problemas e questões sem nenhuma solução, sentindo-nos confusas sobre a causa, tentando todo curso, livro e modalidade de cura que encontramos, e obtendo apenas resultados superficiais e temporários.

A "criança interior", um conceito introduzido nos anos 1970, é uma energia viva dentro de nós, presa em um nível mais jovem de desenvolvimento, quando ocorreu algum trauma original. *Flashbacks* emocionais ou gatilhos vêm dessa parte, de nossa criança interior. A boa notícia é que podemos formar um vínculo com ela e retrabalhar os primeiros traumas de apego que vivenciamos, para nos tornarmos adultos mais libertos e saudáveis. Podemos aprender a transferir o apego primário de nossas mães para nós mesmas, e para satisfazer a essas necessidades a partir do interior.

A conversa sobre a criança interior suscita importantes questões sobre como cuidamos maternamente dela porque, se apenas cuidamos maternamente da criança interior da forma como fomos cuidadas, perpetuamos nosso trauma dentro de nós. É por isso que o trabalho da "maternidade interna" é central para curar a Ferida Materna. (Mais sobre isso depois).

Priorizando "tradições" apesar do sofrimento que podem causar

Diferentes culturas valorizam coisas diferentes e possuem diferentes tradições. No que diz respeito à Ferida Materna, a pergunta é: em que medida "toleramos" tradições culturais opressivas às mulheres, independentemente do quão "preciosas" sejam para a cultura? É verdade que as gerações mais antigas podem *não* ver algumas tradições como prejudiciais – afinal, as suportaram, eles dizem. Mas cada nova geração na sua juventude vê as tradições com olhar renovado e, se consciente o bastante, tem a oportunidade de mudar a cultura para melhor, torná-la mais livre e mais acolhedora para as mulheres. Trata-se das pessoas, dentro da cultura, mudando-a por dentro, sendo corajosas, dispostas a questionar o *status quo* e oferecer uma nova perspectiva sobre como as mulheres podem ser tratadas e posicionadas em uma cultura.

É uma pergunta válida para qualquer cultura: como as mulheres são tratadas, como esse tratamento é perpetuado e por quê? Não há resposta certa ou errada; resume-se à vivência das mulheres na cultura. Nós temos que nos reprimir para pertencer, para sobreviver, para ser aprovadas? A que custo? Em quais situações estamos confundindo tradição com abuso? Ou lealdade com abuso?

As formas mais insidiosas do patriarcado passam pela mãe.

A maioria de nós aprende o pensamento patriarcal na família, e ele costuma ser ensinado, inconscientemente, pelas mães, muitas vezes como um modo de tentar manter as filhas fora de perigo. As mensagens são algumas versões de "Não afunde o barco. Coloque os outros antes de você. Fique quieta. Seja gentil". No entanto, essas são exatamente as crenças que devemos transpor para curar a Ferida Materna e fazer com que a cultura avance. Assim como essas crenças podem ter nos mantido vivas ou fora de perigo em um mundo hostil e centrado no masculino, elas também limitaram nosso potencial e capacidade de encontrar plenitude como mulheres adultas. Isso pode ser particularmente prejudicial para filhas e sua capacidade de prosperar como mulheres empoderadas, porque a forma de tratamento que a mãe lhe dava é internalizado como seu próprio senso de identidade. As mensagens patriarcais que as filhas recebem de suas mães são mais insidiosas e prejudiciais do que qualquer combinação de mensagens culturais. Por quê? Porque elas vêm de uma pessoa com quem a filha deve se vincular para sobreviver.

O fio patriarcal que perpassa todas as dinâmicas disfuncionais entre mães e filhas é a demanda por obediência em troca de amor.

Todas as dinâmicas entre mães e filhas que causam sofrimento têm uma similaridade. Se uma mãe é negligente ou, na outra ponta do espectro, invasiva, a mesma mensagem patriarcal é transmitida: é preciso adequação para ser aceita. Pode-se dizer que essa é a mensagem central do patriarcado: para homens *e* para mulheres – você não será amado a menos que obedeça. Essa mensagem permeia e emana de todas as facetas da sociedade: educação, religiões, governos e mídia.

Para sermos plenamente empoderadas, atualizadas e realizadas, como mulheres devemos ser desleais ao patriarca dentro de nossas mães e, consequentemente, o patriarca dentro de nós.

O "Teto Materno": nós podemos sentir que temos que retribuir o sacrifício não assumindo plenamente nosso poder porque nossas mães não tiveram essa chance.

Filhas nessa situação muitas vezes possuem estas crenças:

- "Eu tenho que 'encolher' para ser amada."
- "Se dou a mim mesma, eu privo outros."
- "Se for vista como poderosa, ninguém me amará."

Como filhas, devemos recusar ser o alimento para "mães famintas". Não podemos deixar que elas se alimentem de nossos sonhos através de competição velada e culpa. Essa não é a verdadeira nutrição que buscam, mas em sua dor, pode parecer não haver outra forma. Nós precisamos permitir que nossas mães tenham sua própria jornada de cura, pois em chorar suas mágoas reside a dádiva da sua própria transformação.

Nossas mães só podem ser alimentadas pelo alívio de sua tristeza.
Por mais doloroso que seja, as mães precisam chorar pelo modo com que foram desfavorecidas e não colocar o ônus de compensar suas perdas sobre as filhas. Elas têm que lidar com seus sentimentos difíceis no seu tempo, não tornar isso responsabilidade de suas filhas.

É totalmente natural uma mulher mais velha procurar consolo em outras mulheres, inclusive na filha. Mas existe uma linha entre compartilhar honestamente como você está e despejar suas mágoas sobre uma jovem, principalmente uma criança. Às vezes, uma mãe pode, inconscientemente, procurar a filha para ter os cuidados e a nutrição maternos que não teve de sua mãe. Isso acontece porque a mulher mais velha não tem consciência de que tem uma "mãe interior" que pode cultivar e recorrer a ela para ter ajuda. Para impedir que a Ferida Materna seja transmitida a elas, as jovens precisam se sentir empoderadas para estabelecer um limite firme quando as mulheres mais velhas as procurarem para fazê-las de depósito de lixo de suas mágoas.

Mães podem, inconscientemente, atrasar as filhas devido às suas mágoas não choradas, paralisando, sem saber, as filhas. Precisamos parar de equiparar ser uma filha leal com carregar a dor não resolvida das mulheres que vieram antes de nós.

Como filhas, nossa fome não serve a ninguém; ela apenas mantém a Ferida Materna aberta, transmitindo-a repetidamente através das gerações. Quando nos oferecemos como alimento para as "mães famintas", a dor passa para nós e então nos tornamos famintas.

Temos que adquirir um senso de direito a nós mesmas e viver nossa grandiosidade à nossa maneira.

Temos que estar dispostas a examinar e reavaliar relacionamentos que se beneficiam de nossa pequenez. Precisamos ver a futilidade em esperar conforto verdadeiro daqueles que são ameaçados por nosso potencial, mesmo se essas pessoas forem mulheres que amamos. Mulheres que diminuem outras mulheres, seja consciente ou inconscientemente, vêm de um lugar de fracassos. Nós podemos mostrar a elas que existe um caminho diferente.

Podemos mostrar umas às outras que é possível ser poderosa e também amada.

Devemos mudar o quadro "ou/ou" para "e/e". Precisamos assumir o risco de sermos autênticas e estabelecer limites. Podemos ser pioneiras, abrindo um novo caminho sem muitos modelos e com poucas líderes. Devemos dar um passo à frente, intensificar esse desafio e encontrar outras mulheres que sejam mutuamente solidárias ao abraçarmos o novo paradigma que apoia a grandeza em todas nós.

Um dos mais poderosos conceitos que podemos incorporar é: "Eu não lhe devo uma versão de mim que lhe tire o foco da sua responsabilidade em encarar sua própria dor".

As muitas mulheres ao redor do mundo para quem falei sobre a Ferida Materna contaram sobre mães que apresentam distúrbios de comportamento que refletem o modo de pensar patriarcal: intolerância por visões diferentes, desprezo por autonomia, exigência de que tudo seja "do seu jeito", crueldade e deboche em relação à expressão de sentimentos etc. Essas mães são, tipicamente, mulheres que foram brutalmente feridas pelo patriarcado e que são ameaçadas por mulheres que não acreditam nele.

Ruptura: saindo da atenuação feminina para a individuação feminina

Famílias são sistemas, e todos os sistemas procuram equilíbrio através da manutenção do *status quo*. Muitas vezes, as filhas olham para suas famílias e se perguntam por que não conseguem se encaixar ou fazer as relações funcionarem. Elas podem ser bodes expiatórios ou consideradas ovelhas negras. Normalmente, a pessoa mais saudável do sistema é a primeira a reconhecer um problema, a ver que algo está errado ou não está funcionando. Como as filhas adultas tornam-se mais saudáveis, atentas e conscientes das dinâmicas familiares tóxicas, isso desafia o sistema familiar, pois ameaça o *status quo*, aquele equilíbrio confortável que é, em certo grau, complacente com normas e padrões tóxicos, misóginos, heteropatriarcais. Ao questionar essas normas familiares e culturais, podemos ser condenadas ao ostracismo, difamadas ou atacadas, mas não por haver algo de errado conosco; é porque perturbamos o equilíbrio tóxico, que é o passo necessário para mover qualquer sistema para um nível superior. Como mulheres curando a Ferida Materna, somos disruptivas, pioneiras vivendo em um novo mundo que está nascendo. Ao recusarmo-nos a nos atenuar, abaixar nossas vozes, restringir nossos sonhos ou truncar nossas ambições, estamos reivindicando nosso poder pessoal e ampliando o potencial para a humanidade como um todo.

--- **QUESTÕES PARA REFLEXÃO** ---

1. Enquanto estava crescendo, você alguma vez se sentiu obrigada a enaltecer, proteger ou nutrir sua mãe? Se sim, sob que circunstâncias, e com que frequência isso ocorreu? Como impactou você enquanto criança e como a impacta agora, como uma mulher adulta?

2. Como a lealdade era definida em sua família, explícita e implicitamente?

3. Como menina, com que frequência você se sentia obrigada a esconder ou suavizar os seus reais sentimentos? Quais visões de si mesma acha que internalizou como resultado?

CAPÍTULO 5

A lacuna materna

Por eu sentir que as necessidades emocionais de minha mãe ocupavam um espaço enorme no lar e em nosso relacionamento, encontrava minha segurança em acalmá-la primeiro, na esperança de que depois teria o apoio e a segurança que esperava dela. Encontrava segurança no quão profundamente eu podia me perder e me mesclar com ela, absorvendo suas frustrações, espelhando suas opiniões, amenizando seus medos, aumentando suas esperanças e fortalecendo-a, sempre encontrando o lado positivo, tudo isso enquanto escondia minhas próprias necessidades e dificuldades. Eu era elogiada por minha mãe quando era um bom espelho, uma testemunha atenciosa, uma confidente; e ela sempre se afastava ou zombava quando eu expressava minhas necessidades ou sentimentos. Toda vez que estava passando por algo que não conseguia esconder direito, o que era raro e só acontecia se eu realmente estivesse em dificuldades, ela sempre parecia reagir com suspiro profundo e forçado e dizia: "Qual o problema?!", em um tom desapontado, frustrado. A insinuação, na minha mente, era que eu não deveria estar mal, que não deveria estar sentindo o que sentia. Entre lágrimas, eu respondia "Nada", e tentava não baixar a guarda na frente dela, indo para o meu quarto sozinha. Por fim, parei de procurá-la. Quando dei um tempo da faculdade e trabalhei como garçonete, consegui meu próprio apartamento em uma cidade vizinha. Foi um sonho que se tornou realidade, um apartamento barato no terceiro andar com um segundo quarto que usava para meditação e para escrever.

Lembro-me de minha mãe furiosa por eu querer me mudar, mas sabia que era essencial para minha saúde mental ficar um tempo longe dela.

Essa distância de minha mãe foi um enorme alívio. Mas, ao mesmo tempo, sintomas mais pronunciados da minha "lacuna materna" começaram a emergir com força total. Morando sozinha pela primeira vez, encontrei-me subitamente incapaz de cozinhar para mim. Até aquele momento, eu comia no campus ou cozinhava com amigas. Mas agora que estava morando sozinha, parecia impossível despertar a vontade de me alimentar. Havia um bloqueio emocional que não conseguia entender. Ou eu comia fora, ou pedia comida ou comia no restaurante onde trabalhava, muitas vezes só tomando um café antes das quatro da tarde, quando começava o meu turno. Era como se eu preferisse fingir que não tinha necessidades, nem mesmo a necessidade básica por comida.

Minha mãe sempre cozinhava para nós quando eu era criança, geralmente pratos deliciosos. Mas sempre senti que a comida era inseparável de uma agenda emocional tácita. Era como se o ato de ela nos alimentar fosse a ponta de um iceberg que levava para profundezas sombrias de sua carência emocional inconsciente: "Coma para agradar a Mãe. Coma para me agradar. Por favor, valide-me". Quando criança, ela raramente comia com meu irmão e eu; comia sozinha depois que nós terminávamos. Quase todas as noites, ela comia sozinha na mesa da cozinha, em frente à televisão. Antes de ir para a cama, deixava um prato de comida, coberto com papel filme, sobre a bancada para o meu pai, quando ele voltasse para casa. Quase todas as noites durante a semana, ele ficava no bar local com amigos e não voltava até que todos estivéssemos dormindo. Aquelas refeições embaladas raramente eram comidas.

Tanto ficou por dizer naquela casa: a dor não verbalizada que sentia entre os meus pais, a minha própria dor reprimida que sentia, mas não conseguia nomear. Havia um constante entorpecimento e dissociação que, acredito, fosse o alcoolismo funcional dos meus pais e um mal disfarçado desprezo um pelo outro, que parecia anular qualquer reconhecimento parental das necessidades do meu irmão e das minhas. Precisar dos meus pais para sobreviver significava continuar a idealizá-los, mas no fundo eu me sentia como um zumbi, parcialmente dissociada para que pudesse passar por aquilo. Uma boa menina com um sorriso feliz no rosto, que se sentia morta por dentro.

Minhas dificuldades com a comida eram um simbolismo de como a dinâmica com minha mãe havia criado uma batalha interna impossível de ser vencida: pensar bem de mim mesma, o suficiente para me alimentar, parecia muito estranho, desconfortável e vagamente desleal. Sentia-me como uma menininha, incapaz de trair a mãe que, em minha mente, havia me ensinado que minhas necessidades eram sempre secundárias. Simultaneamente, outra parte de mim estava resistindo em um tipo de protesto, não querendo me alimentar do modo que eu acreditava que minha mãe se alimentava, para mascarar sua dor, e do modo que eu sentia que ela havia me alimentado, aparentemente usando a comida como arma de codependência, culpa e vergonha. Para mim, comer a comida de minha mãe tinha sempre simbolizado, em algum nível, uma perda de mim mesma.

Na terapia, a consideração positiva incondicional de Nicole por mim funcionou como um "útero externo" confiável e seguro que eu podia, ao longo do tempo, começar a internalizar. Minha terapia nessa época entrou em um estranho novo mundo de aprender como ser um ser separado. Minhas sessões exploravam muitos aspectos disso, inclusive trabalho cognitivo-comportamental para aprender a organizar os meus dias de forma que eu ficasse menos sobrecarregada, mudando minhas autoavaliações negativas e colocando limites mais fortes nos relacionamentos amorosos e nas amizades.

Uma das minhas tarefas da terapia envolvia, depois do trabalho no restaurante, ir a uma loja, lavar e cortar vegetais e fazer saladas para mim. Saladas eram a coisa mais saudável e fácil que eu podia pensar em fazer. Me lembro de como eram deliciosas aquelas saladas, com molho verde, e como sentia uma plenitude e alegria em descobrir como comer podia ser uma forma de autodefinição e autopropriedade, não de subordinação.

Muitas vezes, durante esse período, minha mãe ia ao meu apartamento sem avisar com bolsas de comida que eu não tinha pedido a ela para comprar. Se eu fosse à casa dos meus pais, ela me dava bolsas de comida, em geral, comida congelada ou processada que eu nunca compraria para mim. Sempre que ela fazia isso, eu ficava mal por dias depois. Não queria que a comida estragasse, mas, muitas vezes, deixava as bolsas no banco de trás do meu carro por uma semana, paralisada, incapaz de fazer qualquer coisa com elas. Enquanto me sentia forte o suficiente para me rebelar contra minha mãe não comendo a comida, eu não me sentia forte o suficiente para realmente estabelecer um limite verbal em relação a ela. No fundo sentia que aceitar ou consumir aquela comida simbolizava ser dominada ou infantilizada por ela. Sob um verniz de acolhedora generosidade, o que eu sentia, pelo contrário, era uma afirmativa fria, transacional de "Eu ainda sou sua dona".

A codependência e a inversão de papéis que vivi com minha mãe provaram ser um modelo para outros relacionamentos desastrosos. Tinha uma fome profunda *de conexão, uma "urgência em me unir" que estava misturada com meus anseios de infância não satisfeitos de ser verdadeiramente vista, querida, celebrada e honrada. Com baixa autoestima, eu não tinha consciência do meu próprio valor ou mérito. Tinha aprendido que o meu verdadeiro eu machucava as pessoas, e escondê-lo era uma forma de assegurar meu vínculo com elas. Nunca me ocorreu que eu podia ser uma pessoa completamente separada, independente, com necessidades e opiniões diferentes de alguém e ainda ser vista como desejável ou adorável.*

Não por acaso, meus relacionamentos amorosos refletiam mais as raízes profundas desse condicionamento. Fui atrás de homens que eram excitantes ou artísticos de alguma forma, mas estavam também vivendo algum grau de turbulência ou estagnação na vida. Esses homens eram incapazes de uma aproximação emocionalmente recíproca. A dinâmica aqui espelhava minha relação com minha mãe, basicamente unidirecional, eu provendo o suporte, estímulo, o trabalho emocional e a mentoria para eles, enquanto eles eram bem intencionados, mas incapazes de retribuir. Me sentia usada e invisível, exatamente como na infância. Eu, inconscientemente, escolhia homens que espelhavam para mim o que tinha aprendido a ver como normal.

O que é a lacuna materna?

A lacuna materna é o espaço entre o que você precisava da sua mãe e o que recebeu dela. Essa lacuna pode provocar dor e diminuir sua capacidade de se amar (causando baixa autoestima), de confiar que está a salvo e que a vida é boa (causando ansiedade), e de ser verdadeiramente realizada (causando depressão). Se não identificamos nossa lacuna materna, podemos estar inconscientemente projetando nossa necessidade de cuidados maternos sobre outras pessoas, coisas, situações e eventos, o que pode criar problemas em nossos relacionamentos, empregos e em nossos autoconceitos.

O que uma criança realmente precisa de sua mãe?

Para muitos de nós que temos uma grande lacuna materna, pode ser difícil saber o que perdemos. A lista a seguir é uma fonte poderosa do que uma criança precisa da mãe para se desenvolver perfeitamente. Essa lista, parafraseada do livro de Jasmin Lee Cori, *Mãe ausente, filho carente*, pode ajudá-la a ter clareza sobre o que são as necessidades de desenvolvimento de uma criança e quais áreas podem lhe ter faltado. Não é necessário que todas essas necessidades sejam satisfeitas o tempo todo, mas tempo suficiente para que a criança se desenvolva adequadamente. De novo, isso não é para culpar as mães ou prendê-las a padrões irreais, mas para assumir responsabilidade por como nós estamos sofrendo como adultas devido à lacuna materna e, como parte da cura da Ferida Materna, estamos tomando providências para preencher esse vazio a partir de nosso interior.

As dez faces da mãe

Mãe como fonte: ela proporciona uma sensação de vir da bondade e do amor. Ser como a mãe e vir da mãe é seguro e positivo. Permite que a criança sinta uma sensação de pertencimento e de ser parte de algo maior, mais poderoso que ela mesma.

Mãe como lugar de apego: a mãe é consistentemente sensível às necessidades da criança. A criança se sente segura e protegida. Confere um senso de pertencimento e identidade à criança.

Mãe como primeira respondente: a mãe está presente e disponível para a criança quando surgem necessidades e emergências. Ela responde com amor, empatia e cuidados.

Mãe como moduladora: a mãe ajuda a criança a aprender como modular suas próprias emoções, primeiro tendo empatia pelos sentimentos da criança e depois, gentilmente guiando-a para um território mais confortável. A mãe pode fazer isso ajudando a criança a dar nomes às emoções, proporcionando espelhamento, acolhida, escuta empática ou calma e segurança. É importante que as emoções da mãe não sejam extremas e desreguladas. A mãe pode também ajustar o ambiente conforme o necessário para garantir a segurança, a saúde e o bem-estar da criança.

Mãe como nutridora: a mãe é afetuosa com a criança. Conforta, tranquiliza e acalma a criança. Aceita e compreende a criança.

Mãe como espelho: a mãe reflete o estado emocional da criança, provendo-a com uma sensação de que ela existe, é real e é validada. O espelhamento positivo constrói o autorrespeito na criança.

Mãe como incentivadora: a mãe entusiasticamente celebra os progressos e conquistas da criança. Permite que ela se expresse como uma pessoa separada e celebra sua expressão singular. Encoraja a criança a tentar o seu melhor e garante que ela é capaz de fazer o que deseja. Confere um senso de merecimento e valor próprio.

Mãe como mentora: a mãe apoia a criança enquanto ela aprende e tenta coisas novas. Encoraja, comenta e honra as limitações da criança de uma forma reconfortante. A mãe está pacientemente em sintonia com o nível de aprendizagem da criança e proporciona suporte de acordo com seu entendimento.

Mãe como protetora: a mãe proporciona apoio de um modo que comunica "Eu vou mantê-la segura", e exemplifica limites e autoproteção para a criança.

Mãe como base: a sensação de que a mãe é um lugar seguro para o qual você pode sempre retornar para ter encorajamento, apoio e conforto.

Uma lacuna materna não tratada é como uma cortina de fumaça entre nós e nossas vidas adultas. Tratando a lacuna materna diretamente, essa fumaça se dissolve de forma que podemos ver a vida com clareza, sem as defesas, os medos e as ansiedades que antes nos mantinham presas. O objetivo de tratar a lacuna materna é enfrentar as necessidades e os fardos da sua infância diretamente para que você não tenha que projetá-los externamente (e, por consequência, sofrer desnecessariamente). Se não tratamos a lacuna materna, nós a recriamos em diferentes formas. O processo de desvendá-la nos ajuda a retirar as projeções da infância e assim podemos ver a vida como ela é, amando-nos e aos outros a partir de um lugar autêntico e sem defesas.

O patriarcado e o nosso legado coletivo de abuso emocional e negligência

É importante dar uma pausa e olhar para como a lacuna materna foi criada. As estratégias parentais de antigamente eram focadas na disciplina e na obediência. No passado, surras eram consideradas normais e toleradas tanto em casa quanto na escola. Alimentação, abrigo, roupas e educação eram vistas comumente como os aspectos-chave do apoio ao desenvolvimento de uma criança; as necessidades emocionais e o desenvolvimento da criança mal eram considerados. Era recomendado deixar uma criança chorar até dormir. Frases comuns ditas nos lares incluíam: "Não chore ou eu vou te dar algum motivo pra isso". A vida emocional das crianças era vista como frivolidade e ela não recebia muita simpatia ou atenção, para que não se tornasse mimada ou aprendesse a manipular os pais. A segurança emocional de uma criança não era considerada importante, nem havia respeito por sua individualidade. Assim, as crianças nessas gerações eram punidas, abandonadas, humilhadas ou surradas em resposta à expressão natural de suas emoções. Essa abordagem da parentalidade fez com que muitas crianças se tornassem emocionalmente fechadas desde cedo, retardando o seu desenvolvimento emocional como adultos e configurando-as para terem uma comunicação difícil ou impossível com os próprios filhos adultos, mais tarde.

Se nossas mães foram criadas nesse estilo de criação patriarcal (focado na obediência e negligenciando as emoções), em algum grau, esse legado estava presente quando nós fomos criados, levando a uma desconexão fundamental com nossas mães e, consequentemente, dentro de nós. Sob a perspectiva cultural e intergeracional, é fácil ver como a capacidade das mães de oferecer aos seus filhos a necessária disponibilidade emocional foi bastante reduzida, pois elas mesmas foram muito envergonhadas e desprovidas, de alguma maneira. Muito disso é inconsciente, e não intencional. Entretanto, para uma mãe operar nesse paradigma, suas necessidades emocionais irão sempre superar as da criança, e um foco inconsciente na autopreservação pode impedir a mutualidade necessária para relacionamentos saudáveis entre adultos.

Lindsay C. Gibson, em seu livro *Filhos adultos de pais emocionalmente imaturos*, explica que, como os pais emocionalmente imaturos tiveram que bloquear os próprios sentimentos tão cedo na vida, não tiveram a permissão para explorar suas emoções o suficiente para desenvolver um forte sentido de ser e de identidade individual, o que limita sua capacidade para a autoconsciência, comunicação clara e intimidade emocional.

Gibson identifica uma série de traços de personalidade em comum demonstrados por esses pais:

- Rígido e obstinado.
- Baixa tolerância ao estresse.
- Tomada de decisões impulsiva.
- Orientado para o subjetivo mais do que para o objetivo.
- Pouco respeito pelas diferenças.
- Tendências egocêntricas.
- Preocupado consigo mesmo e egoísta.
- Prefere ser o centro das atenções.
- Promove a inversão de papéis.
- Pouca empatia e insensibilidade emocional.
- Com frequência, inconsistentes e contraditórios.
- Fortes defesas que assumem o lugar do eu.
- Medo dos sentimentos.
- Foco no físico ao invés de no emocional.
- Podem ser estraga-prazeres.
- Emoções intensas, mas superficiais.
- Não sente emoções misturadas (vê preto ou branco).
- Dificuldades com pensamento conceitual.
- Propensão ao pensamento literal.
- Intelectualizam obsessivamente.

Em resposta à lacuna materna, a máscara de um "falso eu", termo cunhado pelo psicoterapeuta D. W. Winnicott, é formada. O falso eu desenvolve-se originariamente na infância como uma forma de compensar algum nível de rejeição que você possa ter sofrido por ser o seu eu real. É uma tentativa inconsciente de mudar a si mesmo para ser aceitável para o mundo externo. O problema é que, como adultos, quando confundimos nosso falso eu com o nosso eu real, acabamos recebendo aprovação dos outros pelo nosso falso eu, enquanto que, no fundo, queremos ser amados por quem realmente somos, pelo nosso autêntico eu. Usar uma máscara para encobrir nossa vulnerabilidade e vergonha leva a sentimentos de ser uma fraude, de vazio e à depressão. Ao crescermos e nos tornarmos adultos, aumenta a tensão entre o eu real e o falso. Acessar nosso eu real torna-se um processo de desmantelamento de crenças e padrões limitantes que internalizamos de nossa cultura e de nossas famílias.

Três partes para preencher a lacuna materna

Existem três aspectos principais para preencher a lacuna materna: clareza mental, processamento emocional e integração corporal. Os três se apoiam um ao outro, ocorrem gradativamente e não necessariamente em ordem linear.

1. Clareza mental

Quando temos clareza mental sobre as interações com nossas mães que nos fazem sentir estressadas, irritadas ou ansiosas, tornamo-nos equipadas para processar essas emoções ao invés de sermos governadas por elas. Clareza mental significa articular os padrões e as dinâmicas entre você e sua mãe.

- O que você precisava da sua mãe que não obteve?
- Como lidou com não ter recebido o amor dela das maneiras como precisava?
- Como isso afetou a sua vida?
- De que formas você compensou? Que mecanismos de enfrentamento e estratégias usou para preencher esse espaço no amor materno – tanto como criança quanto como adulta?

Ao esclarecermos as dinâmicas e crenças que herdamos de nossas mães, secreta ou abertamente, podemos reconhecê-las mais facilmente em nossa vida adulta. Em vez de segui-las inconscientemente ou tê-las despertadas em nós por algum gatilho, podemos interrompê-las no momento e ser mais adaptáveis nas situações do dia a dia. Esse conhecimento nos empodera para romper velhos padrões mais facilmente conforme eles se repetem, e a fazer escolhas conscientes e empoderadas no lugar deles.

2. Processamento emocional: contatando a dor original que não podíamos sentir quando éramos crianças

Trata-se de permitir que toda a variedade de nossas emoções, inclusive raiva e tristeza, manifestem-se e sejam expressas de um modo seguro. Evitamos sentimentos desconfortáveis e negativos devido a quão vulneráveis eles nos fizeram sentir quando crianças e também porque podemos ter ficado envergonhados por eles. Essa evitação geralmente cria mais sofrimento do que as emoções em si. Quando sentidas de modo genuíno, as emoções transformam. Esse desconforto é temporário e o alívio que sentimos depois de acolher nossas emoções é duradouro. Com prática e apoio, podemos aprender, em um nível visceral, que nossas emoções são importantes aliadas em nossa vida, não invasoras das quais precisamos nos defender.

O escritor John Bradshaw chama esse processamento emocional de "trabalho com a dor original". Ele envolve, na verdade, sentir as emoções originais reprimidas que pareciam perigosas quando éramos crianças. Segundo ele, é a única coisa que trará a verdadeira e duradoura mudança – o tipo de mudança que resolve sentimentos. Se não processamos a dor original, sentimo-nos como crianças no real contexto da nossa infância, a dor geralmente vaza de formas problemáticas por meio de gatilhos emocionais ou *flashbacks*. Por exemplo, se uma situação se assemelha a uma experiência dolorosa que tivemos quando criança, mas que não foi totalmente processada, emoções intensas, desproporcionais em relação à questão atual, podem surgir. Isso pode nos fazer atacar com raiva ou sentir tristeza, ansiedade ou qualquer outra emoção passada que ainda precise ser processada. Dessa forma, gatilhos emocionais são imensas oportunidades para curar o passado em nossa vida diária. Como aprendemos a acalmar e cuidar da criança interior angustiada nesses momentos, podemos, cada vez mais, fazer novas escolhas que abrem novos futuros.

3. *Integração corporal*

Mesmo que a mente divague, o corpo está sempre no momento presente e sempre conta a verdade. Conectar-se com e estar presente no corpo é uma forma importante de se cuidar maternalmente. Ao adquirirmos mais clareza mental e processarmos nossas emoções, nossos *insights* se integram profundamente no nível físico. Verdades conceituais tornam-se realidades vivas à medida que curamos e transformamos.

Papéis, fantasias e máscaras: como nos compensamos pela lacuna materna

Todos fomos moldados pelo grau de disponibilidade emocional de nossos pais para nós. Obter *insights* sobre como isso nos afeta cotidianamente exige uma análise de nossa lacuna materna e a visão de como nos adaptamos para preencher essa lacuna para sobreviver aos ambientes de nossa infância. Um lugar-fundamental a ser olhado são seus comportamentos repetitivos ou dinâmicas que sempre teve. Nós podemos confundi-los com "quem somos", mas eles podem ter suas raízes em mecanismos de defesa que uma vez nos ajudaram a lidar com algum grau de negligência ou abuso emocional. A boa notícia é que esses mecanismos de enfrentamento podem ser transformados.

Papéis familiares

Junto com o papel de "boa menina", existem muitos outros papéis que alguém pode desempenhar em uma família. A irmã mais velha forte, o palhaço da família, o quieto, o rebelde, o gênio, o espírito livre, a abelha rainha, o tímido, o bebê, a dona da festa, o solitário, a rocha da família etc. Muitos desses papéis podem funcionar como capas sobre a nossa dor. Eles nos dão previsibilidade, estabilidade e uma identidade dentro da família; eles podem também resultar em confinamento na nossa idade adulta e nosso potencial pode murchar dentro dessas antigas reduções.

Eu representava o papel de boa menina, mas existem muitos outros papéis possíveis que podemos ter representado, com base em como as dinâmicas familiares moldaram nosso comportamento como crianças. Muitas mulheres vão por outro caminho e rebelam-se contra a mãe desde o início; em vez de absorver ou se mesclar com as crenças e escolhas das mães, algumas filhas se afastam e se rebelam contra elas como forma de autoproteção e de manter um eu separado. Entretanto, seja representando o papel de garotas rebeldes ou boas meninas, ou algo completamente diferente, a questão é que, sob esses papéis, existem mágoas e dores profundas e estamos mascarando essas dores de formas diferentes.

Crianças diferentes em uma família podem ter vivências de seus pais muito diferentes, mesmo que morem na mesma casa. Por várias razões, as mães podem se relacionar com os filhos de formas distintas. Irmãos podem se sentir emocionalmente próximos ao viverem as mesmas experiências, e ainda assim, como seus papéis podem ter sido diferentes no sistema familiar, pode haver tensão sobre como suas percepções diferem ou contrastam. Quaisquer que sejam os padrões de comportamento, aqueles mais compulsivos, defensivos e emocionalmente carregados são, em geral, os padrões de comportamento que foram criados em resposta à dor na infância como um modo de enfrentá-la. Eles se mantêm ativos como uma forma de nos proteger de mais danos, mesmo muito tempo depois que o dano não esteja mais presente em nosso ambiente.

Histórias de fachada: "Está tudo bem"

Além do falso eu, podemos ter nos contado uma história que é alguma versão de "está tudo bem" quando não estava. Fizemos isso para nos defender das emoções dolorosas da nossa situação. Essa é uma forma de minimizar ou subestimar a severidade de nossa lacuna materna, e uma parte normal da sobrevivência humana. Parte da cura envolve aceitar a verdade do quão insuportável realmente foi. "Foi mesmo muito ruim" é parte de ter consciência sobre a nossa dor e viver uma vida mais baseada na realidade. É o início da quebra da nossa negação, acolhendo nossa tristeza, tendo compaixão pela criança que fomos e adotando uma visão mais clara do mundo. É importante procurar ajuda nesse processo.

A seguir, alguns exemplos da lacuna materna. Estão nas palavras das alunas do meu curso. São usados com permissão e os nomes foram mudados.

Um exemplo de lacuna materna: Karen

"Tenho cinquenta e três anos, e durante toda a minha vida senti raiva e menosprezo por minha mãe nunca ter me dado o apoio e o cuidado emocional que eu precisava. O foco principal dela era parecer bem para os outros. Recentemente compreendi que muitas das minhas qualidades que gosto, de fato vieram dela: criatividade, generosidade; ser sociável, carinhosa (não comigo), curiosa; gostar de viagens, livros, cultura etc. Minha mãe nunca foi capaz de me apoiar em todas as minhas ambições e planos, porque tinha ciúmes de mim e medo de perder o controle (eu sou a queridinha que precisou conquistar, para minha mãe, a estima da família do meu pai). O que eu sempre quis dela era que fôssemos mulheres aventureiras, ambiciosas, corajosas e empoderadas juntas (mesmo quando era bem pequena, eu sentia essa energia que ambicionava por crescimento e empoderamento de forma muito intensa). Mas ela me decepcionou completamente e muitas vezes me ridicularizou. Então, estou lamentando porque nunca seremos as companheiras que eu queria que fôssemos. Também posso ver que sua ferida é muito maior do que a minha, e tenho raiva de ela nunca ter se tratado. Sentir e libertar todas essas emoções da lacuna materna tem sido muito poderoso. Antes de começar o trabalho, elas me sabotavam de todas as formas e em todos os meus planos e projetos de negócios; eu voltava atrás e me sentia ressentida, paralisada para começar. Mas agora, nessa semana, recebi uma proposta de negócios de uma empresa para gerir retiros mensais para mulheres. O modelo de negócios é incrível e o conteúdo é tudo que eu sonhava e para o que me preparei nos últimos anos. Não acredito que isso seja uma coincidência, e estou tão entusiasmada e grata que quase posso chorar. Não vejo muito minha mãe, mas faço questão, sempre que nos falamos por e-mail ou almoçamos juntas (talvez três vezes por ano), de contar sobre meus planos, meus projetos, como um tipo de exercício para mim mesma, para mostrar a ela quem realmente sou e a mulher que me tornei. Ser capaz de fazer isso parece maravilhoso, depois de um tempo enorme gasto me escondendo e mentindo para ela, fingindo que tinha uma vida normal (o que eu não tive)".

Um exemplo de lacuna materna: Jennifer

"Acabei de chegar do teatro, depois de ter assistido a um musical muito animado, com músicas dos anos 1960 a 1980. Ao final, o público foi incentivado a levantar, dançar e cantar juntos. Meu marido tem dor no quadril e não se levantou e, por um tempo, nem eu, enquanto todos ao redor se divertiam. Fiquei triste – então vi a Ferida Materna com muita clareza, fazendo-me pequena a partir de um senso equivocado de lealdade à dor do outro. Lealdade à dor de minha mãe era como eu compensava o modo como ela ignorava a minha dor e via minhas necessidades como egoísmo. Então, me levantei, cantei com os outros, mas não muito entusiasmada, ainda sentindo um pouco de tristeza. Aí, notei que um pouco do meu campo energético estava ligado ao do meu marido, e isso estava me restringindo, me mantendo amarrada ao sofrimento dele, exatamente como minha mãe costumava fazer. Qualquer outro comportamento teria sido rotulado como "egoísmo" por ela. Eu, de alguma maneira, soltei as amarras, fortaleci meu senso de limites. Senti muita alegria e fui capaz de me juntar de todo coração ao canto e à dança. De repente, compreendi que eu tinha o direito de sentir meus próprios sentimentos e viver de acordo com eles, não com os de outras pessoas. O risco de ser chamada de egoísta tem pairado sobre mim toda a minha vida. De repente, em vez de sentir ressentimento, entendi o quão falso e manipulativo isso era. Parecia um vislumbre de liberdade, por estar processando a solidão e a vergonha que sentia quando era a menina que eu fui, que não obteve validação para ter as próprias necessidades e sentimentos. Agora, ao invés de vê-los como motivo de vergonha, como fazia, estou me sentindo segura em ser eu mesma, separada dos outros. Cada vez que dou um passo de atitude como esse, é uma sensação incrível."

Um exemplo de lacuna materna: Alix

"Eu estava passando por uma briga por custódia com meu ex-marido. Minha mãe veio de uma família tradicional que acreditava que você deveria continuar casada, independentemente de qualquer coisa. O processo de divórcio foi litigioso e minha mãe nunca me perguntou como eu estava. Foi como se ela ignorasse completamente, até um dia que me ligou e pediu para que lhe contasse tudo. A princípio, fiquei aliviada em vê-la expressar interesse pelo que eu estava passando, mas quando desliguei o telefone, percebi que me sentia pior. Dias depois, entendi que tinha ficado pior depois da ligação dela porque não houve empatia, cuidado ou compaixão pelo sofrimento emocional que eu estava passando. Ela apenas queria os fatos, e então desligou o telefone sem falar muito. Percebi isso como uma continuação do que passei com ela quando eu era criança. Ela ficava constantemente tentando me convencer a desistir dos meus sentimentos como um modo de manter a 'paz' no lar. A aparência de não haver conflitos era necessária para ela e isso guiava todas as suas interações na família. Meu pai estava sempre preocupado com dinheiro e o único controle que ela parecia ter era nos manter quietos, obedientes e parecendo bem para os outros, para não piorar as coisas. Acredito que seja em parte por isso que escolho parceiros que sempre me deixam um pouco fora de equilíbrio. No começo, me cobrem de amor e afeição, mas depois há sempre uma "mudança", e eles passam a minimizar, subestimar e ridicularizar minhas emoções; e passo a me questionar, me sentir inferior e aceitar as opiniões que eles têm a meu respeito, preterindo as minhas. Finalmente, posso ver como fui criada para isso ao aprender desde cedo que meus sentimentos não importavam. Essa clareza me deu a energia para romper com esses padrões quando os vejo em mim. É incrível ver que, quanto mais empatia e espaço eu crio para minhas próprias emoções, mais posso fazer isso pelas minhas duas filhas também."

Apoio é essencial

Quando for examinar a lacuna materna, seja paciente e compreensiva com você. É natural sentir dor emocional ao abordá-la e ver o que há por baixo dos papéis, máscaras e histórias que nós usávamos para evitá-la. Sentimentos como raiva e tristeza devem ser esperados conforme você examina padrões, fatos, situações e emoções da sua primeira infância.

O apoio é uma parte essencial do trabalho com a dor original. Existem muitas formas de obter apoio. O ideal é recebê-lo de várias fontes diferentes. Fontes de apoio podem incluir:

- Terapia individual de longa duração.
- Terapia em grupo.
- Arteterapia.
- Grupos de apoio.
- Seminários.
- Relacionamentos amorosos.
- Trabalho corporal, massagem, trabalho energético.
- Tempo regular para ficar só e refletir.
- Exercícios, alongamento e mover o corpo.
- Descanso e sono suficientes.

QUESTÕES PARA REFLEXÃO

1. Qual é a sua lacuna materna (o espaço vazio entre o que você precisava e o que recebeu da sua mãe)?

2. Como você procurou preencher a lacuna materna até agora? Quais foram as máscaras que usava ou os papéis que inconscientemente representava para compensar a falta?

3. Quais atitudes pode ter agora para preencher a lacuna materna a partir do seu interior?

CAPÍTULO 6

Sinais de que você precisa fazer uma mudança

Conforme o tempo foi passando, cada vez mais tristeza e frustração vieram à tona na terapia e comecei a ver mais claramente a disfuncionalidade da minha família. Mesmo que eu visse como as dinâmicas com minha mãe tinham aparecido em diferentes partes da minha vida, não me sentia pronta para olhar diretamente para a minha relação com ela. Isso parecia um caminho sombrio que eu não queria trilhar, mesmo sabendo que, mais cedo ou mais tarde, precisaria. Mais sintomas tinham começado a se acumular. Queria me diferenciar dela e, naquela época, isso ficava evidente na forma como eu estava excessivamente ligada em exercícios, saúde e imagem corporal.

Encontrar meus amigos e sair para dançar regularmente me mantinha positiva e inspirada. Meu foco principal passou a ser espiritualidade e meditação. Frequentava muitos workshops em um pequeno centro de retiro em uma cidade vizinha. Ansiava por um senso de propósito e me perguntava como podia ajudar o mundo. Queria poder olhar para minha mãe como inspiração e apoio para pensar alto e fazer algo significativo com a minha vida, mas ela era calada e distante. Nessa época, conheci uma mulher chamada Miranda, uma paranormal, professora e curandeira que ministrava workshops; e ela se interessou por mim. Eu era sempre a pessoa mais jovem em suas aulas e fazia o papel da boa menina e aluna perfeita. Tive uma sessão com ela na qual confessei que sentia necessidade de me devotar a algo maior para o mundo, mas não sabia o quê.

Não muito tempo depois, Miranda propôs que eu fosse sua aprendiz e me convidou para ajudá-la a abrir um centro de retiro do outro lado do país. Aceitei – apesar dos muitos sinais de alerta e das sérias reservas da minha terapeuta. O centro de retiro não era espiritual e nem desenvolvido como eu havia presumido; passei a perceber que era um ambiente tóxico e que eu estava lá para ser usada como uma faxineira e assistente administrativa gratuita. Mesmo sabendo disso, levou seis meses para eu ultrapassar a noção equivocada de que as coisas iriam melhorar e sair de lá.

Eu não era capaz de ver naquela época que minha ligação com essa instrutora era a minha avidez por receber cuidados maternos e aprovação: uma amorosa, empoderada figura materna que pudesse me valorizar pela pessoa que eu era. Minha relação com a Miranda foi na verdade uma réplica da dinâmica e do trauma que eu tinha vivido com minha mãe. Perceber isso deixou-me desiludida, mas por fim me ajudou a idealizar muito menos as figuras de autoridade do que eu idealizava antes.

Quando voltei, mergulhei de cabeça no curso de pós-graduação. O meu eu de boa menina e perfeccionista estava a todo vapor. Tirei A em todas as matérias. Era assistente de uma professora no departamento e estava obcecada por ser aceita em um programa de doutorado (que mais tarde eu decidi não fazer). Percebi muito depois que acreditava que, se eu fosse bem-sucedida o bastante para impressionar minha família, eles finalmente poderiam me enxergar e eu me sentiria digna e no controle de minha vida. Ainda não sabia que nada no mundo externo real poderia jamais preencher esse vazio, que isso precisava vir de dentro de mim.

Por volta dessa época, comecei um relacionamento com um homem chamado David, um conhecido com quem havia trabalhado por seis anos no restaurante, e, em um ano, nos mudamos para a cidade de Nova York. A mudança foi crucial para me distanciar da minha família e ter mais insights sobre minha infância e seus impactos na minha vida adulta. Como minha ligação com David estava mais forte do que qualquer outra que eu já tivera, minha Ferida Materna começou a emergir de formas poderosas. Comecei a ter sonhos de "triangulação", com o David escolhendo outra mulher em vez de mim; alguns incluíam minha mãe separando David de mim ou colocando-o contra mim.

Uma noite, estávamos em um clube no East Village e uma amiga começou a flertar abertamente com David bem na minha frente; e ele não colocou limites nem fez nada para impedi-la. Perdi a cabeça enquanto caminhávamos de volta para casa e comecei a gritar com ele até não aguentar mais; fiquei furiosa por ele não ter dito nada, foi como se eu não estivesse ali. David não tinha ideia de como *a sua falta de limites com nossa amiga tinha disparado o gatilho de intensos sentimentos de abandono em mim. Eu ainda não tinha conectado isso com minha mãe. Naquela noite, conversamos, e eu disse: "Eu só quero ser A pessoa MAIS importante para você". Foi muito difícil colocar para fora as palavras. Parecia uma questão de vida ou morte. Ele olhou para mim e respondeu: "Você É a pessoa MAIS importante para mim". Alguma chave virou dentro de mim; e consegui absorver aquilo. Senti um alívio incrível e também uma tristeza muito profunda. Mais tarde, depois que David dormiu, levantei e me olhei intensamente no espelho do banheiro, procurando meu rosto à luz fraca, me perguntando o que acontecia comigo. Sobre o que realmente era esse intenso sentimento de devastação?*

Quais são os sinais da Ferida Materna?
Por que são difíceis de ver?
E por que, uma vez que os vemos, resistimos a eles?

Porque a Ferida Materna sustenta todas as áreas de nossa vida; em algum grau, reconhecer os sinais em uma área pode levar a progressos e conscientização em muitas outras. Gerações de mulheres há muito vêm atribuindo os sinais da Ferida Materna a fontes que parecem menos ameaçadoras, nunca chegando realmente à raiz do seu sofrimento. O problema é que, quando não chegamos à raiz, nossas questões continuam a se replicar sem parar, seguindo-nos em nosso trabalho, novos relacionamentos e muito mais.

Temas comuns a reconhecer

Estes são sintomas que, na superfície, podem parecer não relacionados com sua mãe. Você pode ter essas experiências e ainda sentir que tem um relacionamento harmonioso com sua mãe.

- Evitação de emoções difíceis. A necessidade de ser positiva o tempo todo.

- Entorpecimento (por substâncias, redes sociais, compras etc.).
- Emoções intensas, desproporcionais à situação em questão.
- Padrões repetitivos que parecem que nunca vão se resolver.
- Sentir-se subitamente como uma garotinha, impotente ou escondida, em pânico.
- Grande contraste entre a vida exterior que você demonstra e a realidade da sua vida interior.
- Extremos de todo tipo; por exemplo, ciclos de compulsão e privação (seja por comida, exercícios, dietas, sexo etc.).
- Medos de abandono (nas amizades, relacionamentos amorosos, como parental).
- Medos de invasão (a necessidade de manter as pessoas a distância).
- Ter dificuldade com términos, medo de dizer adeus.
- Medos de ser desestabilizada pelas emoções caso permita-se senti-las.
- Autossabotagem quando chega perto de um progresso.
- Ciclos mentais repetitivos de diálogo interno negativo.
- Sentir-se egoísta por se colocar em primeiro lugar.
- Nunca se sentir boa o bastante.
- Comparar-se constantemente com os outros.
- Agradar as pessoas.
- Busca por aprovação; qualquer tipo de rejeição é sentida como devastadora e desestabilizante.
- Vícios (compras, substâncias, internet etc.).
- Depressão (sentir-se para baixo, inútil, vazia).
- Ansiedade.
- Transtornos alimentares (algum nível de conflito em torno da comida, do corpo e da autoimagem).
- Vergonha sobre a sua sexualidade.
- Igualar ser uma "boa pessoa" a colocar-se em último lugar.
- As pessoas constantemente ultrapassarem seus limites ou desrespeitarem o seu tempo.
- Atrair continuamente o mesmo tipo de parceiro ou amigo, que acaba maltratando você.
- Sentir como se estivesse sendo uma boa pessoa baseada na sua escolha de suportar os maus-tratos de outras pessoas.

- Algum nível de obsessão ou fixação: "ISTO é o que vai fazer tudo ficar BEM!"
- Representar o papel da "fêmea mantenedora da paz", aquela que medeia e evita conflitos, para quem a ausência de conflito é fundamental.
- Paralisia de análise quando você precisa tomar uma atitude.

Sintomas que podem ser mais claramente relacionados à sua mãe incluem:

- Medo de superar sua mãe: esse é um medo comum de que, se você for além do que sua mãe foi na vida dela (o que eu chamo de "Horizonte Materno"), o relacionamento de vocês, de alguma forma, será irremediavelmente danificado. Parece mais seguro reduzir suas ambições por lealdade e para preservar a harmonia do relacionamento.
- Sentir-se deprimida depois de visitas à sua mãe: esse é um sinal de que dinâmicas tóxicas estão em jogo, das quais você ainda não tem consciência.
- Sentir necessidade de agradar a sua mãe, mas nunca se sentir boa o bastante: sua mãe parece impossível de ser agradada, mas existe uma sensação de que, no futuro, você vai finalmente "acertar". A esperança é a última que morre.
- Atenuar-se perto de sua mãe: ficar pequena para não ofender, ameaçar ou incomodá-la. Isso pode se manifestar ao não expressar suas opiniões quando está perto dela, apenas concordando para evitar conflito.
- Sentir raiva de sua mãe, mas não fazer nada sobre isso.
- Afastar-se de sua mãe como uma forma de enfrentar a situação.
- Sentir que "vai ficar mais fácil depois que ela morrer" ou "eu posso fazer o que quiser, já que ela faleceu".
- Colocar muito trabalho emocional dentro do relacionamento: você se sente exaurida pelas necessidades de sua mãe, mas também sente que seria uma traição falar sobre seus limites e barreiras.
- Uma sensação de que ser honesta sobre seus sentimentos acabaria com o relacionamento.
- Medo de sentir-se uma "filha ingrata" se reconhecer sentimentos dolorosos em relação à sua mãe.

- Sua mãe parece indefesa e precisar constantemente de apoio.
- Evitar a sua mãe.
- Sua mãe não a procura, a menos que precise de algo.
- Sua mãe fofoca ou tem um foco excessivo em pessoas que ela não conhece muito bem.
- Sentir-se responsável pelo bem-estar de sua mãe. Se ela está em dificuldades financeiras ou em relacionamentos, parece que é um problema seu.
- Sua mãe lhe diz que você é a melhor amiga dela, a filha favorita ou a que ela ama mais, ou o oposto: você nunca é boa o bastante.
- Criticismo, deboche ou sarcasmo é comum de sua mãe.
- Seus sentimentos ou experiências são minimizados, desvalorizados ou ela ri deles.
- A expressão dos seus sentimentos, necessidades ou opiniões é recebida com fria hostilidade, abandono, amargura ou inveja.
- Você tem a sensação de que sua mãe tem inveja de você.
- Você tem a sensação de que existirá algum tipo de "vingança" caso se desvie do seu papel como a "filha obediente".
- Você tem a sensação de que sua mãe é focada no papel, o que significa que o seu papel como mãe é uma arma que ela pode usar para dominar você, caso não aja ou fale como ela quer.
- Sua mãe se comunica através de "contágio emocional": ela mantém as pessoas adivinhando ou pisando em ovos ao redor dela ao invés de se comunicar respeitosa e diretamente.
- Sua mãe é imprevisível: você não sabe hoje como estará o humor dela amanhã e isso a deixa constantemente sob tensão.
- Você se pega "romantizando" os maus comportamentos de sua mãe como "É o jeito dela".

Mecanismos da Ferida Materna

A seguir, padrões e experiências comuns que aparecem, mas seu conteúdo pode variar muito. Você pode não saber de forma alguma por que estão ocorrendo.

- **Gatilhos ou flashbacks emocionais:** situações com outros podem causar fortes reações emocionais com uma intensidade que é desproporcional à circunstância.
- **Narrativa mental negativa:** uma forte crítica interna, que é uma internalização da voz de sua mãe.
- **Exaustão e esgotamento:** não apenas exaustão física, mas uma profunda exaustão emocional.
- **Os três F (*Fight, Flight, Freeze*)**: em português, lutar, fugir e congelar. Estas são reações que têm um forte componente fisiológico, como batimentos cardíacos acelerados, suor nas mãos.
- **Sensação de sobrecarga:** tudo parece "demais" e não há tempo ou espaço para descansar ou se recuperar da "correria" da vida.
- **Sensação de fardo:** sensação de que tudo depende de você e que é a única que consegue dar conta de tudo, o que mantém sua vida estreita e limitada.
- **Sensação de cativeiro:** sentir-se aprisionada pelas circunstâncias e/ou relacionamentos e que nada pode tirar você disso.
- **"Lutando para sobreviver":** uma sensação de que a hipervigilância mental é necessária para estar segura e no controle de sua vida. Um sentimento de que, se você relaxar de verdade, algo ruim pode acontecer.

Há uma forte ligação entre autossabotagem e a Ferida Materna.
A autossabotagem é quando temos uma meta ou desejo, mas, inconscientemente, criamos obstáculos que impedem diretamente o alcance daquela meta ou a realização daquele desejo.

O padrão de autossabotagem pode *não* parecer estar conectado, de forma alguma, à dinâmica com sua mãe.
Grande parte da autossabotagem resume-se a segurança, conforto e ao que parece familiar. Se fomos de alguma maneira afastados, punidos ou levados a nos sentir mal a respeito de nossa individualidade ou de nossas necessidades, como adultos, vamos deter nosso progresso para evitar que aqueles mesmos resultados se repitam. Muito disso ocorre fora de nossa percepção consciente, emanando de medos não resolvidos da criança interior, que dividem aspectos de nossa consciência para quem a ameaça de abandono emocional é muito real e deve ser evitada a todo custo.

Para algumas mulheres, ser grande, visível e poderosa pode parecer inconscientemente uma *traição às suas mães* e, para aliviar essa culpa inconsciente, elas se autossabotam.

A conexão entre a Ferida Materna e a autossabotagem é bastante complexa. Esse padrão começa muito cedo em nosso desenvolvimento e é por isso que pode ser tão insidioso. Para garantir sua sobrevivência, as crianças são biologicamente programadas para procurar a aprovação da mãe a qualquer custo.

Como mulheres adultas, esse padrão pode ainda estar funcionando inconscientemente. Podemos ainda sentir como se a nossa felicidade repousasse sobre a felicidade de nossas mães. Você pode observar a infelicidade de sua mãe e começar a se sentir culpada pelo próprio sucesso. Isso é particularmente comum em mulheres que foram filhas responsáveis ainda crianças (a filha sendo usada como um pai ou mãe substituto para a criança interior não curada de sua mãe).

A autossabotagem pode ter servido como um mecanismo de sobrevivência para evitar o abandono e a rejeição de nossas mães. E é reforçada pela cultura patriarcal.

Podemos, inconscientemente, pensar: eu não posso ser completamente feliz ou bem-sucedida se minha mãe está solitária, triste, desconfortável, amargurada, com ciúmes etc. Esse é o ponto de vista da criança dentro de nós, que ainda pensa que sua sobrevivência depende do bem-estar da mãe.

Aprender sobre os sinais, sintomas e dinâmicas da Ferida Materna é o primeiro passo e uma peça-chave para criar e cultivar a segurança interna necessária para curar e transformar a nós mesmas.

Nossa consciência crescente e clareza emergente sobre essas dinâmicas dentro de nós e em nossos relacionamentos nos libera para sermos menos presas e paralisadas nelas. Tornar-se consciente das coisas que antes eram inconscientes é uma parte profunda de reivindicar nosso poder pessoal.

──────────── **QUESTÕES PARA REFLEXÃO** ────────────

1. Quando você era pequena, quais foram as situações específicas nas quais sua mãe respondeu a você com elogio, reconhecimento, recompensas, validação e amor?

2. Quais foram as situações específicas nas quais você foi recebida com algum grau de rejeição, hostilidade agressiva, afastamento frio, animosidade, inveja ou amargura?

3. Que grande desafio você está tendo agora na vida, que tem sido um desafio há um longo tempo? Como ele se relaciona com a dinâmica em sua primeira infância? Qual emoção dolorosa está vindo agora, que você também sentiu quando criança?

CAPÍTULO 7

A ruptura da linhagem materna e o custo de se tornar real

A mulher não nasce: ela é feita. Em sua construção, sua humanidade é destruída. Ela se torna símbolo disto, símbolo daquilo: mãe da terra, prostituta do universo; mas ela nunca se torna ela mesma porque é proibida de fazê-lo.

ANDREA DWORKIN

Durante meu primeiro ano morando em Nova York, comecei a observar características na minha mãe que nunca tinha notado antes. Graças à distância física e ao aprofundamento da minha intimidade com David, aos poucos comecei a ver como eu a tinha idealizado a maior parte da minha vida, vendo-a como generosa, gentil e altruísta, quando, na verdade, muitas das nossas conversas que eu conseguia lembrar consistiam em ela fofocando ou reclamando do meu pai e de outros membros da família. Eu estremecia do outro lado da linha e passei a temer as ligações. Nossas conversas duravam sempre menos de dez minutos e eram superficiais. Eu ouvia alguma notícia ou fofoca que ela tivesse para contar, então, infalivelmente, depois de eu dizer uma frase ou duas sobre a minha vida, ela terminava a ligação dizendo que tinha que ir. Eu sentia tristeza ao perceber que ela tinha sido sempre assim e que eu não fora capaz de ver. Meu trabalho consistente e aprofundado na terapia (que já vinha acontecendo há quase uma década naquela ocasião) estava fortalecendo consistentemente meu senso de identidade, me dando mais confiança em minhas próprias percepções, e uma consciência expandida de quão realmente disfuncionais eram as dinâmicas na minha família.

Assim como ocorre com muitos sobreviventes de trauma na infância, eu evitava e até mesmo negava a extensão dos acontecimentos dolorosos e lembranças angustiantes do que vivera na infância. Estava me tornando consciente da disfunção da minha família, mas continuava silenciosamente tolerante com tudo, me sentindo muito mais confortável em trabalhar as questões da minha vida atual. Não estava pronta para romper a narrativa positiva que me mantivera segura quando criança, mesmo quando parte de mim compreendia que essa ruptura seria uma parte inevitável da minha jornada.

Conforme me aproximava mais do meu verdadeiro eu em outras áreas da minha vida, também queria ter um nível similar de autenticidade e conexão com a minha mãe. Existia um contraste cada vez maior entre nosso relacionamento, que parecia dolorosamente claustrofóbico e tóxico, e os novos padrões que estava estabelecendo para mim mesma em outras áreas, moldados pelas formas como minha terapeuta, Nicole, tratou e relacionou para mim. Estava aprendendo o que era cuidar de minha personalidade separada, de dentro para fora. Nicole demonstrava muito respeito pelas minhas perspectivas individuais separadas e sempre encorajava e ouvia com grande interesse minhas ideias e insights, mesmo quando eram marcadamente diferentes das dela. Ela comemorava com fervoroso entusiasmo cada sucesso meu, cada ato de autoempoderamento e autovalorização, porque ficava contente com o meu bem-estar separado do dela.

Depois de mais ou menos nove meses trabalhando como garçonete em Nova York, finalmente consegui um emprego dos sonhos em um escritório de pesquisa em uma das faculdades de medicina da Ivy League. Estava emocionada porque finalmente teria assistência médica e um salário regular. Mal podia esperar para ligar para minha mãe e contar a ela. Ao telefone, eu estava tão empolgada que mal podia falar. Houve uma longa pausa do outro lado, e então minha mãe disse em um tom baixo e sem emoção: "Ah, isso é ótimo, bom pra você". E, em segundos, desculpou-se e desligou. Me senti murcha, magoada e com raiva porque parecia que ela não podia ficar feliz por mim nem por uns poucos minutos.

Cheguei a um limite mais ou menos um mês depois. Em uma outra chamada, minha mãe perguntou como estava indo meu novo emprego. Eu disse que estava indo muito bem, e comecei a descrever algumas políticas do local. Em resposta, ela disse em um tom arrogante: "Você é como eu, então vai ficar muito bem". Na manhã seguinte, quando saí do metrô na esquina da Rua 56 com a Lexington, senti uma onda de energia e indignação fluindo através de mim quando aquele comentário ressoou em meus ouvidos: Você é como eu, então vai ficar muito bem.

Ao longo das duas semanas seguintes, desenvolvi um nível completamente novo de clareza sobre a natureza tóxica do meu relacionamento com minha mãe e percebi que já estava farta. Queria confrontá-la diretamente e mudar a dinâmica para uma na qual ambas pudéssemos estar conectadas e sermos vistas. Não queria mais ser a sua "boa menina", seu bicho de estimação ou seu cobertor de segurança. Queria um relacionamento que também me nutrisse.

Jamais vou esquecer o momento antes de fazer aquela ligação. Estava sentada na cama, em meu pequeno apartamento, celular na mão, olhando fixamente para as anotações que eu tinha preparado sobre o que iria dizer. Antes de ligar para casa, rezei em voz alta para o universo pedindo ajuda, porque sabia que o que estava para fazer assemelhava-se a detonar uma bomba em minha família, mas era absolutamente o que eu precisava fazer pela minha integridade. Quando minha mãe atendeu o telefone, perguntei se era uma boa hora para conversarmos, pois queria lhe falar sobre um comentário que ela havia feito em nossa conversa anterior, e que tinha me incomodado: você é como eu, então vai ficar muito bem. Disse que aquele comentário tinha me deixado com raiva porque representava uma vida inteira me sentindo não vista por ela como uma pessoa. Isso simbolizava um padrão de longa duração no qual eu me sentia vista por ela apenas em relação a ela mesma, não como um indivíduo.

"Sinto que você roubou meus sucessos rastreando-os de volta a você, e como eu sou 'como você'", eu disse, "quero me orgulhar de quem eu sou, por ser quem eu sou, não porque eu espelho quem você é. Sei que você não tem a intenção de fazer isso, e é por isso que nunca falei antes. Mas quero que saiba o quão doloroso esse padrão tem sido para mim. Quero ficar perto de você, mas as coisas precisam mudar para que possamos ter um relacionamento melhor".

Depois de eu ter dito tudo isso, ela ficou muito quieta por um momento, então falou: "Acho que você está vendo coisas demais. Eu vejo você como uma pessoa. Vou prestar atenção ao que digo de agora em diante". Então, houve um silêncio estranho, seguido por: "Bem, tenho que ir, foi um longo dia e estou cansada".

Na manhã seguinte, recebi um e-mail dela se desculpando, explicando como ela celebrava minha individualidade e lamentava por, de forma não intencional, ter me magoado. Fiquei chocada. Talvez eu a tivesse avaliado incorretamente! Mas, depois daquele primeiro e-mail, outros chegaram rapidamente, em tom mais defensivo e acusador, tirando qualquer responsabilidade de suas costas e colocando nas minhas, e elaborando o que eu dissera com teorias cada vez mais bizarras sobre o que estaria realmente me perturbando.

Meses de intensa troca de e-mails se seguiram, nos quais ela continuamente expressava seus sentimentos de perseguição e o quanto me amava. Não havia nenhuma curiosidade sobre o motivo de eu me sentir daquela maneira. A apresentação dos meus sentimentos foi percebida como ataques sem fundamento e acusações. Eu continuava a afirmar que a amava e queria um relacionamento melhor, que não estava tentando culpá-la, que sabia que ela não pretendia fazer as coisas que estava fazendo. Tentei manter o equilíbrio sendo empática com a tristeza dela sobre o que eu estava dizendo, mas permanecendo assertiva no meu direito a ter minhas próprias percepções e sentimentos. Não recuei para a culpa ou o silêncio como fazia no passado. Conforme o tempo foi passando e eu permanecendo com a minha vivência ao invés de cair na narrativa dela, seu lamento se transformou em fúria. Ela expressou raiva porque, independentemente do que dissesse ou fizesse, ela estava sempre errada. Mencionou meus relacionamentos frustrados e outros investimentos que não tinham dado certo em minha vida como evidências de que eu não sou perfeita.

Todo o período dessa correspondência foi uma montanha-russa emocional do tipo que eu jamais havia imaginado. Me senti como se estivéssemos falando duas línguas completamente diferentes. Não importava o quanto eu tentasse explicar minhas boas intenções, não importava o quanto eu formulasse a expressão dos meus sentimentos dentro de muita empatia e linguagem não ameaçadora, parecia não fazer diferença. Passei árduas horas em terapia discutindo cuidadosa e ponderadamente as formas mais respeitosas, empáticas, honestas e gentis de comunicação; e ainda assim, não fez diferença. Pelo contrário, a represália dela foi um totalmente desdenhoso: "Adeus, Bethany".

Seu ódio aumentava progressivamente. Me choquei profundamente ao descobrir que não havia "mãe" em sua energia, nenhuma disposição para assumir qualquer responsabilidade, nenhuma curiosidade ou interesse em compreender meu ponto de vista, nenhum desejo de mutualidade. Depois daquele e-mail apologético inicial, ela sacou suas armas, e parecia que estava lutando até a morte comigo, como se sua vida dependesse de extinguir minhas percepções diferentes e a minha própria separatividade. Ela parecia ultrajada porque eu não entraria na linha novamente para ser a sua "boa menina", porque me sentia livre o suficiente para chamar sua atenção pelas maneiras como falhara comigo, sem priorizar os sentimentos dela em detrimento dos meus, mas pelo contrário, advogando em minha defesa em pé de igualdade. Ela passou a terminar seus e-mails dizendo: "Eu não tenho mais filha".

Passar por isso me fez sentir como se meu corpo ardesse vinte e quatro horas por dia, com picos altos de adrenalina e dias ruins, caindo em sofrimento paralisante. As respostas dela foram tão piores do que eu esperava, e isso foi profundamente desestabilizador. Causou instabilidade sentir que minha mãe estava categoricamente tentando fazer com que eu duvidasse de mim mesma, distorcendo minhas palavras, me envergonhando pelos meus erros e sentindo a orgulhosa satisfação que parecia ter em fazer comentários infantis. A pior parte era a impotência que eu sentia, que por mais que tentasse dizer que minhas intenções eram boas, ela parecia investida em não ver dessa forma.

Felizmente eu tinha Nicole e David em minha vida como apoios estáveis e seguros enquanto tudo isso acontecia. Saía para trabalhar e treinar, e fazia terapia por telefone uma vez por semana, fora isso, só ficava em casa. Queria viver essa dor conscientemente e estar tão presente quanto o possível no que estava sentindo. Um dia horrível, minha mãe enviou um e-mail dizendo que algo estava errado comigo e que eu era uma estranha para ela. Voltei do trabalho para casa naquele dia chorando. Foi estarrecedor sentir que minha mãe estava se recusando a olhar para si mesma ou assumir qualquer responsabilidade, e me patologizando para se autopreservar. O foco tinha mudado, irrevogavelmente, para o que havia de errado comigo.

Após muitos meses de crescente comunicação por e-mail, nas quais o tempo todo eu era alvo de culpa, ódio, vergonha e linguagem ofensiva, parei de responder. Quando meus e-mails cessaram, ela tentou chegar a mim de outras maneiras. Sob um véu de preocupação, me informou que tinha lido todos os meus diários, que ainda estavam guardados em seu porão. Me senti tão violada que, imediatamente, dirigi várias horas para recuperar os diários. Ela continuava a me contatar, apesar de eu ter pedido um tempo longe e, quanto mais eu demorava para responder, mais extremas se tornavam suas comunicações, inclusive ameaçando vir ao meu apartamento caso eu não respondesse. Ela começou a ver a minha terapeuta como a causa da ruptura entre nós e tentou me convencer que Nicole estava fazendo lavagem cerebral em mim. Parecia que minha mãe começara a me ver como vítima indefesa de uma terapeuta controladora, e a si mesma como a mãe preocupada decidida a salvar sua criança. Essa avaliação desequilibrada contrastava fortemente com o fato de que, naquele momento, minha vida nunca tinha sido tão bem-sucedida, estável e realizada. Ela começou a ameaçar vir ao meu local de trabalho se eu não respondesse a seus e-mails.

Olhando para trás, esse conflito foi uma ruptura na linhagem materna, devido à forma como o meu crescimento necessitou que eu rompesse com a dinâmica tóxica do nosso relacionamento. Para alguns, tal ruptura pode acabar levando a um nível mais saudável de conexão entre mãe e filha, mas, para famílias profundamente disfuncionais, isso pode significar uma ruptura permanente. O sistema familiar pode não estar apto a acomodar a versão empoderada da filha, com sua capacidade de discordar e seu senso de valor para falar, para não mais fazer o trabalho emocional, para não mais se encolher, para ocupar espaço, e para priorizar o próprio bem-estar. Estava ficando aparente que era ameaçador demais para minha mãe ver que meu crescimento era uma maneira saudável de autoatualização baseada em trabalho interno que vinha sendo feito há uma década.

Em minha família, a repressão dos reais sentimentos de um filho adulto parecia ser vista como heroica, um ato de amor, uma forma de compaixão. Minha recusa em reprimir a minha dor, como minha mãe fez com a da mãe dela, era interpretada como a extrema traição, especialmente porque eu tinha uma forte relação com uma outra mulher – minha terapeuta –, a quem minha mãe via, cada vez mais, como sua nêmesis. Ela continuava, de forma aberta ou velada, demonizando a intencionalidade de Nicole como uma tentativa de me prejudicar, controlar e fazer lavagem cerebral em mim. Por mais extrema e perturbada que essa visão fosse, eu acreditava que minha mãe estava completamente inconsciente de suas motivações e intenções psicológicas.

Ainda assim, sentia a crua agressão direcionada a mim como uma resposta por eu não estar seguindo a regra da nossa linhagem materna, que era: "Absorva a dor de sua mãe como sua e, algum dia, sua filha fará o mesmo por você". Eu iniciei a ruptura ao, respeitosamente, declarar minha própria verdade e solicitar que trabalhássemos juntas para formar uma dinâmica nova e mais saudável. Não poderia prever que estaria quebrando um contrato tácito que governava nosso relacionamento, e o de minha linhagem materna como um todo. Minha mãe parecia perceber minhas contínuas tentativas de ser compreendida como um esforço mal intencionado para controlá-la e fazê-la sentir-se mal. O fato de eu não ter recuado e seguir afirmando meu direito às minhas próprias percepções pareceu ser insuportável para ela e, eventualmente, arrancou a tampa que mantinha todo o seu trauma não resolvido sob controle. Passei a ver que o comportamento extremo dela vinha de uma longa e mal resolvida dor da Ferida Materna em minha linhagem materna. Comecei a procurar pistas, e elas começaram a aparecer ao meu redor. Os pedaços começaram a se juntar ao passo que nosso relacionamento continuava a se desfazer.

Uma mulher se tornando mais saudável e mais empoderada geralmente é vista como uma ameaça ao equilíbrio dentro de um sistema familiar tóxico. Quanto mais disfuncional a família, menos a individualidade é tolerada, e mais a família vai desafiar a mulher a se questionar, a duvidar de si mesma e a se sentir culpada. Todas as formas de conflito e drama podem advir.

Muitas mães podem não passar adiante o mesmo grau de ferimento que receberam de suas mães. Isso não significa ausência de conflito. De fato, filhas mais saudáveis que suas mães podem se sentir mais confortáveis lidando com conflitos com o propósito de crescimento, algo que pode ser estranho e profundamente ameaçador para as mães.

Uma das experiências mais difíceis que uma filha pode ter no relacionamento mãe-filha é ver que sua mãe está, inconscientemente, incentivando sua insignificância. Para mulheres nesse dilema, é realmente doloroso ver que, devido à própria mágoa, a pessoa que lhe deu a vida inconscientemente vê o seu empoderamento como uma perda para ela. Em última análise, não é pessoal, mas uma verdadeira tragédia de trauma intergeracional não resolvido e como nossa cultura patriarcal diz às mulheres que elas são inferiores.

Todos nós desejamos ser reais, vistos de forma fidedigna, reconhecidos, e amados por quem realmente somos em nossa plena autenticidade. É uma necessidade humana. O processo de nos tornarmos nosso eu verdadeiro envolve fazer as pazes com nossas capacidades de sermos confusos, intensos, assertivos e complexos – exatamente as coisas que o patriarcado retrata como não atraentes nas mulheres.

Historicamente, nossa cultura tem sido hostil à ideia de mulheres serem indivíduos verdadeiros

O patriarcado retrata mulheres atraentes como pessoas que querem agradar aos outros, buscar aprovação, evitar conflitos, que são cuidadoras emocionais e tolerantes a maus-tratos. Em certo grau, as mães passam essa mensagem para as filhas inconscientemente, perpetuando nelas a criação de falsos "eus". Entretanto, cada nova geração de mulheres nasce com *a fome de ser real*. Pode-se dizer que, a cada geração, o patriarcado se enfraquece e a fome de ser real aumenta nas mulheres; de fato, agora isso está começando a ter uma certa urgência.

O anseio por ser real e o anseio pela mãe

Isso representa um dilema para filhas criadas no patriarcado. O anseio para ser o seu verdadeiro eu e o anseio por receber cuidados maternos tornam-se necessidades que competem entre si; há uma sensação de que você tem que escolher entre elas. Isso se dá porque o seu empoderamento é limitado ao nível que sua mãe internalizou as crenças patriarcais e espera que você se conforme com elas, como uma condição para a harmonia nos relacionamentos.

O custo de tornar-se o seu verdadeiro eu sempre envolve algum grau de "ruptura" com a linhagem materna.

Em uma extremidade do espectro, para relacionamentos mãe-filha mais saudáveis, embora a ruptura possa causar conflito, ela pode eventualmente servir para estreitar os laços e torná-los mais autênticos. Na outra extremidade do espectro, para relacionamentos mãe-filha mais insalubres e abusivos, a ruptura pode acionar gatilhos de feridas não curadas na mãe, fazendo com que ela ataque ou renegue a filha totalmente. E, em alguns casos, infelizmente, a filha pode não ver outra saída a não ser manter distância indefinidamente, para manter seu bem-estar emocional. Aqui, sua mãe pode ver a sua separação/ruptura como uma ameaça, uma afronta direta, um ataque pessoal e uma rejeição por quem *ela* é. Nessa situação, pode ser doloroso ver como o seu desejo por empoderamento ou crescimento pessoal pode fazer com que sua mãe, cegamente, passe a vê-la como inimiga mortal. Esse é um exemplo devastador do altíssimo custo que o patriarcado exige dos relacionamentos mãe-filha.

"Eu não posso ser feliz se minha mãe é infeliz." Você já sentiu isso?

Normalmente, essa crença vem da dor de ver a mãe sofrer por sua própria carência interna e a sua compaixão pela luta dela sob o peso das exigências patriarcais. Entretanto, quando sacrificamos nossa felicidade pelas nossas mães, impedimos a cura necessária que vem de sofrer a mágoa em sua linhagem materna. Isso só mantém ambas, mãe e filha, paralisadas. Não podemos curar nossas mães, nem podemos fazer com que nos vejam com precisão, independentemente do quanto tentemos. O que traz a cura é a tristeza. Temos que lamentar por nós mesmas e pela nossa linhagem materna. O sofrimento traz uma liberdade incrível.

A cada onda de dor, nos reunimos com as partes de nós mesmas que tivemos que renegar para sermos aceitas por nossas famílias.

Sistemas insalubres precisam ser rompidos para que se encontre um equilíbrio novo, mais saudável e de mais alto nível. É um paradoxo que nós, efetivamente, curemos nossa linhagem materna quando *rompemos* os padrões patriarcais nela, não quando permanecemos coniventes com eles para manter a paz superficial. É preciso garra e coragem para recusar seguir os padrões patriarcais que têm uma forte dinâmica geracional em nossas famílias.

Estamos sendo chamadas a nos tornar verdadeiros indivíduos, dissociando o nosso valor da conformidade com as normas patriarcais.

Tradicionalmente, tem sido ensinado às mulheres que é nobre carregar a dor de outras pessoas, que o cuidado emocional é nossa tarefa e que devemos nos sentir culpadas se nos desviamos dessa função. Nesse contexto, culpa não se trata de consciência, mas, sim, de *controle*. Essa culpa nos mantêm emaranhadas com nossas mães, nos esgotando e ignorantes de nosso poder. Precisamos ver que *não há um motivo verdadeiro* para culpa. Esse papel de cuidadora emocional nunca foi nosso de verdade; é simplesmente parte de nosso legado de opressão. Vendo dessa forma, podemos parar de permitir que a culpa exerça controle sobre nós.

Abster-se dos cuidados emocionais e deixar as pessoas terem suas lições é uma forma de respeito por si e pelo outro.

Nosso funcionamento em excesso contribui para o desequilíbrio em nossa sociedade e ativamente enfraquece os outros, impedindo que tenham sua própria transformação. Devemos parar de carregar o fardo pelos outros, e o fazemos ao ver a total futilidade dessa tarefa. Devemos nos recusar a ser tutoras emocionais e depósito de lixo para aqueles que negligenciam o trabalho necessário por sua própria transformação.

Ao contrário do que nos foi ensinado, não temos que curar nossas famílias inteiras. Temos que curar somente a nós mesmas.

Ao invés de sentir culpa por não ser capaz de curar sua mãe e os membros da sua família, dê a você a permissão para ser inocente. Ao fazer isso, você está recuperando a sua personalidade e o seu poder da Ferida Materna. E, consequentemente, está devolvendo aos membros de sua família o seu poder para viverem as suas próprias jornadas. Essa é uma mudança energética fundamental que vem de se dar valor, e é demonstrada pelas formas com que você mantém o seu poder, a despeito das solicitações para entregá-lo aos outros.

O custo de se tornar real nunca é tão alto quanto o custo de continuar com o seu falso eu.

É possível sofrer represálias da mãe (e da família) quando nos tornamos mais reais. Podemos passar por hostilidade, abandono, aborrecimento ou total difamação. Ondas de choque podem ser sentidas por todo o sistema familiar. Pode ser surpreendente ver o quão rapidamente podemos ser rejeitadas ou abandonadas quando paramos de funcionar em excesso e incorporamos nosso eu verdadeiro. Entretanto, essa verdade tem que ser vista e a dor, suportada, se quisermos nos tornar reais. É por isso que apoio é essencial.

Em seu artigo "*Healing your Mother (or Father) Wound*"*, Phillip Moffitt descreve as quatro funções de uma mãe: nutridora, protetora, capacitadora e iniciadora. Moffitt diz que o papel da mãe como iniciadora "é a mais altruísta de todas as funções, pois ela encoraja a separação que vai deixá-la sem a filha". Essa função é profunda até para uma mãe que foi plenamente apoiada e honrada em sua vida, mas quase impossível para mães que conheceram muita dor e que não tiveram suas feridas suficientemente tratadas.

Um patriarcado limita muito a capacidade de uma mãe de iniciar sua filha na própria personalidade, porque, em um patriarcado, a mãe foi privada da *sua*. Isso prepara a filha para a autossabotagem, o filho para a misoginia e um desrespeito pelo "solo materno" do qual todos nós viemos: a própria Terra.

---

* "Curando sua ferida materna (ou paterna)", em tradução livre. (N.T)

É precisamente essa função da mãe como "provedora da iniciação" que lança a filha para a sua própria e única vida, mas esse papel só é possível na medida em que a mãe tenha vivido e encontrado sua própria iniciação. O processo de separação saudável entre mães e filhas é consideravelmente frustrado em uma cultura patriarcal.

O problema é que muitas mulheres passam a vida inteira esperando que suas mães as iniciem em suas próprias vidas separadas, quando as mães são simplesmente incapazes de exercer essa função.

É muito comum ver o adiamento do sofrimento pela Ferida Materna, com as mulheres constantemente voltando à "fonte seca" de suas mães, procurando a permissão e o amor que suas mães simplesmente não têm capacidade de prover. Em vez de sofrer por isso plenamente, as mulheres tendem a se culpar, o que as mantém pequenas. Precisamos lamentar por nossas mães não poderem nos dar a iniciação que nunca receberam e, conscientemente, embarcar na nossa própria iniciação.

A ruptura é, de fato, um sinal de um impulso evolucionário de separar-se das amarras patriarcais de nossa linhagem materna, para desfazer o emaranhado inconsciente com nossas mães patrocinado pelo patriarcado e nos iniciarmos em nossas vidas.

É importante ver que não estamos rejeitando nossas mães quando rejeitamos a sua programação patriarcal. O que estamos fazendo realmente é reivindicar nossa força vital dos padrões impessoais e limitantes que têm mantido as mulheres reféns por séculos.

Crie um espaço seguro para o anseio pela mãe

Mesmo sendo mulheres adultas, ainda ansiamos por mãe. O que pode ser realmente doloroso é sentir esse anseio e saber que a sua própria mãe não pode atendê-lo, apesar de ela ter feito o melhor que podia. É importante aceitar esse fato e lamentar. O seu anseio é sagrado e deve ser honrado. Dar espaço para esse lamento é uma parte importante de ser uma boa mãe para si mesma. Não lamentamos nossa necessidade por mãe diretamente, isso se infiltra inconscientemente em nossos relacionamentos, causando dor e conflito.

O processo de cura da Ferida Materna trata de encontrar a sua iniciação no poder e no propósito da sua vida.

Sobre o papel de "mãe como iniciadora", Moffitt diz: "Esse poder iniciático é associado com o xamã, a deusa, o mago e a curandeira". Quando mais e mais mulheres curam a Ferida Materna e, consequentemente, caminham firmemente para dentro do seu próprio poder, finalmente encontramos a iniciação que procurávamos. Tornamo-nos capazes de iniciar não somente nossas filhas, mas também nossa cultura como um todo, a qual está passando por uma profunda transformação. Estamos sendo chamadas a encontrar dentro de nós aquilo que não nos foi dado. Ao reivindicarmos nossa iniciação pela cura da Ferida Materna, unidas, cada vez mais incorporamos a deusa dando à luz um novo mundo.

Neste momento da história, as mulheres estão progressivamente sentindo o chamado para dar um passo à frente para dizer a verdade e romper padrões disfuncionais onde quer que os vejamos. Esse "dizer a verdade disruptiva" é parte do nosso poder. Quanto mais hábeis formos ao iniciar e conduzir conversas difíceis, mais podemos fazer mudanças profundas no mundo, onde quer que estejamos. Estamos rodeadas por sistemas desmoronando e modos de ser que não honram a vida. Temos o poder de romper com as coisas como costumam ser, seja na família, no trabalho, na comunidade ou na nação. A expressão "dizer a verdade disruptiva" não significa criar caos ou conflito em prol disso. Pelo contrário, significa romper com a disfunção a fim de levar o curso das coisas a um *nível mais elevado*.

Como meninas, muitas de nós fomos ensinadas a não acreditar em nossas observações e intuição. Crescer em nossas famílias dizendo a verdade pode ter levado à punição, ao abandono ou à violência física. Dizer a verdade pode disparar o gatilho de um medo visceral de aumentar e usar a nossa voz como uma força de mudança. Nossas histórias dolorosas podem ter nos condicionado a evitar conflito e tentar criar a "paz" a qualquer custo, como um modo de manter o medo sob controle. É abordando aqueles medos da infância que podemos dissolver a paralisia que podemos sentir em face de tantos desafios de agora. Acredito que as mulheres que se tornam capazes de começar conversas difíceis serão as mais efetivas e transformadoras líderes de nossos tempos.

Tornar-se hábil em falar a verdade disruptiva

Isso requer a prática do desapego em duas áreas principais:

1. **Desapegar da necessidade de "paz" a qualquer preço.** Quanto mais evitamos conflitos, menos reais somos e menos autênticos permitimos que os outros sejam. Há uma conexão direta entre nossa habilidade de conduzir conflitos e nossa habilidade em ser verdadeiras. Um dos motivos para isso é que muitas de nós viveram em lares turbulentos e conflituosos na infância e, como uma maneira de se manter segura, fizemos uma promessa de nunca criar ou contribuir para conflitos. Essa promessa pode ter-nos mantido seguras quando éramos crianças, mas, se não a examinamos, ela pode se tornar uma barreira para o nosso pleno poder como mulheres adultas. Estar disposta a tolerar a ambiguidade inerente a mover as coisas para uma ordem superior requer que tenhamos uma fonte mais profunda de estabilidade dentro de nós mesmas na qual possamos encontrar conforto quando o mundo externo está em fase de mudança.
2. **Desapegar da necessidade de ser amada, compreendida e aprovada.** É natural gostar de ser amada e compreendida. Mas "precisar" disso para se sentir bem é uma forma de abrir mão do seu poder. Quando menininhas, precisávamos sentir que éramos aprovadas pela mãe e pelo pai para sobreviver à infância emocionalmente intactas. Tudo se baseava nesse vínculo. Se ele foi comprometido quando éramos crianças, como adultas podemos confundir ser amada com estar segura, colocando nossa fonte de segurança emocional fora de nós, assim como fazíamos na infância. A cura envolve cultivar a fonte primária de nossa aprovação dentro de nós mesmas. Essa fonte interna nos permite assumir os riscos de sermos reais, dizermos a verdade e sentirmos a insuperável alegria de tomar atitudes de acordo com a nossa verdade. Existe um tipo delicioso de liberdade em ter a capacidade de validar nossa própria realidade quando outros, ao nosso redor, não podem.

Desenvolver a força interior para desapegar daquelas duas "fontes de silêncio" requer que cultivemos um forte relacionamento com a garotinha dentro de nós e abordemos seus medos. A sua criança interior pode ainda acreditar que dizer a verdade levará a algum tipo de perda mortal, então você pode se flagrar evitando-a. É sempre a criança interior que sabota nossos esforços e nos mantém em silêncio como uma forma de nos manter em segurança. A criança interior é a guardiã de nossos limites máximos. Curar a Ferida Materna e nos tornarmos uma "mãe interior" amorosa para nossa criança interior abre o caminho para expressar a sua verdade de um lugar de força interior e amor-próprio. Ao invés de olhar para os padrões antigos e limitantes de nossa infância como uma medida de segurança, a criança interior começa a olhar cada vez mais para você, para o seu eu adulto, em busca de segurança e conforto.

Esse vínculo interno entre sua criança interior e o seu eu adulto (mãe interior) é a base sólida na qual você deve ficar para dizer a verdade disruptiva e criar a transformação ao seu redor. A seguir, alguns breves exemplos reais. (Nomes e detalhes foram mudados.)

Maya vivia em um lar onde seus pais proviam suas necessidades físicas, mas ignoravam sistematicamente as emocionais. O pai dela era compulsivo por trabalho e a mãe era ansiosa e, portanto, confiava em Maya como seu suporte emocional. Sentindo a fragilidade da mãe e a delicada condição emocional da família em geral, Maya era cronicamente hipervigilante. Sentia que sempre tinha que estar "ao volante" para preencher o vazio de segurança emocional que seus pais não podiam suprir. Ser quieta e vigilante era como Maya se mantinha segura.

Como uma criança naturalmente sensível e perceptiva, ela era extremamente consciente das coisas não ditas em casa, o mau-humor dos seus pais e as tensões gerais na família, e usava essa consciência como uma forma de prevenir ou contornar qualquer conflito. Já adulta, Maya era uma respeitada alta executiva em uma corporação e, devido à sua história de infância, um de seus dons era ser capaz de discernir as coisas não ditas que precisavam mudar para trazer maior harmonia às situações, e conduzir os projetos até a meta. Seu maior desafio no trabalho era se sentir segura o suficiente para compartilhar suas observações com o grupo do qual fazia parte. Sua criança interior, a Pequena Maya, tinha pavor de falar, pois isso poderia fazer com que as pessoas ficassem com raiva, se sentissem provocadas ou desapontadas com ela; então guardava muitas de suas ideias e observações para si mesma, sempre se questionando e duvidando de si.

Um dos maiores avanços de Maya na cura foi se conectar com a Pequena Maya e tranquilizá-la antes que ela, Maya Adulta, falasse. Com o aprofundamento daquele vínculo interno, e assumindo riscos cada vez maiores dizendo a verdade disruptiva, sua criança interior começou a ver que dizer a verdade não era nem de perto tão arriscado quanto era quando ela era criança. Era, na verdade, uma forma de ajudar os outros e ser verdadeira consigo mesma! Ela felizmente descobriu que podia sobreviver a outras pessoas não gostarem dela e que muitas vezes era apenas uma desconexão temporária que levaria a um relacionamento mais genuíno no final. A evidência era enorme; quando Maya começou a compartilhar suas observações consistentemente no trabalho, tudo melhorou. Ela se sentiu mais eficiente e foi mais respeitada e procurada na empresa, e o sucesso de seus projetos aumentou exponencialmente. Maya se sentia cada vez mais fortalecida por conscientemente possuir seu dom de dizer a verdade disruptiva e sentir a alegria de usar cada oportunidade que se apresentava como uma forma de contribuir para o todo, de um lugar de centramento e autoconfiança. Antes disso, Maya havia tentado todos os tipos de seminários, livros e outros métodos para dissolver o medo de falar em público. Foi só quando cultivou um vínculo interno com sua criança interior que conseguiu passar por isso.

Compartilhar nossa verdade serve aos outros, mesmo se suas personalidades reagirem negativamente. Confie que, quando algo é profundamente verdadeiro para você, essa verdade servirá a outras pessoas também, mesmo se você não souber como.

Outra mulher, Liza, aprendeu desde muito cedo que sua segurança vinha de suprimir suas necessidades emocionais e submeter-se às demandas de sua mãe. Após Liza ter sofrido um terrível acidente aos quatro anos de idade, quando sua mãe tratou das feridas físicas dela, mas ignorou friamente suas necessidades por segurança emocional, Liza fez um voto de suprimir suas reais necessidades e obedecer à mãe em uma tentativa desesperada de obter sua aprovação. Esse padrão continuou até a idade adulta, com ela entregando seu poder de mão beijada para chefes, mestres espirituais e parceiros amorosos. Foi apenas quando desenvolveu uma doença crônica que ela percebeu que precisava falar a verdade a qualquer custo. Quebrar o padrão envolvia acessar uma saudável indignação em nome de sua criança interior, a Pequena Liza, que havia equiparado obediência e silêncio com segurança. Sentir o saudável ultraje em favor da criança que ela foi, e entristecer-se pela magnitude do quanto havia sofrido, permitiu que ela gradualmente sentisse a sua dignidade e acessasse a força para falar sua verdade para o marido, que vinha priorizando suas necessidades em detrimento das dela havia anos. Ao desenvolver um relacionamento afetuoso com sua criança interior, Liza começou a ver as velhas crenças atuando e como elas a mantiveram paralisada por anos. Liza falou sua verdade para o marido e pediu a separação. Posicionou-se em seu favor no trabalho, onde também era silenciosa, tolerando dinâmicas que a exauriram durante anos. Com uma sensação visceral de leveza e um vínculo crescente com a sua criança interior, Liza está entrando em um capítulo completamente novo de sua vida, com mais confiança e mais força interior do que nunca.

Falar abertamente em uma área da vida pode tornar mais fácil fazer o mesmo em outras.

Michelle é uma empresária experiente, não apenas nos negócios, mas também nas artes visuais. Como uma animada e talentosa jovem, ela reprimiu sua aspiração pelos empreendimentos artísticos porque sua mãe não aprovava. Toda vez que expressava seu amor pela pintura e desejo de ser artista, a mãe se retirava ou rosnava em desaprovação. Michelle reprimiu essa selvagem, sábia e intuitiva parte de si, e se tornou uma bem-sucedida mulher de negócios. Essa autoanulação sangrou para outras áreas, fazendo com que escolhesse parceiros desrespeitosos, trabalhasse demais e tolerasse comportamentos inapropriados de seus funcionários. O avanço de sua cura começou quando se conectou com a Pequena Michelle, transformando aquela sensação de vergonha por ser diferente em uma percepção do seu lado selvagem e criativo como sendo uma parte especial e valiosa de seus dons. Quando validou a avidez por aprovação de sua criança interior e afirmou a bondade e amabilidade do seu lado selvagem e criativo, começou a ver o quão frequentemente tolerava ser menosprezada e desvalorizada. Essa consciência crescente e seu crescente senso de valor deram suporte para se apropriar do seu valor e solicitar mais de seus funcionários, dos donos da empresa e de seu parceiro amoroso. Algumas pessoas saíram de sua vida, porém novas e mais nutritivas relações vieram. Michelle sentiu que estava dando um salto quântico. Usar sua voz melhorou a qualidade de tudo ao seu redor; e sua sensação de eficiência como líder e inspiração como pintora estão aumentando também.

Nós podemos falar a verdade mais profunda onde quer que estejamos. A verdade dita em algum lugar apoia a verdade dita em todos os lugares.

Os momentos em nossas vidas cotidianas quando precisamos falar abertamente e dizer nossa verdade podem incluir:

- Quando as pessoas falam mais do que você.
- Quando você está sendo mal interpretada pelos outros.
- Quando os outros estão se projetando sobre você.
- Quando os seus limites não estão sendo respeitados.

Tornar-se hábil em falar abertamente em nosso dia a dia nos prepara para ser mais vocais em situações de maior escala, quando:

- Um grupo está perdendo o foco no seu objetivo.
- Outras pessoas ou seres vivos estão sendo prejudicados.
- Direitos estão sendo tirados.

A ampla maioria das catástrofes que enfrentamos tem origem no silenciamento deliberado e contínuo de mulheres e pessoas não brancas, e na desvalorização da própria Terra. Sempre que pudermos falar abertamente, nós devemos. Sempre que pudermos ajudar outras mulheres e pessoas não brancas a falarem sua verdade autêntica, devemos fazer isso. Mulheres negras vivenciam ainda mais riscos de silenciamento do que as brancas. Aquelas de nós que somos privilegiadas de alguma forma, temos que manter o espaço, permanecer em silêncio, ouvir as vozes de outros grupos e amplificar a voz sempre que puder.

Cada uma de nós tem, nesses tempos, a oportunidade de possuir nossa voz e contribuir para a mudança positiva. Vamos procurar umas às outras para ajuda e solidariedade na medida em que assumimos maiores riscos em sermos verdadeiras.

Nós podemos achar o combustível para falar abertamente dentro de nós, *reivindicando* nossas observações e intuições como fontes de verdade e não mais reprimindo-as como um meio de ficar a salvo ou ser aceita. *E o combustível é encontrado também através da sororidade*. Que cada uma de nós possa ser uma mulher para quem outras mulheres possam olhar em busca de inspiração e encorajamento para serem verdadeiras consigo mesmas, vocalizarem sua verdade e colocarem essa verdade em ação.

--- **QUESTÕES PARA REFLEXÃO** ---

1. Como se lidava com conflito na minha família?

2. O que tipicamente me impede de começar conversas difíceis?

3. Em que eu preciso acreditar para ser melhor em dizer a verdade disruptiva? Que crenças eu preciso abandonar?

CAPÍTULO 8

Limites

*Eu escolherei o que me penetra, o que se torna
carne da minha carne. Sem opção, sem política,
nenhuma ética vive. Eu não sou o seu milharal,
nem sua mina de urânio, nem o seu bezerro
para engordar, nem a sua vaca para ordenhar.
Você não pode me usar como sua fábrica.
Sacerdotes e legisladores não possuem
ações no meu útero ou na minha mente.
Este é o meu corpo. Se o dei a você
eu o quero de volta. Minha vida
é uma exigência não negociável.*

MARGE PIERCY, EM "RIGHT TO LIFE"

No centro da desavença com minha mãe estava, a meu ver, a questão dos limites. Ter limites significa ter um eu separado. Na minha família, uma filha estabelecer limites para a mãe parecia ser considerado uma traição, um sinal de ingratidão e imaturidade. Minha ruptura na linhagem materna revelou o que vi como um contrato tácito em nossa família, em que uma filha deveria sempre concordar com a mãe, ser incansavelmente incentivadora, absorver as emoções negativas dela em silêncio, aliviar seus medos e sempre priorizá-la em detrimento a si mesma.

Para a minha família, uma criança criar limites parecia expressar desrespeito, falta de amor e uma tentativa de controle. Eu sempre havia sentido isso muito agudamente, mas nunca havia realmente falado. Esse conflito aberto com minha mãe tornou flagrantemente claro que minhas percepções eram mais dolorosamente corretas do que eu poderia imaginar.

Minha mãe continuou a contradizer a minha vivência, escolhendo me culpar, me chamar de filha má e comunicar a mim, e ao restante da família, que havia algo errado comigo. Ela parecia incapaz de assumir responsabilidade pela dor que pode ter me causado, e investiu considerável esforço em tentar me convencer do quanto eu estava errada. Ela foi tão longe, que culpou minha terapeuta, Nicole, e até tentou marcar uma reunião com ela dando outro nome. Nicole tinha câmeras de segurança instaladas em sua propriedade e falou com um policial de Connecticut que, pelo que entendi, ligou para minha mãe diretamente e disse a ela que, se não parasse de perseguir Nicole, o estado de Connecticut prestaria queixa contra ela. Minha mãe continuou ameaçando vir ao meu apartamento e local de trabalho sem avisar se eu não concordasse em encontrá-la. Por fim, a situação chegou a um ponto em que me senti tão insegura que achei que não tinha outra escolha senão pedir uma medida restritiva contra ela para deter esse seu comportamento (minha solicitação foi negada porque minha mãe não tinha me ameaçado com agressão física). Isso foi muito surreal e trágico.

Eu acreditava piamente que, se uma família se ama, vai fazer o que for possível para resolver as coisas. O que estava se revelando aos poucos, entretanto, era que a definição de "amor" da minha família não era a mesma que a minha. Para eles, amor parecia significar suportar abuso em silêncio, colocar a sujeira para baixo do tapete, esquecer sua própria dor e fazer uma cara feliz. Amor significava negação. Amor significava silêncio. Amor significava guardar segredos. E, em última instância, amor significava abandono de si mesma. Essa maneira de silenciamento e autorrepressão em minha família parecia um eco da maior exigência patriarcal de que as mulheres aceitem seu papel como inferior, menor e indigna de possuir-se.

Estabelecer limites, como buscar uma medida protetiva e me posicionar frente ao meu pai quando ele insistiu que eu continue a ser a "terapeuta" de minha mãe, foi tanto terrivelmente assustador quanto fortalecedor. Tanto peso que carreguei a vida toda estava saindo de mim, inclusive os papéis que desempenhei para proteger meu pai da minha mãe e meu irmão do meu pai – absorvendo as ondas de choque entre as dores deles e emoções inconscientes como uma esponja, para que eles não as sentissem. Também compreendi o quão verdadeiramente impotentes meus pais se sentiam em face do conflito interpessoal, e o quão carentes eram por causa de sua própria educação, de habilidades, ferramentas ou modelos para lidar com isso. O quão profundamente resistentes eles pareciam ser a crescer e mudar, apesar do visível sofrimento.

Quanto mais eu curava, menos era capaz de tolerar e concordar com a antiga dinâmica que tinha sustentado para manter a paz na família. Essa nova capacidade de estabelecer limites era uma experiência muito libertadora para *mim. Nunca vou me esquecer de um dia, quando, depois de estabelecer um limite com minha mãe por e-mail, minha visão física pareceu melhorar e as cores ao meu redor ficaram mais vívidas. Foi como se eu estivesse envolvida em uma névoa, que agora estava se dissolvendo. Fiquei chocada pelo meu sentido físico da visão ter imediatamente ficado mais apurado ao estabelecer um limite. Foi como se minha força vital estivesse retornando para mim a cada interação na qual mantinha minha posição.*

No fundo, sempre soube que estabelecer um limite para mim mesma resultaria em uma caótica rachadura na minha família. Mas, com meus olhos recém-abertos, eu podia finalmente ver que quebrar o ciclo significava irromper para a minha própria vida, uma vida que seria verdadeiramente minha.

Há muito a falar sobre limites e o quanto são fundamentais para nosso senso de identidade. Sem limites firmes, podemos facilmente nos emaranhar com outras pessoas, fazendo com que cuidemos emocionalmente, sejamos excessivamente responsáveis ou negligenciemos nossas necessidades. Quando limites são muito rígidos, nos isolamos e afastamos as pessoas.

Limites saudáveis são "seletivamente permeáveis". Não são muito rígidos nem muito frouxos. Pelo contrário, são flexíveis e podem ser ampliados ou restringidos quando necessário, como uma célula saudável.

Limites relacionam-se com nossas primeiras necessidades de vínculo quando crianças. Eles colocam a questão: "Onde eu termino e onde você começa?" Todos começamos a vida como "nós", como crianças coladas com nossas mães. Ser seguramente ligados a nossas mães nos ajudou a internalizar essa sensação de segurança e tornou-se a base para nosso próprio senso de individualidade. Se não fomos seguramente vinculados a nossas mães, podemos ter desenvolvido uma sensação básica de insegurança interna e, em um nível subconsciente, podemos estar procurando até agora essa segurança como adultos.

Isso pode fazer com que algumas de nós tenhamos limites muito frágeis, deixando entrar qualquer um que vagamente se relacione conosco com carinho e afeição, confiando demais ou tendo uma tolerância muito grande com maus-tratos por parte dos outros. Limites fracos podem nos deixar vulneráveis a que os outros se aproveitem e nos coloquem em uma montanha-russa emocional, pois nosso sentido de segurança ainda não está completamente ancorado dentro de nós.

Confiança e sensação de segurança em sua própria pele

Um passo importante ao desenvolver limites saudáveis é aprender que nenhuma outra pessoa pode prover a segurança interna que você precisa; a época para isso é apenas na primeira infância, e esse tempo acabou. Entretanto, como adultos, podemos lamentar essa oportunidade perdida e desenvolver a segurança interna.

Conhecer a nós mesmos como indivíduos é essencial para a verdadeira intimidade e conexão com os outros. Ao afinarmos nossa autoconsciência, conseguimos conhecer melhor nossas necessidades, desejos e preferências. Dar o tempo e o espaço para o nosso trabalho interno é uma forma importante de autocuidado e reforça um profundo senso de integridade. Quanto mais centradas e alicerçadas estamos no nosso senso de individualidade interno, melhores parceiras e amigas podemos nos tornar.

O velho paradigma: concordância com os outros = aceitação dos outros

Você é o especialista em você. Tudo certo em ser você mesmo, ter necessidades e preferências diferentes das pessoas ao seu redor. Isso pode parecer óbvio, mas estamos cercados de imagens de mulheres desejáveis como a mais submissa e disposta a ser dominada. Essas mensagens permanecerão no nosso subconsciente até que ativamente as desmantelemos.

Para o que você diz não determina o sucesso daquilo para o que você diz sim.

Nossos limites determinam aquilo para o que dizemos sim ou não. Aprender como dizer não é uma habilidade e uma arte. Antes de estabelecer um limite, é importante levar o tempo que precisarmos para processar emoções que podem estar presentes inicialmente, como raiva ou medo, para que possamos vir da nossa mais alta integridade na troca. Todas as vezes que conseguimos comunicar um alto e claro "não", sem amargura ou negatividade, estamos demonstrando um alto nível de autoestima.

Às vezes, amar alguém implica afirmar a sua diferenciação, e não a sua similaridade.

Abrimos mão de nosso poder quando aceitamos a vergonha que outras pessoas projetam sobre nós devido à sua própria dor não processada. Ajudamos os outros não pela aceitação de sua dor como nossa, mas ressaltando sua capacidade de fazer novas escolhas. Não se sinta obrigada a absorver dor que não é sua.

Limites saudáveis: soberania do ser

A vergonha é uma emoção tóxica instilada em nós desde a infância, que nos faz suavizar nossa vontade, ter menos certeza de nós mesmas e menos poder e, assim, sermos mais submissas aos desejos dos outros. Quando estabelecemos limites firmes e saudáveis, estamos nos recuperando da vergonha tóxica que podemos ter sentido na infância e declarando nossa soberania como indivíduos com o poder e o direito de definir quem somos e o que vamos permitir ou não dentro do espaço sagrado que somos.

Ter compaixão e limites fortes

Como uma extensão do ideal cultural da "Mãe TUDO DE BOM", que se autossacrifica e coloca as necessidades dos outros antes das dela, muitas de nós cresceram com a crença inconsciente de que somos "boas mulheres" quando toleramos ser maltratadas, dando aos outros o benefício da dúvida ou "saindo com classe". Mas o problema é que, muito frequentemente, permitimos que nossa compaixão por pessoas feridas suavize os limites que deveriam ser muito firmes; sem querer, nos abrindo para sermos machucadas. Em outras palavras, há uma crença generalizada de que se devemos ter compaixão por pessoas que nos prejudicam, é errado responsabilizá-las por suas ações, pois não tinham intenção de fazer mal.

A verdade é que você pode ter AMBAS. Pode ter compaixão e limites fortes. Eles devem caminhar juntos. Não se sinta culpada por responsabilizar as pessoas. Nossa compaixão não precisa desativar nossos instintos de proteção. Nossa compaixão não precisa nos deixar vulneráveis. Gosto de usar a metáfora de um cão raivoso. Se um cão nitidamente doente com raiva se aproximasse, você entenderia que precisa manter distância do animal para se manter segura, e que essa distância não a impediria de também sentir compaixão por esse animal doente. Você provavelmente sentiria as duas coisas simultaneamente: uma necessidade óbvia de manter distância e uma empatia sincera pela condição do animal, que não tem culpa de nada.

Um claro equilíbrio entre compaixão e contenção é algo a que devemo-nos sentir autorizadas em nossos relacionamentos. Ter limites fortes e limitar interações com pessoas sem consciência é uma forma de cuidado materno conosco. Tolerar comportamentos tóxicos pode vir disfarçado de "sair com dignidade" ou "ser a pessoa superior", particularmente para aquelas que, quando crianças, tiveram que sobreviver mimando um pai tóxico ou assistindo à mãe mimar o pai (ou vice-versa). Saiba que, como uma mulher adulta empoderada, você não precisa ficar perto de pessoas que não a honram. Não precisa ser o depósito de lixo para o comportamento inconsciente de outra pessoa ou para as feridas não curadas dela. Algumas vezes, quando estabelecemos limites, as pessoas ficam com raiva porque esses limites as levam a lidar com as próprias emoções em vez de você carregar o fardo emocional delas. Não assuma responsabilidade pela dor dos outros; isso não ajuda nem a eles nem a você.

Você é a autoridade de sua própria energia, do que permite ou não no seu espaço. E não deve desculpas ou explicações por fazer o que é certo para você. Essa é uma forma de recuperar o seu poder pessoal, uma forma de amor-próprio. Convido você a refletir sobre estas questões: o que está tolerando nos seus relacionamentos? Onde você precisa ter limites mais fortes? Como tolerar isso drena sua energia? Como estabelecer um limite mais firme libertaria sua energia e vitalidade?

Para os outros, estar em sua vida é um privilégio... e não um direito.

À medida que continuamos a perceber o nosso verdadeiro valor, ficamos menos dispostas a tolerar pessoas, circunstâncias e situações que não reflitam nosso valor e autorrespeito. Ninguém tem o direito de estar em seu mundo, nem tem direito ao seu tempo. Se as pessoas querem ter o privilégio de estar em sua vida, devem conquistá-lo tratando você com consideração e respeito. Como você se manifesta com cada vez mais autoestima e define novos limites, as pessoas que no passado sentiam-se no direito a um lugar na sua vida podem protestar, inconscientemente tentando instilar um sentimento de culpa ou obrigação em você, talvez chamando-a de ingrata ou egoísta por manter seus limites firmes.

Saiba que você sempre tem escolha. Não precisa ceder às demandas dos outros e entregar seu poder de mão beijada. Comunicar seus limites e mantê-los firmes, mesmo em face da desaprovação externa, é uma expressão poderosa da sua autovalorização.

Curando a síndrome da "boa menina"

Quando meninas, éramos recompensadas por sermos relacionais, obedientes, quietas e invisíveis. A mensagem oculta é que você não merece ter a posse de si mesma. Mensagens sobre a primazia da aparência e do poder de sedução também comunicam que "seu corpo não é seu. Ele existe para o prazer dos outros". Essas primeiras mensagens culturais e familiares também podem ter contribuído para o desenvolvimento de um falso eu.

Maturidade envolve perder o falso eu e descobrir nosso eu autêntico – separar nossas reais necessidades e vontades das falsas que adotamos para sobreviver.

No processo de descobrir nossas reais e autênticas necessidades e desejos, coisas podem mudar em nossas vidas. Isso pode ser muito desafiador, mas, em última análise, as mudanças trarão novas formas de relacionamentos, situações e dinâmicas que reflitam quem realmente somos. Pessoas que estavam acostumadas a nos verem sendo complacentes, submissas ou dóceis, podem ficar surpresas, furiosas ou incomodadas quando afirmamos nossos limites. Os sentimentos delas são responsabilidade delas.

Você está disposta a dar permissão a outras pessoas de não gostarem dos seus limites?

Podemos esperar sentir desconforto ao nos aventurarmos em um novo território, lugares em que nossos amigos ou familiares podem nunca ter estado. Muito de nossa capacidade de ter sucesso e criar o mundo que queremos depende diretamente de nossa capacidade de suportar o desconforto de ser mal interpretada e menosprezada à medida que evoluímos e crescemos no nosso próprio caminho. Limites são uma expressão de autopropriedade assumida.

Estabelecendo limites enquanto é financeiramente dependente

Definir limites pode apresentar certos desafios para mulheres que ainda são dependentes financeiramente da mãe. Para algumas, embora a mãe não possa oferecer disponibilidade emocional ou apoio, pode oferecer suporte financeiro, e não precisa haver nenhuma culpa em recebê-lo. Para outras mulheres, o comportamento da mãe pode ser tão problemático que não é seguro receber suporte financeiro, porque ela pode usar isso como um instrumento de controle ou manipulação. Você é a especialista em sua própria situação: confie em si mesma, procure auxílio e tome atitudes que priorizem a sua segurança física e emocional.

Essa situação de dependência financeira da mãe oferece oportunidades específicas de cura da Ferida Materna. É um contexto poderoso para começar a estabelecer-se como a sua fonte interior primária de apoio e desenvolver um sentido de individualidade, enquanto recebe suporte financeiro no relacionamento. Por exemplo, mesmo que receba apoio financeiro, é importante afirmar para si mesma que você não é propriedade de sua mãe e não deve a ela uma certa máscara, história ou papel em compensação por esse apoio. A maneira como você se mostra nessa relação, enquanto recebe o suporte, pode mudar de formas saudáveis, e começar aos poucos é o melhor caminho a seguir. Como a sua mãe reage a isso vai lhe dar mais informações sobre o relacionamento e os seus próximos passos como um indivíduo dentro desse relacionamento. Obter apoio de uma terapeuta ou conselheira pode ser extremamente útil também.

Quando precisei morar com a minha mãe enquanto fazia o mestrado, tivemos uma conversa pouco depois de me mudar, quando nós duas estávamos de bom humor. Expliquei que, mesmo sendo grata por ela ter oferecido a moradia, meus limites eram diferentes agora, como adulta. Eu disse: para que isso funcione sem problemas, peço que não converse comigo sobre questões pessoais que tenha com meu pai e outros membros da família. Ela pareceu me ouvir e não pressionou. A partir de então, tive o cuidado de manter as coisas leves entre nós, não compartilhar qualquer informação pessoal além do mínimo necessário e me retirar ou mudar de assunto se ela começasse a desrespeitar meus limites. Esse é um exemplo de como se filtrar com seus pais e uma forma de se proteger, mantendo-se centrada em meio à disfunção deles, ao mesmo tempo em que permanece em sua integridade.

Você é seu único tesouro. Você pertence a você.

Ter limites saudáveis envolve estar conectada com o seu valor, ancorada pelo seu próprio centro de verdade, e disposta a se comunicar respeitosamente e autenticamente com quem está ao seu redor. É uma habilidade aprendida, praticada e refinada ao longo do tempo. Quando você está começando, parece assustador, mas a cada vez fica mais fácil e mais fortalecedor. Com o tempo, começamos a atrair mais e mais pessoas que estejam dispostas a respeitar nossos novos e mais saudáveis limites. As pessoas que não estiverem dispostas a fazer isso, vão sair da sua vida.

Quando temos limites saudáveis, nos sentimos cada vez mais seguras e apoiadas por nós mesmas, e também nos tornamos mais efetivas em tudo o que fazemos.

Encarar a dor do que passamos faz nascer um amor forte e protetor que não aceita qualquer coisa.

Nossos momentos de "não" podem definir quem somos, quanto valemos e o que vislumbramos para nós. Uma das coisas mais profundas que uma mulher pode fazer é aprender a dizer NÃO de uma maneira empoderada.

O seu "não" é uma espada que corta o não essencial para que você possa viver uma vida mais plena.

Um ponto poderoso da nossa jornada é quando nos sentimos fartas, quando sentimos que já aguentamos demais. Esse é um potente ponto de mudança. Isso pode acontecer por várias razões, normalmente em resposta a algo que viemos tolerando e que simplesmente não podemos tolerar mais. Pode ser um NÃO emotivo ou simplesmente uma ordem do corpo de que algo não pode continuar.

Vivemos em um tempo em que estamos transitando por dois paradigmas: um velho paradigma de briga e competição e um novo, de abundância e cooperação. Todas as nossas pequenas ações diárias têm poderosos efeitos cascata em nossa cultura.

A palavra "não" é uma expressão de individualidade e separatividade, que é muito ameaçadora para qualquer sistema de dominação patriarcal, seja um sistema familiar, uma corporação ou um organismo político. E é precisamente por isso que "não" é o nosso maior aliado para subverter a opressão em todas as suas formas. Muitas garotinhas perderam a chance de dizer "não" sem sofrer perda, punição ou rejeição como consequência. Como adultas, aprender a estabelecer limites saudáveis e fortes faz parte de assumir nossa plena individuação. "Não" é um músculo que deve ser fortalecido pela prática de expressar ativamente nossa verdade e abster-se de resolver a tensão para os outros.

Novas crenças capacitadoras podem incluir:

- "Eu posso ser o meu próprio eu independente e ser simpática."
- "Eu posso tolerar pessoas não me compreendendo."
- "Eu estou segura mesmo quando as pessoas não gostam de mim."

A assertividade feminina saudável é um produto derivado do trabalho interno.

A verdadeira assertividade feminina torna-se acessível como resultado de sentir raiva pela criança que um dia fomos, a garotinha que foi explorada em qualquer grau. Encontrar o impulso saudável para proteger a criança que fomos é a matéria-prima para não tolerar qualquer forma de exploração como mulheres adultas. Se a criança interior ainda acredita que obediência e silêncio lhe trarão alguma forma de "mamãe", a mulher continuará a entregar o seu poder aos outros. Paramos de temer nossa raiva ao desassociá-la dos ecos de abandono que vivemos na infância. A solução é lamentar a impotência que sentimos no passado e evocar o saudável ultraje adulto pelo que aconteceu. Enquanto adiarmos esse trabalho interno, continuaremos a criar experiências que causam sensação de impotência como adultos.

O trabalho interno é uma forma de limpar o nosso "não" do resíduo do passado, lidando com a atitude defensiva ou o medo misturado a ele, de forma que, quando o expressarmos, ele possa ser "limpo", consonante com o poder, a clareza e o brilho do eu verdadeiro. Isso cria um incrível impulso na vida de uma pessoa, pois cada situação se torna uma oportunidade de viver dentro da sua verdade. Cada "não" é um portal para o seu "sim" maior.

Lindsay C. Gibson explica: "Pesquisas sugerem que o que aconteceu às pessoas importa menos do que se eles processaram o que lhes aconteceu". Obter apoio para isso é crucial. Lidar com o que aconteceu e colocar nossa raiva no seu contexto correto a libera para transformar-se em autoconhecimento e autovalorização. O mundo precisa de mais mulheres adultas que tenham reconhecido a verdade sobre suas infâncias. Só assim podemos realmente encarar a realidade *como ela é agora* e tomar a atitude que mudará o curso perigoso em que estamos.

As mulheres negras sempre foram pressionadas a resolver a tensão para as mulheres brancas, devido à diferença de poder inerente à sociedade supremacista-branca patriarcal. É por isso que é essencial que as mulheres negras, indígenas e de outras etnias recusem essa pressão para resolverem a tensão interpessoal para as mulheres brancas, e ajudarem umas às outras a agirem assim. É hora de essas mulheres se levantarem e assumirem seu poder como nunca. Também é a hora de as mulheres brancas serem educadas sobre o racismo e o preconceito inconsciente, pois eles são parte da herança cultural e familiar passada através das gerações, em algum grau. Esse conhecimento é crucial para romper aquele impulso inconsciente de procurarmos outras para resolver as nossas tensões. As mulheres brancas podem ajudar-se ao assumirem mais responsabilidade dessa maneira, como um compromisso ainda mais profundo com a nossa integridade nesses tempos transformadores.

A verdade é que possuir o seu valor não é frivolidade. É fato.

O escritor e psicólogo Mario Martinez diz que, para ir além do que a cultura nos permitiu, precisamos criar uma "subcultura do bem-estar" que valide e celebre o novo paradigma. Precisamos umas das outras, e precisamos trabalhar juntas nisso, se quisermos a transição para uma nova cultura que valoriza o feminino e a vida em todas as formas: em nós, nos homens, nas crianças, nos animais e no planeta.

Ser leal à sua essência, à sua alma, ao seu eu verdadeiro SEMPRE serve melhor ao todo do que qualquer versão menor, atenuada e complacente poderia servir.

Vai ser desconfortável em alguns momentos, claro. Mas vale totalmente a pena. Podemos nos ajudar nesses momentos desconfortáveis.

Incorporar a nova narrativa vem de destacar a evidência do seu valor.

Suportar a tensão que vem de ser uma líder e uma pioneira evidencia o valor que você tem dentro de si, a sabedoria, a experiência, o comprometimento e o amor que lhe tornam quem você é. Procure os fatos e relembre-se deles todos os dias.

A verdade é que possuir o seu valor parece traição de várias maneiras, porque é isso. Estamos traindo o velho paradigma ao criarmos um novo. É uma traição necessária, assim como as placas tectônicas de nossas vidas e do mundo se movem para criar algo novo.

Pode-se dizer que a traição intergeracional é necessária para a evolução.

Como o Dr. Mario Martinez diz: de que forma evoluiríamos se ninguém estivesse disposto a arriscar se envergonhar por ir para um novo território?

VOCÊ vale cada pequeno desconforto necessário para incorporar e expressar mais de quem realmente é neste mundo. Vale a pena para você em termos do quanto isso cria um poderoso ambiente interno de amor-próprio, e porque o que oferece ao mundo ao brilhar nesse lugar de realeza é puro ouro.

É a síntese de um ganha-ganha e é o alicerce para o mundo vindouro.

O limite final: navegando sem contato

Para algumas mulheres, é possível curar a Ferida Materna enquanto estamos conectadas com nossas mães. Nesse cenário, a cura eventualmente cria uma conexão nova e mais profunda entre mãe e filha, que é bonita de se ver. Eu vi isso acontecer e é verdadeiramente inspirador.

Mas para outras mulheres, gradualmente, se torna claro que a severidade da dinâmica em atuação impossibilita curar-se e permanecer conectada com a mãe.

Ainda é considerado tabu alguém se afastar da família; especialmente se afastar da mãe. Para algumas, a distância pode ser curta e breve. Para outras, o afastamento pode ser permanente. É preciso muita força e coragem para ir até o fim e fazer o que for melhor para você.

O que pode levar ao afastamento?

Há muitas razões para as pessoas fazerem essa escolha. Um tema central que leva ao afastamento é perceber que o comportamento disfuncional da mãe exigiu um custo enorme de seu bem-estar emocional/mental e você simplesmente não quer mais, ou não pode, pagar esse custo.

Creio que isso não é algo escolhido de um modo leviano, arrogante, mas, ao contrário, é quase sempre uma escolha feita depois de anos tentando todos os outros caminhos para preservar a conexão e vê-la evoluir a um nível superior. Em certo momento, você pode chegar a uma encruzilhada onde o custo é muito alto e precisa fazer uma escolha.

Pode ser a coisa mais difícil que você já fez na vida. E pode ser a coisa mais capacitadora também.

Famílias são sistemas complicados. Quando uma pessoa para de fazer seu papel usual na família, o sistema geralmente passa por algum grau de desequilíbrio e caos. Os conflitos podem servir para levar o sistema a um nível mais alto se os membros estiverem dispostos e abertos a crescer e aprender. Infelizmente, algumas vezes, na tentativa de resistir à mudança, a família ataca quem quer crescer. Essa pessoa tem a escolha de ficar e sofrer a toxicidade, ou deixar o sistema insalubre e curar-se. A escolha de encerrar o contato é geralmente feita quando fica claro que é impossível curar-se enquanto permanecer naquele sistema familiar.

As filhas frequentemente desempenham o papel de mediadora familiar, bode expiatório, guardiã dos segredos e cuidadora emocional. Se uma filha no caminho do crescimento deseja evoluir além do seu papel na família (talvez por ser mais empoderada, ter limites mais firmes, falar a sua verdade, ser menos tolerante ao desrespeito), o grau de caos que resulta disso indica o quão disfuncional o sistema familiar é como um todo.

Se cada membro é relativamente saudável, estável e aberto, a família pode ser capaz de encontrar um equilíbrio sem muito caos. No entanto, se os membros são profundamente feridos ou traumatizados, a evolução da filha pode ser sentida como profundamente ameaçadora para o sistema familiar. Esse caos pode ser fortemente inquietante e difícil de manejar. Apoio é essencial.

Em uma tentativa inconsciente de manter o equilíbrio e resistir à mudança, os membros da família podem desferir ataques contra a filha. Uma forma comum e virulenta de reação é "patologizar" a filha: ver o conflito como resultado de alguma forma de defeito ou patologia. A mensagem é: "A sua indisposição em continuar no sistema familiar em seu papel estabelecido indica que há algo profundamente errado com você". Essa narrativa baseada na vergonha livra a mãe e outros membros da família de ter que examinar honestamente os próprios comportamentos e assumir sua responsabilidade. O nível de estabilidade mental da filha, sua atividade sexual, seus erros do passado, tudo sobre ela pode ser abertamente questionado, isto é, *exceto o papel de mãe no conflito*.

Não podemos salvar nossas mães. Não podemos salvar nossas famílias. Nós só podemos salvar a nós mesmas.

É incrível como as pessoas resistem veementemente olhar para suas coisas e para até onde podem ir para permanecer em negação, incluindo rejeitar a própria cria. Essa é uma tentativa inconsciente de resistir à mudança, projetando todo o conflito ou "maldade" sobre a pessoa que deu início à transformação do sistema familiar. Em última análise, não é pessoal de forma alguma. É o que ocorre quando pessoas que não estavam lidando com sua vida interior são confrontadas com sua dor renegada através de um evento catalizador, como uma mulher crescer além da dinâmica predominante que manteve a família em um estado estável por gerações.

Você não precisa que sua mãe (ou outros membros da família) a compreendam para que se cure completamente.

É desolador perceber que sua mãe ou família simplesmente não pode ou não quer compreender você. Não importa o quanto explique ou quantas tentativas faça para convencê-los de que, de onde está vindo, não chegará a lugar algum. Eles podem estar inconscientemente investidos em não entender você, porque isso representa uma ameaça muito grande para as crenças e os valores fortemente mantidos por eles. Entender você pode causar um abalo sísmico no alicerce sobre o qual construíram suas identidades e sua visão de mundo. É uma coisa dolorosa de se perceber, mesmo assim, isso ajuda a criar uma singularidade de espírito dentro de você. Torna-se claro que o seu próprio entendimento de si mesma deve ser suficiente. Sua própria validação se torna principal. Você começa a perceber que pode ficar bem mesmo que os outros não a entendam.

Veja as opiniões negativas deles sobre você como ilusões confortáveis que os protegem da verdade que não querem encarar sobre suas vidas. Realmente, isso não tem nada a ver com você.

Depois de você ficar sem contato, sua vida pode começar a melhorar em muitas áreas. Tenho visto doenças crônicas desaparecerem, medos neuróticos se dissiparem e padrões de toda uma vida se dissolverem. De fato, às vezes o desafio então se torna encarar o prazer de sua própria vida. A cada novo nível de crescente prosperidade, crescente intimidade, alegria e liberdade, você é lembrada de que sua família não está lá para compartilhar, ou lembrada da punição que se seguia a expressar independência ou sentir prazer. É particularmente nesses horizontes que nós podemos sentir a turbulência da tristeza. Não há nada a fazer além de sentir a tristeza da forma como ela vier, e se permitir ir em frente.

A tristeza não significa que você fez a escolha errada. Ela é um sinal de saúde e cura.

Mantenha-se firme no novo paradigma que lhe deu a força para deixar a conexão tóxica. Se não o fizer, pode ser puxada de volta por culpa ou vergonha. É muito importante obter bastante apoio e se dar tempo e espaço para processar todas as emoções que vêm com essa escolha. Baseie-se exatamente em por que está fazendo isso e use-o como uma oportunidade de fazer nascer um novo paradigma em sua vida.

Distanciamento como base de lançamento para o empoderamento

Você pode descobrir algo muito profundo que muitas pessoas nunca descobrem: pode sobreviver à rejeição de sua mãe. Isso pode gerar um nível de liberdade e determinação dentro de você que pode iniciar um salto quântico em sua vida. Pode estimular um forte compromisso com a verdade e encontrar uma integridade radical que se estende a outras áreas da sua vida. Alimenta uma chama de verdade dentro de você, que sempre esteve aí, mas só agora pode brilhar completamente. Você sente a sua própria fonte de energia internamente.

Dor, dor e mais dor, a dor dá lugar à... LIBERDADE.

A dor pode surgir toda vez que você vai para um nível novo, mais elevado, ao qual sua mãe ou família nunca chegaram. Pode parecer uma profunda dor ancestral, de precisar seguir em frente por conta própria. Mas fica mais e mais fácil com o passar do tempo. Acho que, quanto mais amorosamente nos permitirmos sentir a dor, mais espaço é criado em nossas vidas para a magia, a beleza e a alegria. Há algo profundamente sagrado sobre a dor que vem de fazer essa escolha. Serve como uma oportunidade para se conectar profundamente com a sua verdade e incorporá-la no nível mais profundo. Devemos encontrar significado nessa perda e usá-la para melhorar nossas vidas de novas maneiras. Essa é a chave para uma cura duradoura. Sua integridade se torna o sólido alicerce para o resto de sua vida.

Tudo bem se afastar de pessoas tóxicas na sua vida, inclusive pessoas tóxicas na sua família.

Curar feridas intergeracionais pode ser um caminho solitário às vezes. Mas, com o espaço criado, conexões de alma acontecerão na sua vida. Nossas necessidades de apego são as mais poderosas que temos como humanos. Encarar esse nível de distanciamento é confrontar a profundeza da sua dor, da sua humanidade, e reivindicar o valor total da sua vida. Nosso maior medo é o de ficarmos sozinhas. Mas a solidão que tememos já aconteceu há muito tempo, no trauma de nossas famílias. Estou aqui para lhe contar que, na hora certa, você encontrará a sua família de alma, as pessoas que conseguem ver você e valorizá-la por quem você é.

Filhas distanciadas são guerreiras espirituais

Em um mundo onde predominantemente se espera que as mulheres fiquem quietas e atendam às necessidades dos outros, e onde o lado sombrio das mães não é reconhecido, a experiência do distanciamento pode ser uma iniciação em um novo nível de consciência que muitos nunca tiveram a oportunidade de vivenciar. É aberto um espaço que permite que sua luz brilhe em plena radiância. O que vai fazer com essa luz resplandecente dentro de você?

Filhas distanciadas estão se encontrando, criando uma nova linhagem materna; uma conexão de autenticidade, realeza e confiança uma na outra que apoia o surgimento da consciência em tudo. Tenho visto camaradagem instantânea entre mulheres que percorrem esse caminho. Há mais de nós lá fora do que muita gente imagina. Você não está sozinha!

Você tem que fazer o que é certo para você. Confie em si mesma.

O distanciamento não significa necessariamente que você não ame sua família. Não significa que não é grata pelas coisas boas que lhe deram. Significa simplesmente que precisa de espaço para viver sua própria vida do modo que você deseja. Mulheres que sentem que não têm escolha, a não ser ficar sem contato com suas mães disfuncionais, provocam a ruptura porque é o único modo de mandar a poderosa mensagem "Mãe, a sua vida é responsabilidade sua, assim como a minha vida é minha. Me recuso a ser sacrificada no altar da sua dor. Me recuso a ser uma vítima da sua guerra. Mesmo que você seja incapaz de me compreender, devo seguir o meu caminho. Preciso escolher viver verdadeiramente".

───────── **QUESTÕES PARA REFLEXÃO** ─────────

1. Enquanto crescem, as meninas geralmente recebem mensagens de que não é atraente ou educado dizer "não". Durante seu crescimento, como sua mãe e outros adultos ao seu redor reagiam ao seu "não"?

2. Você internalizou algumas crenças que geram culpa por estabelecer limites? Quais? (Por exemplo: dizer não é uma forma de rejeitar e abandonar os outros. Limites significam que você não ama a outra pessoa. Ter limites significa colocar o relacionamento em risco.)

3. Que novas crenças podem ajudá-la a estabelecer limites de modo mais confiante agora? (Por exemplo: limites são uma parte normal e essencial das relações humanas. Limites são uma forma de autorrespeito. Eu sou um ser separado e singular. Meus limites aprimoram, não prejudicam, minhas relações.)

_____

CAPÍTULO 9

O tabu de questionar a mãe

Nos anos seguintes, comecei a aprender como as dinâmicas complexas e perturbadoras que vivi com minha mãe tinham suas raízes em ferimentos geracionais mais profundos na minha linhagem materna.

Minha recusa em encontrar com minha mãe pareceu acender uma raiva profundamente arraigada dentro dela e, o que parecia ser seu comportamento obsessivo, começou a se correlacionar com outros acontecimentos na história da minha família dos quais eu já tinha ouvido falar. Eu estava começando a ver que não era a verdadeira causa das reações e dos comportamentos tóxicos de minha mãe – que isso provavelmente tinha raízes em sua relação com a mãe dela, muito antes de eu nascer.

Anos antes disso, eu tinha ouvido de outros membros da família sobre alguns acontecimentos tristes e alarmantes que haviam afetado minha mãe, sobre os quais ela nunca tinha falado comigo: como sua mãe ter sido alcoólatra, como quando ela era pequena precisava cuidar dos cinco irmãos sozinha enquanto a mãe estava incapacitada pela bebida e como seus avós paternos perseguiam a mãe dela sistematicamente após o casamento. Essa história de sofrimento, ciúme, alcoolismo, comportamentos agressivos e relacionamentos triangulares tinha percorrido a minha linhagem materna livremente, sem serem questionados e rompidos – até chegarem a mim.

Também comecei a entender muito desses comportamentos através de uma lente de saúde mental. Muitos membros da minha família tinham morrido muito jovens – alguns de alcoolismo ou doença, e imaginava que teria sido um resultado das dinâmicas desafiadoras e do legado de experiências traumáticas que eles suportaram quando crianças sob o verniz de que "está tudo bem".

Por que foi tão difícil para minha mãe olhar para a própria dor da infância e ver como ela estava, inadvertidamente, passando esses padrões para mim? Sobre o que era essa raiva que foi direcionada a mim? Por que esse comportamento não foi questionado, geração após geração?

Meus pais se casaram muito jovens para sair de suas famílias e nunca fizeram terapia. Era a minha vez de fazer o mesmo em minha linhagem, "suprimir e prosseguir". Me lembro de refletir sobre isso e sentir uma dor tão profunda dentro de mim, uma ânsia pela liberdade da autorrealização, por ser uma pessoa separada, independente e individuada, para mim mesma, para pertencer a mim, e o quão profundamente eu desejava a bênção e o apoio das mulheres na minha família; mas nos olhos da minha mente, via todas as mulheres na minha linhagem de costas para mim, fechadas, frias, ciumentas, carentes, cheias de ódio e impermeáveis à minha dor. As sombras que eu sentia por baixo da superfície acolhedora agora eram uma realidade fria e visceral sobre elas. Sabia que para ser completamente eu, teria que confiar nesse processo de ruptura e arcar com o custo de me tornar real. Eu já tinha chegado muito longe agora; e não havia volta.

A Mãe Mortal e a Mãe Apocalíptica

Para algumas mulheres, abordar o tabu de questionar a mãe pode parecer um caso de vida ou morte. Muitas sentem alguma dor mais profunda dentro de suas mães, que pode ser liberada se questionamos o que pode parecer a frágil estabilidade daquele relacionamento. Mas esse questionamento e possível ruptura deve ocorrer para que a mulher tenha sua própria vida e sua própria individuação.

Ao considerar essa iniciação intergeracional, eu penso na "Mãe Mortal", um arquétipo primeiramente introduzido pela escritora e analista junguiana Marion Woodman e depois explorado por Bud e Massimilla Harris em seu livro Into the Heart of the Feminine: Facing the Death Mother Archetype to Reclaim Love, Strength, and Vitality*.

Tendo o mito de Medusa como um guia, eles exploram a negação e a desvalorização do feminino em nossa cultura e como ele se manifesta como uma energia negativa particular presente dentro de nossas próprias psiques. Eles escrevem: "Quando o princípio feminino é reprimido em nosso inconsciente, ele se torna parte de nossa sombra coletiva, e essa sombra projeta-se como um desejo, ou até uma exigência, por poder".

Em uma poderosa conversa entre Marion Woodman e Daniela Sieff em um artigo intitulado Confrontando a Mãe Mortal, Sieff resume dizendo:

> ...quando somos feridas durante a infância, nos tornamos vulneráveis à Mãe Mortal, depois disso nossas vidas passam a ser reguladas pela vergonha e o consequente medo da exposição. Temermos ser expostas como inadequadas por ser quem somos. Temermos ser expostas como inadequadas pelo que fizemos e pelo que não fizemos. Temermos que nossas supostas inadequações, se expostas, levem ao nosso abandono e aniquilamento. Uma vez que estamos escondidas neste mundo tóxico e alimentado por vergonha, agimos como a Mãe Mortal que internalizamos. Desenvolvemos um materializado, porém inconsciente, desejo de morte e, ao mesmo tempo, atacamos ou abandonamos qualquer um que possa expor o que nos esforçamos tanto para manter enterrado. Também tentamos compensar nosso terror de abandono através do inconsciente e insaciável desejo de poder.

O desejo de poder e o tabu de questionar a mãe podem manter a dor feminina renegada por incontáveis gerações, enclausurada nas profundezas do inconsciente, mas inevitavelmente ela procura se expressar de alguma forma, geralmente contra outra pessoa ou contra nós mesmas, como nas muitas manifestações da Ferida Materna. Pode-se ver como o arquétipo da Mãe Mortal se torna particularmente danoso em mães e

---

* "No coração do feminino: enfrentando o arquétipo da Mãe Mortal para resgatar amor, força e vitalidade", em tradução livre. (N.T)

filhas no patriarcado, porque ele mantém nosso poder cativo em uma luta impossível de ser ganha dentro de nós mesmas e entre nós.

Entretanto, existe um outro arquétipo que podemos evocar para nos ajudar, a "Mãe Apocalíptica", que pode parecer similar no nome, mas é completamente diferente no caráter. Diferente do arquétipo da Mãe Mortal, ela não é Morte em Resistência à Vida, mas ao invés disso, é *Morte a Serviço da Vida*. A palavra "apocalipse" deriva da palavra grega que significa "revelação do que estava antes escondido". Daniela Sieff cunha esse termo para referir-se à "morte do que é obsoleto e ao nascimento do novo". A Mãe Mortal perpetua a Ferida Materna ao reforçar o tabu de questionar a mãe. O arquétipo da Mãe Apocalíptica é uma energia que clareia o caminho para a mulher ser iniciada em sua própria vida, mesmo em face da ruptura da linhagem materna. Com apoio, força e compaixão, a mulher pode transformar o confronto com a Mãe Mortal interna em um confronto com a Mãe Apocalíptica interna. A Mãe Apocalíptica é representada na tradição hindu como Kali, a deusa que é o ciclo natural de nascimento e morte, ou como Baba Yaga na tradição russa. Marion Woodman explica: "Uma vida que é verdadeiramente vivida está constantemente queimando os véus da ilusão, gradualmente revelando a essência de quem somos. A Mãe Apocalíptica queima-nos em suas chamas mais ardentes para nos purificar de tudo o que não é autêntico. A energia dela é impessoal. Ela não se importa com quão doloroso ou aterrador o processo seja. Seu único propósito é servir à vida".

Woodman segue dizendo: "A forma como nós reagimos à Mãe Apocalítica determina se nós a sentimos como amiga ou inimiga. Logo no início da nossa jornada, quando o estrangulamento da Mãe Mortal é particularmente feroz e quando a consciência teme se abrir para a alteridade do inconsciente, nos sentimos vítimas do apocalipse; com o tempo, trazemos a Mãe Mortal à consciência e começamos a viver a vida além de suas garras, e assim podemos gradualmente passar a nos ver como parceiras no processo apocalíptico".

O arquétipo da Mãe Mortal pode ser visto como a guardiã do nosso poder verdadeiro que reside além do tabu de confrontar a mãe, mantendo-nos presas na vergonha, na culpa ou no medo. O medo de ser vista como a "filha má" em busca da própria cura pode ser um dos grandes obstáculos no portal do nosso poder, impedindo-nos de acessar as muitas dádivas e a poderosa transformação que reside na dor da Ferida Materna.

Existem muitas variações do tabu que dizem: "Não olhe para o seu relacionamento com sua mãe". A maioria dessas crenças iguala o desejo pela cura dos sentimentos dolorosos em relação à sua mãe com "culpar a mãe". Essa é uma falsa equivalência que instila culpa e vergonha. Isso pode atrapalhar muito o processo da mulher e mantê-la presa na adolescência. Quando acreditamos nesses pensamentos, estamos sendo controladas pela Mãe Mortal. Com apoio, podemos desenvolver o poder de substituir as vozes da culpa, vergonha e dúvida e transformar a Mãe Mortal, que nos mantém paralisadas, na Mãe Apocalítica, que nos auxilia a transformar nossa dor em consciência e nossa vergonha em libertação.

Podemos ser pressionadas a ignorar nossos sentimentos e nos culpar, por pessoas que estão em negação da própria Ferida Materna.

Outras podem nos dizer:

- "Não foi fácil para a sua mãe. Não coloque mais um fardo sobre ela."
- "Sua mãe fez o melhor que pôde. Sabe que ela ama você."
- "Foque no lado bom da relação. Você só tem uma mãe."

Essas coisas podem bem ser verdade: sua mãe pode amar você; ela pode ter tentado fazer o melhor; você tem apenas uma mãe; não foi fácil para ela. *Entretanto*, mesmo sendo verdades, não deveriam ser motivo para você engolir a sua dor, parar de procurar a cura e silenciar-se. Esse silenciamento está de acordo com o silenciamento das mulheres como um todo.

Essa pressão pode vir de nossas mães mesmo; não importa o quão diplomáticas, empáticas e compassivas possamos ser, talvez enfrentemos reações por falar a verdade. Dependendo do quanto a sua mãe tenha evitado a própria Ferida Materna, ela pode reagir com indignação, mau humor martirizado, sarcasmo cortante ou indiferença. Ela pode manipular ou tentar envergonhar, culpar ou condenar você por chamar sua atenção para isso. Especialmente se ela foi criada para nunca questionar os pais ou verbalizar seus sentimentos difíceis. Se sua mãe tem conseguido alcançar algum nível de crescimento pessoal em termos de lidar com emoções difíceis, pode haver uma chance de crescerem juntas através disso.

Existem também muitos estereótipos que instilam vergonha e podem nos impedir de quebrar esse tabu e diferenciarmo-nos de nossas mães. Esses estereótipos reforçam a vergonha e fazem com que nos culpemos por não corresponder a eles. Eles incluem:

- A mãe e a filha que são melhores amigas e que compartilham tudo.
- O mito da família perfeita.
- A filha ingrata e sua mãe autossacrificada que nunca é reconhecida.
- Mães sempre estão certas, então, se está tendo problemas com sua mãe, o erro é *seu*.

Nossa cultura instila vergonha por nossos sentimentos autênticos sobre nossas mães, que sempre incluem alguns sentimentos não-tão--positivos. Recuse-se a sentir culpa por eles.

A culpa que sentimos *não* é por não sermos boas pessoas. Fomos ensinadas que sentir culpa é um sinal de que nosso valor como pessoa está em questão. O medo de "ser uma má filha/pessoa" mantém muitas mulheres em silêncio sobre a verdade de seus sentimentos, verdade que, se for dita, pode libertá-las de muitas maneiras. Na verdade, essa culpa é um *artefato de controle*, o maior controle patriarcal sobre as vozes e os sentimentos das mulheres. A culpa que sentimos é causada quando transgredimos o antigo mandato de ficarmos em silêncio sobre nossa dor para manter nossos relacionamentos. Falar é recusar-se a ser controlada e isso é uma *boa* coisa. Semelhante a lidar com o medo, eu digo às mulheres para "sentir a culpa e agir assim mesmo", ou seja, não ver a culpa como uma barreira real, mas como um velho sentimento que deve ser ignorado quando se trata de falar a nossa verdade e fazer o que sabemos ser o correto.

A pressão que precede a quebra do tabu de questionar a mãe é a pressão da evolução das mulheres.

Esse tabu deve ser quebrado se as mulheres, como um todo, querem se curar. Essa é uma blasfêmia total para gerações mais antigas, que foram ensinadas por todos os ângulos da sociedade a "honrar pai e mãe".

Sob o ponto de vista religioso, se você descumprir esse mandamento, pode queimar no inferno por toda a eternidade. Os pais não podem suportar o crescimento dos filhos porque isso questiona seu próprio poder e desafia todos os outros atos de repressão e negação que eles mesmos tiveram que suportar para continuar vivendo; isso poderia destravar todos os tipos de sentimentos que eles foram ensinados a não sentir. Mas esse modo de vida não é mais uma opção. Quanto mais negamos, suprimimos e evitamos a verdade de nossa experiência, mais reduzimos nossa vida a estreitos limites, e menos resilientes nos tornamos ao longo do tempo.

Então, muitos tabus devem ser quebrados:

- O tabu contra ouvir a si mesma como sua mais alta autoridade.
- O tabu de honestamente sentir seus sentimentos, mesmo se eles ofenderem aos outros.
- O tabu de se sentir plenamente merecedora e digna de coisas grandiosas.
- O tabu de amar a si mesma e dar-se o seu valor.
- O tabu do processo, da paciência e das coisas que levam tempo.
- O tabu da imperfeição e cometimento de erros ou mudança de ideia.
- O tabu de reconhecer a verdade de nossas histórias de infância.
- O tabu da vulnerabilidade.
- O tabu de focar no autoconhecimento (rotulado "egoísmo", especialmente para mulheres).

Curar a Ferida Materna é uma forma de honrar toda a sua linhagem feminina: as gerações de mulheres que vieram antes de você e as que virão.

Devido à atmosfera cultural da opressão feminina, as mulheres têm-se sentido historicamente presas em um círculo vicioso: honrar a mãe pode soar como a necessidade de que se enfraqueçam e, da mesma forma, empoderarem-se pode parecer não honrar plenamente a mãe. Esse dilema de ou/ou tem sido um problema no empoderamento feminino. Isso ocorre devido à dinâmica de poder que tem sido transmitida através de gerações de mulheres vivendo no patriarcado, o que cria uma sensação de escassez que faz parecer desafiador para mães e filhas serem indivíduos empoderados simultaneamente.

Honrar a mãe deveria ser visto como em total alinhamento com honrar a si mesma.

À medida que mais gerações de mulheres se tornam individualizadas e vivem sua autêntica verdade, não será mais tabu para filhas refletirem a Ferida Materna e procurarem a cura. Será sabido que a cura da Ferida Materna é essencial para assumir responsabilidade por si e para viver conscientemente e com integridade. E isso será visto como um passo essencial para alguém possuir plenamente o seu brilhantismo e poder.

Devemos resistir à pressão cultural em evitar questionar nossas mães, negando emoções dolorosas ou padrões doentios nesse relacionamento. Essa resistência é essencial para percebermos a nossa totalidade.

Se ignoramos a dor da Ferida Materna, arriscamos viver indefinidamente com os sentimentos persistentes de vergonha profunda, autossabotagem, competição, comparação, insegurança e atenuação. Também arriscamos passar isso para nossas filhas e filhos. O modelo que herdamos de nossas mães (com suas distorções patriarcais) permanecerá intacto até que, conscientemente, atuemos para transformá-lo, para que possamos viver alinhadas com nossa mais profunda verdade e, assim, vivenciar profunda satisfação.

No processo de cura, podemos sentir emoções desafiadoras por nossas mães, como tristeza, ódio e desapontamento. São fases temporárias no ciclo da cura. Se permanecermos no processo de cura, esses sentimentos eventualmente vão se transformar em maior paz e aceitação.

Temos que acreditar que valemos a pena e temos o necessário para superar essa ferida.

Curar a Ferida Materna é uma jornada pessoal e não exige que sua mãe se cure junto. Ela exige que você questione as coisas que sabe sobre o seu relacionamento com ela. Essa linha de inquérito focará em VOCÊ e sua própria cura e transformação. Entretanto, é muito possível que o seu processo de cura possa desencadear, de alguma maneira, o da sua mãe. A ação desencadeante pode ser vista como uma oportunidade valiosa para mãe e filha potencialmente chegarem a um entendimento mais profundo. Também pode ser uma oportunidade para a mãe refletir e ter *insights* sobre si mesma e sua vida, se estiver disposta.

Curar a Ferida Materna caracteriza-se por:

- Examinar o relacionamento mãe-filha com a intenção de obter clareza e discernimento para criar uma mudança positiva na vida.
- Transformar crenças limitantes que você herdou com a intenção de adotar novas crenças que a apoiem totalmente a prosperar sendo seu eu autêntico.
- Assumir responsabilidade pelo seu próprio caminho se tornando consciente dos padrões anteriormente inconscientes e fazendo novas escolhas que refletem seus verdadeiros desejos.

Curar a Ferida Materna não é uma rejeição à mãe, é uma forma poderosa de reivindicar-se como um todo.

Como o nosso relacionamento com nossa mãe serviu de alicerce para nosso relacionamento conosco, o processo de cura oferece um imenso potencial para crescimento e transformação. Esse é o objetivo do questionamento para curar a Ferida Materna: não culpar, não julgar ou rejeitar a mãe de alguém, mas sentir a paz e a liberdade da autoatualização, que é direito inato de toda mulher.

Se nossas mães tentarem nos envergonhar ou nos culpar por fazer o trabalho de nossa própria cura e quebrar esse tabu, devemos nos manter fortes. Você tem o direito à diferenciação e a uma personalidade separada.

Honramos verdadeiramente nossos pais e nossos filhos quando assumimos a responsabilidade e fazemos o trabalho de curar nossas próprias feridas.

Se um número suficiente de mulheres fizer esse trabalho interior, rejeitando as vozes culturais que nos envergonham e a voz do arquétipo da Mãe Mortal dentro de nós, que nos mantém quietas, amedrontadas e obedientes, podemos transformar a Mãe Mortal coletiva na Mãe Apocalítica coletiva, inaugurando essa nova terra na qual não temermos mais a mudança por causa da vergonha tóxica guardada em nossos porões internos; pelo contrário, toda mudança poderá ser vista através das lentes doadoras de vida da "morte em prol da vida".

QUESTÕES PARA REFLEXÃO

1. Que mitos, estereótipos ou mensagens culturais fizeram você sentir qualquer tipo de culpa ou vergonha pelos seus reais sentimentos por sua mãe ou vivências com ela?

2. Que tabus você experimenta na sua vida diária que a impedem de ser mais autêntica? Que experiências no início de sua vida reforçaram esses tabus?

3. O que você pensa que seria possível se deixasse de obedecer a esses tabus e fosse em frente com o que realmente deseja? De que forma a sua vida seria diferente?

CAPÍTULO 10

Desistindo do sonho impossível

O que se seguiu depois da audiência para requerer uma medida protetiva contra minha mãe foi uma turbulência brutal de emoções. Agora, que saíra para além do sistema familiar e do seu caos, tinha que encarar o caos dentro de mim. Parecia que o chão sob mim estava constantemente se movendo enquanto eu tentava andar em linha reta. Parte de mim estava empolgada e orgulhosa por enfrentar a minha mãe e definir limites fortes com os membros da minha família. Esse senso de empoderamento emergiu aos trancos e barrancos, pontuando períodos mais longos de intensa tristeza, nostalgia, ansiedade e saudade. Acordava aos pulos, sentindo que deveria procurar e me conectar com minha mãe naquela boa e velha esperança de "E se eu apenas explicar melhor desta vez? Acho que ela talvez finalmente entenda de onde estou vindo". Felizmente, todas as vezes, me lembrava que já havia tentado explicar milhares de vezes, e que nunca funcionou.

Os meses se passavam sem nenhuma palavra de ninguém da minha família. Notei em alguns momentos uma velha narrativa emergindo, aquele velho refrão que eu usava para ter uma sensação de controle: "Se eu mudar só um pouquinho para agradá-los, finalmente vão me 'ver' e as coisas vão melhorar". Comecei a entender que isso tinha sido minha força motriz, minha Estrela-Guia, quando criança. E comecei a ver que nunca haveria uma recompensa pelo meu apoio sem fim e gratidão por migalhas de respeito. Sabia que esse anseio representava o "sonho impossível" da minha infância, e podia reconhecê-lo operando com força total.

Aprendi através do trabalho com minha terapeuta, Nicole, e mergulhando em mim mesma com ela no trabalho terapêutico com Sistemas Familiares Internos/partes internas, que o sonho impossível é uma estratégia de sobrevivência comum dos sobreviventes de trauma na infância; ele me protegeu da insuportável verdade de quanto meus pais eram emocionalmente indisponíveis para mim. Uma adulta sobrevivente de abuso, negligência ou trauma familiar sempre interpreta esse sonho da primeira infância como estar lutando para ser perfeita, boa o suficiente e amada por todos; para agradar as pessoas; e cuidando, em uma aposta inconsciente para ser amada de uma forma que nunca foi quando criança. Leva um tempo incrivelmente longo para desfazer essa acomodação da personalidade à dor traumática.

Lembro-me de estar deitada na grama do parque perto da West Side Highway, em Nova York, em uma tarde de domingo, dizendo para minha criança interior: "Pequena Bethany, a mamãe nunca vai se tornar a mãe que precisamos. Agora é hora de desistir. Ela não é capaz de dar o que você precisa. Eu estou aqui agora para tomar conta de você e amá-la". Fiquei chocada quando senti minha criança interior me responder: "Tudo bem, vou esperar pela mamãe para sempre. Quero que ela me veja mais do que qualquer outra coisa no mundo. Vou esperar feliz até o dia da minha morte. O amor dela é tudo o que eu quero neste mundo e não me importa o que custe para tê-lo. Eu preciso dele. Preciso do amor dela para ficar bem". Naquele momento percebi o quão profundamente enraizado esse sonho impossível realmente estava em mim, e que levaria tempo para ajudar minha criança interior a desistir dele. Também comecei a reconhecer como aquela mesma energia de apego de mão única tinha sido corroborada em outras áreas da minha vida: relacionamentos, empregos e amizades, que foram "fontes secas", sem nada a me oferecer a não ser ao que me agarrei com uma falsa esperança que me mantinha profundamente emperrada, aguardando. Eu podia agora sentir como minha criança interior estava conduzindo aquela estagnação em uma falsa tentativa de ter o amor de minha mãe, e como ele havia sido projetado em outras pessoas e coisas por quase toda a minha vida.

Com o tempo, meu sonho impossível com minha mãe começou a se dissolver progressivamente, camada por camada, assim como os sonhos impossíveis em outras partes da minha vida. Foi como se o sonho impossível com minha mãe estivesse alimentando os outros sonhos impossíveis. Conforme a névoa se dissipava ao redor da relação primária, eu conseguia ver todas as minhas outras relações mais claramente, inclusive as com David, meu pai e meu irmão. Comecei a direcionar mais minha atenção a buscas pessoais, como ativismo comunitário e minhas aspirações como escritora. Quanto mais eu me curava, mais me sentia entusiasmada por coisas como viajar pelo mundo e simplesmente ter tempo e espaço para escrever e descansar.

Como o sonho impossível estava evaporando, sentia ondas de tristeza e, ainda assim, momentos de terra firme sob os meus pés. Minha terapia focava em me ajudar a integrar todas essas mudanças. Eu sentia que estava passando por algum tipo de iniciação; meus sentidos estavam incrivelmente apurados e sintonizados. Era como se, em minha disposição para conscientemente sentir a imensa dor de ter que romper com minha família, estivesse quebrando, como se parte de mim estivesse morrendo e uma parte nova estivesse nascendo.

Para lidar com a dor emocional e a confusão em nossas famílias, muitas de nós espremermos nossa força vital em um sonho secreto que continua a, inconscientemente, nos limitar na vida adulta. Não reconhecido, esse sonho é projetado sobre outras pessoas, situações e coisas, querendo que forneçam o que não podem, mantendo-nos em um estado perpétuo de insatisfação e autodepreciação.

O sonho impossível é um mecanismo de enfrentamento no qual a criança espera que um dia, quando se tornar "boa o bastante", sua mãe finalmente a reconheça e lhe dê o amor que ela sempre desejou. Em seu nível mais básico, é uma forma de "Quando eu _____, mamãe vai finalmente me ver e me amar pelo que realmente sou". Esse sonho impossível dá a uma criança, em uma família disfuncional, uma forma poderosa de esperança que a sustentará em meio à confusão ou dor que esteja passando na família. Ele também dá à criança a sensação de controle sobre o seu ambiente, aliviando seus medos e protegendo-a da verdade dolorosa: ela é realmente impotente para mudar a dinâmica em sua família.

O sonho impossível nos protege das realidades dolorosas que não tínhamos capacidade cognitiva para enfrentar quando crianças.

De muitas maneiras, o sonho impossível é uma brilhante estratégia de sobrevivência para atravessar alguma forma de trauma. Como um paraíso seguro, ele tira o foco da mãe (que parece perigosa ou inacessível para a criança, em algum nível) e, em vez disso, põe o foco da criança nela mesma, dando-lhe uma sensação de controle e foco em um tempo futuro, quando tudo estará bem, ajudando-a a superar a dor diária e a confusão pela qual ela possa estar passando.

Inconscientemente, a criança acredita: "Deve haver algo errado comigo. Meu controle consiste em *transformar-me* no que ela quer que eu seja".

É uma falsa esperança, porque a verdade é que não importa o quanto você seja "boa", isso não mudaria nada na sua família. Mesmo se fosse possível ser a criança perfeita que agradasse a mãe de todas as formas, nada teria mudado a dinâmica dolorosa e disfuncional da sua infância. Eis o porquê: a verdade é que a dor que você viveu na sua família não tinha nada a ver com você. Estava totalmente relacionada aos seus pais lidando com os próprios desafios, pessoalmente e como casal. Sua mãe ter tido uma criança pode ter sido um catalisador para a dor que emergia de dentro dela, mas você, como criança, *não causou* a dor.

Desistir do sonho impossível é aceitar o fato de que a dor da sua mãe nada tinha a ver com você. Essa dor não foi causada por você. E nunca foi sua responsabilidade ajudar a curá-la.

Na vida adulta, o sonho impossível se torna uma defesa contra a dor do momento presente. É uma barreira entre você e o que está realmente acontecendo. Ele dá uma falsa sensação de controle e de esperança, que sempre é projetada em outras áreas da sua vida adulta.

Como mulheres, nosso sonho impossível pode se manifestar de muitas formas diferentes, inclusive:

- **Constante autoaprimoramento**: uma sensação básica de que "há algo errado comigo" e uma eterna pressão para trabalhar duro para se tornar merecedora.
- **"Você quer ser a minha mãe?"**: projetar uma necessidade inconsciente de receber cuidados maternos em outra pessoa, como cônjuges, parceiros e filhos. Isso pode se manifestar como um apego por ser amada, ser a idealização dos outros ou um sentimento de estar em dívida.
- **Segurança no futuro**: projetar esperança de que as circunstâncias externas futuras trarão alguma sensação final de calma, aceitação

e "chegada". Uma sensação de sempre estar procurando a "próxima coisa".
- **Autossabotagem**: uma frequente sensação de hesitação de "não sem minha mãe".
- **Mente hiperativa**: pensamento constante, elaborando estratégias e planejando amortecer sentimentos dolorosos do momento presente.

Trabalho, empenho, luta e esforço: a dor de manter vivo o sonho impossível

Na verdade, é preciso uma enorme quantidade de energia para manter o sonho impossível vivo, mas como estamos fazendo isso há muito tempo, esse esforço nos é invisível. É somente quando ele para, tal como um motor, que percebemos o quanto fazia barulho.

"Eu sou a única pessoa pela qual eu venho esperando."

Nunca me esquecerei de uma mulher que assistiu a um seminário que ministrei no Colorado. Ela disse: "Lembro-me de pensar comigo mesma, quando eu era uma menininha, sobre a minha mãe: 'esta mulher não pode ser minha mãe real, porque minha mãe de verdade jamais me trataria desse jeito. Algum dia, minha verdadeira mãe vai vir me buscar.'" Entre lágrimas ela disse para mim e para o grupo: "Compreendo agora que eu sou a boa mãe que minha criança interior tem esperado. Estou aqui para ela agora. Sou eu a pessoa que pode dar a ela o que precisa. Esse é o momento pelo qual minha criança interior vinha esperando".

Quando você se liberta do apego à esperança de que sua mãe vá mudar, liberta seu apego à esperança que outras pessoas em sua vida mudem também. Como o relacionamento com nossas mães é o projeto para nossos outros relacionamentos, mudanças nele automaticamente se refletem nos outros; às vezes imediatamente, outras, ao longo do tempo.

Abandonar o sonho impossível é voltar a estar em contato com a realidade como ela é.

Intelectualmente, você pode ser muito consciente de que sua mãe "é quem ela é" e nunca vai mudar. No entanto, abaixo de sua percepção consciente, pode haver uma garotinha dentro de você que ainda está esperando e desejando que sua mãe lhe dê o que ela precisa.

O sonho impossível pode aparecer de diversas formas:

- Você se sente frustrada após passar um tempo com sua mãe?
- Você se sente esperançosa sobre suas visitas à sua mãe, mas passa por um tipo de desapontamento previsível e insegurança durante horas ou dias depois?
- Você está idealizando pessoas em sua vida, apenas para ser repetidamente desapontada?
- Você sente como se estivesse, de alguma forma, perpetuamente em suspenso? Talvez esperando alguma permissão externa para ir ao encontro do que realmente deseja?
- A autossabotagem é uma questão para você? Você chega muito perto de um progresso e desaba no último minuto?
- Você se apaixona pelo potencial de uma pessoa em vez de pela pessoa como ela realmente é?

O sonho impossível nos mantém em uma infância perpétua.
Uma grande mudança pode acontecer quando vemos que é seguro deixar de lado a lealdade a padrões que achávamos que nos garantiriam receber os cuidados maternos que precisávamos. Padrões como:

- Permanecer pequena.
- Sentir culpa e vergonha.
- Ser temerosa e hipervigilante.
- Acreditar em escassez.
- Privar-se de alguma coisa.
- Fazer-se de vítima.
- Resolver os problemas dos outros.
- Reprimir nossos reais sentimentos e reações.

Esses padrões podem ter sido ensinados abertamente a você por sua mãe e/ou pela simples observação do comportamento dela. Eles foram igualmente passados a ela pela mãe e/ou pelo seu condicionamento cultural. Por vivermos em um patriarcado que nos diz que mulheres são inferiores, todas nós temos essas crenças em algum nível (essas crenças podem ser até mais prejudiciais caso a mãe seja mentalmente doente ou instável). Pode ser muito difícil abandoná-las porque, em algum nível, isso soa como deixar a "mãe" – e para o nosso inconsciente e nossa criança interior, pode parecer a morte. Por exemplo, se sua mãe era muito medrosa, você pode inconscientemente assumir suas crenças assustadoras como forma de se sentir perto dela. Abandonar uma abordagem de vida temerosa pode parecer assustador; como se estivesse abandonando sua mãe. Outro exemplo: deixar de se culpar. Se você foi ensinada a se culpar e foi recompensada por isso, deixar de se culpar pode parecer como estar traindo sua mãe.

Como esses padrões foram associados a receber cuidados maternos, passam a representar inconscientemente uma presença materna. Eles podem ter nos proporcionado aprovação, validação ou aceitação temporária na infância. Mas agora, como mulheres adultas, servem apenas para nos manter para baixo. Por terem sido formados tão cedo em nosso desenvolvimento, esses padrões e essas crenças tendem a ser inconscientes e podem perdurar por anos até identificarmos sua origem. Eles podem ter até servido para você de algumas maneiras. Por exemplo, ser uma lutadora para obter o amor de sua mãe pode ter ajudado você a conquistar muitas coisas. Ser uma cuidadora emocional pode ter lhe ajudado a ser hábil em sintonizar-se com os sentimentos das pessoas. Ser controladora ou rígida pode ter ajudado você a ser excepcionalmente produtiva. No entanto, a coisa mais importante é ver como essas estratégias ou padrões de comportamento não nos trouxeram o que mais queríamos: que nossa mãe se mostrasse do jeito que precisávamos dela. Ao lamentarmos essa perda, podemos nos libertar para viver e agir de novas maneiras.

Aceitar o quanto você era impotente quando criança é um passo importante para possuir o seu verdadeiro poder como adulta. A inabilidade de seus pais em lhe dar o que precisava nada teve a ver com você. Deixar que essa constatação seja completa requer luto e apoio. O verdadeiro deixar-ir é o luto, que abre espaço para novos modos de ser no mundo que verdadeiramente nutram e realizem você.

É importante identificar novas e positivas crenças ou padrões para substituir os antigos, negativos. Então, comprometer-se a agir com base nessas novas crenças.

Exemplos:

- É seguro passar pelo medo e acreditar em mim mesma. (Ação: acalmar-se quando sentir medo ao assumir um novo risco e começar um projeto que requer que você seja visível para outras pessoas.)
- Eu me permito honrar minhas necessidades e falar minha verdade. (Ação: erguer a voz a seu favor em uma situação na qual seus limites não estão sendo respeitados.)
- Eu honro a minha verdade até quando quem está ao meu redor discorda. (Ação: fazer algo que sabe que é verdadeiro para você, mesmo quando os outros a rejeitarem por isso.)

A Ação lhe dá uma nova experiência que envia ao seu subconsciente uma mensagem poderosa: *é seguro agir contrariamente ao que você aprendeu quando era criança.* Em outras palavras, não agir de acordo com os padrões não vai causar rejeição, humilhação ou abandono da forma como podiam ter causado na sua infância. De certo modo, é como se você estivesse trazendo a sua criança interior para o momento presente, onde ela *pode* experimentar ser apoiada por quem é, porque *você*, como o seu eu adulto, está presente para ela de maneiras que sua mãe não pôde estar. Isso cria uma integração mais profunda com você mesma e mais desapego e distância dos padrões prejudiciais que foram adotados inconscientemente na infância. A chave aqui é a consistência. Pequenos e consistentes passos para transformações maiores com o tempo.

É importante reconhecer que as estratégias da infância não funcionam.

Exemplos:

- Ser muito quieta não faz com que as pessoas me aprovem.
- Resolver os problemas da minha família não cria paz duradoura nem me protege de rejeição.
- Concordar com ela não a fez me ver por quem eu era, como uma pessoa separada.
- Absorver as crenças assustadoras de minha mãe não me faz sentir segura.
- Permanecer pequena e quieta não faz com que minha mãe me aprove ou me valide.

- Focar na minha mãe e em seus problemas não faz com que ela me ouça ou me apoie.

Quando entendemos como essas estratégias não funcionaram, podemos mais facilmente nos libertar do poder inconsciente que elas têm sobre nós.

Quando admitimos que "a boa mãe não vai chegar", podemos sofrer e nos dar permissão para escolher novos modos de ser e de agir no mundo, que realmente nos tragam realização e alegria. Nossas vidas começam a mudar automaticamente ao redor dessa percepção. A rejeição desses padrões negativos *não* é uma rejeição pessoal de sua mãe. Distanciar-se desses padrões iniciais é sobre você escolher a cura e criar novos e mais saudáveis modos de viver e de ser no mundo. A sua mãe pode ver sua mudança como uma traição pessoal, na medida em que ela está intimamente identificada com esses padrões *em si mesma*. A resposta dela às suas divergências desses padrões é uma declaração de onde ela está dentro de si mesma; não é sobre você, é sobre ela. Você pode ver como eles são fúteis e insalubres em sua própria vida, mas a sua mãe não pode; ela pode ainda os ver como formas válidas de agir no mundo. As opiniões dela não precisam ditar a sua realidade. Deixe que tenha suas próprias experiências sem correr para explicar ou cuidar emocionalmente dela; essa é uma forma de respeito por ela e por você.

Por gerações, mães magoadas têm pedido inconscientemente que suas filhas as compensem pelo que o patriarcado e suas famílias não lhes deram: um senso de propósito, controle e validação pessoal. Filhas não podem prover. Isso não pode ser dado; pode apenas ser encontrado dentro da mãe por ela própria, ao se comprometer com sua cura e transformação. Esse ciclo tóxico é quebrado com a recusa em concordar com a mensagem tácita de uma mãe ferida: "Não me abandone tornando-se você por inteiro". Mulher, você tem o direito à sua própria vida. Deixar sua mãe ter a própria vivência e passar pelo processo de cura não é cruel (como o patriarcado nos dizia); é saudável e necessário. Uma enorme mudança acontece quando sua integridade se torna mais importante do que a opinião da sua mãe a seu respeito: você aparece poderosamente e modela uma nova forma de ser para outras.

Só há uma coisa que lhe trará a satisfação que está procurando: a verdade no centro do seu ser, e viver a partir desse lugar de profunda autenticidade, custe o que custar.

Como esse tabu contra a exploração de nossa verdade interior vem operando com força por incontáveis gerações, estamos diante de um dilema: continuamos com a normalidade, com a persistente dor em segundo plano, mas com a ilusão de paz e segurança? Ou encaramos diretamente a dor em prol de atravessá-la para chegar a um lugar de verdade genuína e clareza, e a profunda realização que isso traz?

No novo paradigma para o qual estamos nos movendo, honra familiar *não* é equivalente a silêncio, mas, sim, a honestidade, integridade e autenticidade, mesmo se isso significar confrontar sentimentos dolorosos e desconfortáveis. Os sentimentos desconfortáveis que aparecem no processo de cura das feridas emocionais não serão evitados por medo, mas vistos realisticamente como parte de um processo saudável que, ao final, oferece-lhe clareza, profunda sabedoria e compaixão.

Nossa fome por verdade começa a superar nossa fome por aprovação cultural e familiar.

O fato de nossa cultura ter equiparado exame honesto de nossas histórias com traição ou blasfêmia ilustra como a honra superficial é uma forma de exercer controle, não de amor genuíno. Amor que é comandado não é amor. Examinando nossas histórias, continuar com o processo, pode, em última análise, nos fazer genuinamente honrar e amar nossos pais. Sem precisar de comando.

Continuar a levar essa dolorosa verdade para a criança interior é um ato de amor: a mamãe não vem. E você está segura.

Colocar a dor emocional em seu contexto apropriado e verdadeiro libera a pessoa para incorporar mais plenamente a sua individualidade com confiança. A criança interior para de se culpar. Esse é o processo de limpar das situações atuais a projeção da mãe que abandona e invade, para que você viva mais no agora, não mais vendo sua vida atual através das lentes distorcidas do passado. Esse processo é muito lento e pode levar anos, mas, a cada camada removida, mais do seu eu verdadeiro se torna acessível e sua vida fica mais completamente sua. Sua criança interior se sente apoiada em ser "sua própria garota" e, como resultado, você tem certeza de que é uma mulher que pertence a si própria. Ser separada e ser amável não são mais necessidades que competem entre si, mas eixos fundamentais interligados de uma pessoa. Paradoxalmente, essa singularidade interna faz nascer uma experiência cada vez mais profunda de interconexão com tudo.

QUESTÕES PARA REFLEXÃO

---

1. De que formas você vê o sonho impossível aparecendo em sua infância e agora em sua vida adulta?

2. Quais eram algumas das estratégias inconscientes que você usava na infância para se sentir mais segura, protegida e aprovada?

3. Que novas crenças você pode adotar para substituir crenças negativas da sua infância que, se incorporadas ou trabalhadas, podem criar algumas mudanças tangíveis em sua vida, distanciando você, de alguma forma, do legado de sua família?

CAPÍTULO 11
Responsabilidade

A principal instituição do patriarcado é a família.
KATE MILLETT

*Nada é mais importante para o futuro de nossa cultura
do que o modo como as crianças se desenvolvem.*
GABOR MATÉ

As desavenças com minha mãe, embora devastadoras e chocantes, serviram para afiar minha compreensão, e validaram minhas primeiras percepções e observações sobre o que me fizera me renegar como criança para sobreviver à minha família. Sentia como se estivesse juntando as peças de um quebra-cabeça; eu era completa quando nasci, mas, pela necessidade de ter que me adaptar às dinâmicas disfuncionais da minha família e da cultura patriarcal em geral, fui fragmentada e desmembrada, separada de mim mesma. Agora eu estava em um processo de me recompor através do ato de nomear a experiência pela qual passei quando criança. Estava descobrindo uma inteireza mais profunda que sempre esteve dentro de mim, mas que jamais havia reconhecido. Somente através da rendição às emoções no despertar daquelas percepções foi possível compreender isso em um nível visceral. Pareceu um segundo nascimento, entrando de verdade em mim mesma, sendo mais autocontrolada, manifestando-me, dizendo não e descobrindo minha integridade ser, de longe, a força mais nutridora em minha vida.

Ao refletir sobre a aparente inabilidade dos meus pais em ter empatia por minha dor ou assumir qualquer responsabilidade por sua parte em nossa dinâmica, cheguei à conclusão de que provavelmente isso era decorrente da crença de que, aos olhos deles, tinham sido pais melhores do que os deles foram. Meu pai não me batia até cansar, como meu avô fazia com ele (meu pai batia no meu *irmão, mas não tanto). Minha mãe não desmaiava bêbada por dias, deixando aos meus cuidados todas as tarefas da casa, como a mãe dela fazia; mas me sobrecarregava emocionalmente com muito mais do que qualquer menina deve ser sobrecarregada. Eu entendi como, aos seus olhos, eles tinham melhorado em relação a de onde vieram. Mas o fato de não terem feito nenhum trabalho interno a respeito da própria infância os tornou agressivamente resistentes a qualquer evidência que eu apresentasse, que mostrasse que tinha sofrido danos em suas mãos.*

Eu sentia que meu pedido de responsabilização foi percebido como um ataque. Pela minha perspectiva, a negação deles havia permitido que eu fosse abusada; infelizmente, acredito que eles viam essa negação como amor ou lealdade aos seus próprios pais. Desenterrar a verdade não era visto como cura, mas como uma traição blasfema da família. Minha visão era que o esforço requerido para sair da negação era a mais poderosa expressão de amor por si mesmo e por seus filhos. É necessário ser responsável para gerar mudança. Quando cada geração atende à negação dos pais acima do bem-estar dos filhos, acabamos com uma sociedade traumatizada.

Nesse ponto, eu já tinha mais de uma década de terapia, tendo construído uma relação terapêutica duradoura que fornecia o que faltara na minha infância. Por consequência, podia ver esses padrões e me sentir empoderada para expressar meus desejos de modificá-los. Mas acreditava firmemente que, por meus pais não terem feito um trabalho interno similar, não poderiam se orgulhar disso, apenas se sentirem ameaçados. O resultado foi que o sistema familiar não pôde me acomodar em meu estado empoderado, e fui expulsa dele. Todas as famílias procuram equilíbrio e homeostase e, para algumas, a pessoa mais empoderada deve ser exilada; de outra maneira, há turbulência demais para o sistema permanecer estável.

Aprender que eu podia sobreviver à rejeição de minha mãe me deu uma crescente habilidade para reconhecer e me posicionar contra a toxicidade onde quer que a visse. E com cada camada de responsabilidade, mais camadas de raiva e tristeza emergiam. Notei que sentia uma força e um impulso interno imensos quando conseguia processar meu luto e ódio pela verdadeira magnitude do que realmente me acontecera quando criança, e não colocar o foco primário em situações secundárias que podem ter desencadeado que aqueles sentimentos viessem à tona. Sempre, depois de processar meus sentimentos sobre a causa original, emergia uma calma clareza sobre os próximos passos a tomar na atual situação.

A minha crescente responsabilidade pela minha história, e meu "sonho impossível" se dissolvendo cada vez mais, estavam me posicionando mais para ser uma relatora da verdade e uma denunciante, em minha vida pessoal e nas comunidades das quais fazia parte. Eu podia reconhecer mais facilmente a toxicidade e a disfunção nas interações do dia a dia e estava usando aquelas experiências como oportunidades de assumir mais a minha forte integridade. Minha mãe estava fora da minha vida, mas a Ferida Materna ainda se mostrava. Eu abordava cada nova manifestação como uma oportunidade de ser verdadeira comigo de maneiras como eu nunca pude na relação com minha mãe, praticando ser autêntica, continuando a possuir minha parte, respeitosamente estabelecendo limites firmes e ficando transparente às projeções dos outros, tudo enquanto me mantinha centrada e cuidando da minha criança interior. Podia sentir uma mudança quase visceral toda vez que fazia isso, como se minhas células estivessem se reorganizando de uma nova maneira.

Quando se trata de feridas da infância, a verdade preocupante é que amor não é o bastante. Amor pelos filhos não é suficiente para impedir que pais, inconscientemente, os machuquem. E amor pelos nossos pais não é suficiente para fazer com que nossas mágoas da infância desapareçam. Isso é verdadeiro entre amigos, parceiros e colegas também. Mesmo se tivermos as melhores intenções, nossa Ferida Materna não resolvida determinará o limite máximo do nosso impacto positivo sobre os outros. Ela nos mostrará o quanto nossa capacidade é limitada em dados momentos. O trauma vencerá o amor.

Não é que amor e boas intenções não importem. É que amar alguém e ter a intenção de não a ferir são secundários se você assumiu a responsabilidade por sua própria história. Nosso inconsciente vai sobrepor nossas intenções conscientes a menos que o tenhamos atendido. Tudo o que nos recusamos a ver ou preferimos ignorar sobre a dor que vivemos quando crianças vai aparecer em nossos relacionamentos adultos e ser o maior fator determinante dos níveis de dor e disfunção presentes nesses relacionamentos. Sem informação sobre nossa história, os problemas dos nossos relacionamentos parecerão mistérios insolúveis, nos sentiremos vítimas de padrões repetitivos e iremos olhar para fora, culpar os outros e sempre sentir algum nível de vergonha.

Proteger nossos pais da responsabilidade não é amor. Preferir permanecer cega a como eles nos machucaram equivale a permitir o mal para a próxima geração.

Nossa definição de amor deve se expandir para incluir a responsabilidade.

Responsabilidade é informação e clareza sobre como fomos prejudicados quando crianças, a infinidade de maneiras pelas quais o dano nos impacta agora, como adultas, e os passos que podemos dar para nos curarmos e cuidarmos da criança interior. Nas gerações mais antigas, a definição de "amor" incluía silêncio sobre a nossa dor. Mas agora, devemos expandir nossa definição para incluir responsabilidade. Uma definição alternativa de amor pode ser: "Estando ciente de como a dor da minha infância é ligada ao meu comportamento atual, prometo dar os passos regulares para me curar e crescer para que não projete inconscientemente a minha dor em você".

"Minha mãe tentou o seu melhor." Eu ouvi isso de muitas mulheres sofrendo da Ferida Materna que preferiam não olhar para o relacionamento. A dor delas persiste porque isso é apenas a *metade* da fotografia.

A imagem completa é "Minha mãe tentou o seu melhor E eu sofri quando criança". Vi algumas mulheres inconscientemente tentando ignorar essa segunda parte. Mas é precisamente essa metade que nos permite chorar, tratar e, por fim, prosseguir e prosperar como as mulheres que devemos ser.

É quase impossível estar presente emocionalmente por completo para nossos filhos se não curamos suficientemente nossa criança interior. Em outras palavras, podemos nos sintonizar e ter empatia pelos nossos filhos na medida em que temos empatia pelo que nós mesmas passamos quando crianças. Quanto melhor pudermos cuidar de nossa criança *interior*, melhor podemos cuidar de nossa criança *exterior*.

Não há culpados. Em última instância, ambos, pais e filhos, são vítimas em uma cultura patriarcal. Ambos são vítimas do mandamento do silêncio; silêncio sobre nossos sentimentos e sobre nossas verdadeiras vivências. Entretanto, somente a responsabilidade trará maior consciência da situação da criança em nossa sociedade para, assim, efetuar mudanças para as futuras gerações. A responsabilidade necessária mais profunda é que os adultos curem suas crianças interiores. Caso contrário, continuaremos a olhar para os problemas do mundo sem vê-los realmente pelo que são: sintomas da dor coletiva não curada e renegada, que vive dentro de todos nós.

Todas as crianças são inocentes. A criança dentro de nós é inocente e nossos filhos também. Pode partir o coração ver como temos ferido nossos filhos e como fomos feridos quando crianças. Mas essa disposição para VER a verdade dolorosa sobre como nós fomos feridos é o único modo de não passar isso adiante. A disposição para se conscientizar, a disposição para suportar a dor dessa consciência é a *chave*. Quando viemos de um lugar de responsabilidade, nossa cura toma um poderoso impulso.

Responsabilidade envolve vários passos:

- Explicar a verdade sobre o que exatamente você passou quando era criança e empatizar com a sua criança interior. Ficar triste ou com raiva em nome dela (nesse sentido, você se torna a testemunha solidária que ela precisava no passado).
- Ver como aquelas experiências dolorosas impactaram sua vida como criança e como tem que compensá-las agora, como adulta.
- Levar em conta que, como criança, você não tinha poder sobre a situação. As pessoas responsáveis na época eram os adultos.
- Finalmente, tornar-se hábil em sofrer pelas camadas conforme elas emergem e sentir a realidade da sua própria bondade incorruptível ao adentrar o seu poder pessoal.

A mais poderosa forma de responsabilidade está dentro você, e é por você, sobre os fatos pelos quais passou. O que lhe aconteceu quando era criança não foi sua culpa. Essa é a compreensão libertadora que lhe permite perder a vergonha e redimir a criança interior. Mas tem que ser uma compreensão sentida, não apenas intelectual. Você deve senti-la em seu corpo. Isso é precisamente o que a reconecta com o REAL dentro de você: seus instintos reais, seus sentimentos reais, suas observações reais.

Se você confronta sua mãe e/ou seu pai, ou não, é secundário.

É uma escolha pessoal responsabilizar os pais falando com eles diretamente. Pode ser muito curador; no entanto, tempo e entrega são essenciais e devem ser considerados cuidadosamente. Em algumas situações, é uma escolha sábia *não* confrontar diretamente. O primordial é que você, em seu coração, tenha largado o fardo de se culpar pela dor que sentiu na infância. A capacidade de sua mãe/seus pais de ver ou entender você é secundária e desnecessária para você seguir em frente. Você não precisa ter uma relação harmoniosa com eles para se curar.

Não foi sua culpa. Essa simples e profunda percepção recupera seu poder de volta da Ferida Materna e coloca o nosso centro de gravidade de volta em nós. É o antídoto para a crença inconsciente de que a aceitação por parte da família depende da nossa vontade de aceitar a dor e vergonha como nossas.

Para uma criança, sentimentos dolorosos parecem ter o poder de matar. Eles têm um poder tão ameaçador que devem ser suprimidos. Como crianças, temos que nos dividir em duas para *não* sentir e assim poder sobreviver. Como adultos, podemos curar a cisão, dando-nos a experiência de sentir nossas emoções plenamente e compreender que essas emoções dolorosas NÃO têm o poder de nos matar. Nós podemos descobrir que somos mais poderosas e mais amplas do que qualquer emoção dolorosa. Podemos descobrir que um sentimento ruim não significa que somos "más". De fato, podemos aprender que acessar e processar a verdade de nossa dor é parte de nossa bondade, autenticidade e realidade.

Não podemos nos curar de feridas que nos recusamos a reconhecer.

Existe um alto custo em não contabilizar as feridas de infância. Devido às limitações cognitivas das fases do desenvolvimento, uma criança que sofreu abuso não pode deixar de se ver como a causa do próprio ferimento. Essa falta de consciência e falta de responsabilidade impede o luto necessário que só é possível depois de honesta reflexão adulta sobre as experiências da infância que causaram sofrimento. Sem essa tristeza, a criança não curada continuará a viver no corpo adulto, projetando sua dor sobre os outros e reencenando as situações ruins repetidamente, enquanto se culpa.

Por que temamos a responsabilidade?

Muitos temem examinar o que aconteceu por verem isso como equivalente a culpar os pais; eles consideram a mesma coisa. Essa fusão errônea é um sintoma do emaranhado disfuncional que o patriarcado promove. Devemos separar as duas coisas. Essa crença permite que o abuso corra solto por gerações. Quanto mais adultos chorarem completamente suas feridas de infância, mais nossa sociedade deixará de ver a responsabilidade como uma ameaça à condição de poder dos pais. Pelo contrário, pais (que tiverem feito o devido luto pelos próprios ferimentos de infância) verão a sua responsabilidade como uma fonte de honra e orgulho.

A responsabilidade traz a maior consciência necessária para que mudanças significativas ocorram.

Temos o potencial para realmente ver e prantear a tragédia de como nossa dor inconsciente e não curada pode fazer com que prejudiquemos outras pessoas sem saber. Devemos ter a coragem de ver claramente como temos sido feridos *pela* dor não curada dos outros, e como nossa dor não curada tem-*nos* feito ferir os outros. Considerados em conjunto, esse reconhecimento é o nascimento da compaixão, perdão e mudança significativa. Esse reconhecimento é o produto de sofrer nossa própria dor o suficiente, a ponto de entendermos que o comportamento dos outros realmente não tem nada a ver conosco. Como os outros nos tratam é o resultado do estado interno deles. Isso cria um espaço psíquico no qual não mais nos sentimos compelidas a responder com reatividade ou hostilidade aos que agem por causa da dor. No entanto, até que lamentemos nossas feridas de infância, levaremos o comportamento dos outros para o lado pessoal, porque essa é a perspectiva limitada de uma criança não curada, que não pode deixar de se ver como a causa dos acontecimentos. Até que lamentemos o suficiente, seremos compelidas a repetir o sofrimento. Sentir completamente o luto pelas feridas da infância é um ato poderoso de maturidade que abre o caminho para um novo mundo.

Algumas reconhecem que, embora as feridas da infância sejam dolorosas, sentem que a angústia ou a dor as ajuda a ser criativas, excêntricas e apaixonadas. Algumas temem que, caso se curem, possam ser menos peculiares ou perder um impulso que as mantém motivadas e bem-sucedidas como adultas. A verdade é que, ao nos curarmos dessas feridas, não perdemos o que nos torna únicas; pelo contrário, nossa verdadeira energia criativa é liberada de formas que nos ajudam a ser verdadeiramente inovadoras e originais, permitindo que tenhamos a amplitude psicológica para olhar além do confinamento da cultura familiar e para novas possibilidades que estão além de nossa percepção limitada pelo ferimento na infância.

Um dos desafios na minha jornada de cura tem sido crer que o descanso e o relaxamento não me deixam vulnerável a resultados negativos. Isso se baseia na crença errônea, que desenvolvi quando criança, que estar segura exigia estar sempre mentalmente hipervigilante e sempre esforçando-me pelo próximo objetivo. Para mim, quando criança, parecia muito inseguro relaxar. Como adulta, tive que desenvolver um relacionamento diferente com o descanso e vê-lo como parceiro de minha criatividade e produtividade, não um obstáculo. Lembro-me de um dia, quando estava exausta, mas mesmo assim sentia que deveria me forçar a trabalhar até meu limite. Em vez disso, dei um passo radical e me dei o dia todo de folga. Não fiz uma única coisa produtiva o dia inteiro. Não fiquei navegando na Netflix ou nas redes sociais; fiz questão de descansar consciente e profundamente. Durante um tempo, fiquei olhando pela janela vendo esquilos brincarem nas árvores perto de casa. Por um tempo, só fiquei vendo os minutos passarem no relógio digital. Então, veio uma certa tristeza e chorei um pouco. Segui o meu próprio ritmo momento a momento. Tudo isso pareceu incrivelmente tranquilizador e reconfortante. Eu me permiti somente SER. Fiquei impressionada que, após aquele dia de descanso total, estive incrivelmente produtiva e organizada nos dias que se seguiram; e nenhuma das tarefas pareceram um fardo ou um trabalho árduo. De fato, me senti tão descansada, que completar tarefas triviais foi divertido e energizante.

Baseado no que aprendi retrabalhando aquele padrão, agora me certifico de ter um dia inteiro completamente livre toda semana e isso tem melhorado muito minha criatividade e produtividade. Esse é um exemplo de como ser responsável pela minha hipervigilância na infância me ajudou a quebrar o ciclo da exaustão. A menos que tenhamos coragem de olhar para essas coisas, elas podem nos manter presos indefinidamente nas armadilhas de padrões que não funcionam.

Por que a responsabilidade é necessária?

Viver o luto é impossível sem responsabilizar-se pela verdade do que você passou. E chorar é precisamente o que nos reconecta mais profundamente conosco e aumenta aquele espaço entre o estímulo e a resposta, para que mais possibilidades e escolhas possam ser acessadas.

Curando a cisão interna

Quando fazemos esse trabalho, validamos a criança interior que foi forçada a suprimir seus sentimentos, ver a si mesma com desconfiança, negar seus instintos e rejeitar seu núcleo. Essa cisão é o que a ajuda a sobreviver à verdade insuportável. Quando fazemos esse exercício, nos tornamos "reais" de novo. A verdade era insuportável e tivemos que suprimi-la enquanto crianças. Mas precisamos nos reconectar com aquela verdade como adultas para realmente viver.

A resposta à mudança pessoal e social reside em empatizar com a criança abusada dentro de cada uma de nós.

Para as mulheres serem totalmente reveladas em seu poder, precisamos criar um mundo em que a criança não tenha que escolher entre poder pessoal e o amor da mãe.

O maior ato de responsabilidade é ser nossa própria mãe. Fazendo isso, paramos de pedir aos outros que o sejam. Paramos de pedir aos nossos filhos, parceiros e amigos para nos dar o que não podem. A compulsão inconsciente para reencenar a dor gradualmente se dissolve. Não é possível efetivamente cuidarmos de nós como mães sem antes empatizar com a verdade do que passamos. Para fazer isso, precisamos nos conectar com nossa criança interior, ouvi-la, validá-la e permitir que ela sofra. Isso abre caminho para a alegria e a indestrutível bondade dela fluírem para dentro de tudo o que fazemos.

──────── **QUESTÕES PARA REFLEXÃO** ────────

1. Existem memórias e experiências da sua infância cuja exploração e cura mais profundas a beneficiaria? O que há sobre a sua infância que você ainda não tenha contabilizado dentro de si mesma que, se abraçasse e reconhecesse, poderia prover algum profundo alívio e impulso em sua vida presente?

2. Que partes ou aspectos seus você teve que cortar ou minimizar para ser mais aprovada na família?

3. Que formas de se nutrir você pode adotar ou trazer essas características enterradas de volta à vida agora? Que passos você pode dar para começar a acolher essas qualidades de volta em sua vida?

CAPÍTULO 12

Luto

A dor é importante: como fugimos dela, como sucumbimos a ela, como lidamos com ela, como a transcendemos.

Audre Lorde

À medida que eu processava a dissolução de minha família e o que estava começando a parecer a possível dissolução do meu casamento, houve momentos em que senti como se estivesse sendo reduzida a pó. Embora funcionasse na minha vida diária, minhas estruturas internas pareciam estar evaporando rapidamente, como areia escorrendo por entre meus dedos. Todas as estratégias e mecanismos de enfrentamento nos quais sempre tinha confiado agora pareciam inúteis. As mesmas ferramentas que usara para me compreender e ao mundo eram agora muito dolorosas para serem empregadas ou se tornaram obsoletas. O papel da "boa menina" pareceu vazio. Minha preocupação em ser amada e aprovada foi substituída por uma fome crua pela verdade. A motivação para ser uma perfeccionista "em busca da excelência" desaparecera. Senti como se não houvesse mais nada pelo que lutar. E na esteira daquelas máscaras e estratégias podres, camada sobre camada de raiva e tristeza vieram à superfície pelos primeiros momentos em que me sentia não amável, má e nunca boa o suficiente. Comecei a sentir como se eu estivesse vivendo momento a momento, respiração a respiração.

A terapia estava particularmente intensa nessa época. Na terapia com Nicole, comecei a trabalhar com o que chamava de "buraco negro": o cru e escaldante centro da Ferida Materna. Sentia uma total desorganização interna e desespero. Era sempre precedido pelo que me parecia a melodia familiar da *condenação que por toda a minha vida tocara levemente ao fundo, composta por confusão, insegurança e exaustão. No meu cotidiano, geralmente evitava esse sentimento ou me anestesiava. Mas, recentemente, ele tinha começado a se afirmar na minha existência diária. Estava confusa com essa progressão: tivera momentos de intensa clareza e liberdade, mas agora eu estava sendo mergulhada em profundo desespero.*

Nicole me explicou que, quanto mais você se cura, mais trauma se torna capaz de processar. É uma forma diferente do que tipicamente imaginamos de progresso. Assumimos que iremos em uma linha reta em direção ao "melhor", porém, no tratamento do trauma, é mais como uma espiral ou uma onda. Essa espiral envolve regressões frequentes durante as quais a pessoa repetidamente se confronta com ecos do material traumático, enquanto desenvolve bem gradualmente a capacidade de digerir, integrar e evoluir além das velhas narrativas traumáticas, crenças, emoções, comportamentos e modos de ser e se relacionar.

Durante uma sessão de terapia, falei para Nicole: "Eu posso sentir o buraco negro se aproximando. Uma sensação de estar sendo perseguida por uma força maligna".

Ela disse: "Bem, vamos trazê-la para fora, vamos dar uma boa olhada nela. Eu estou aqui. Você está segura. Vamos olhar para isso juntas".

Perguntei: "Tem certeza? Parece que, se eu olhar para isso, ele me matará. Se eu me abrir, isso vai me destruir com certeza".

Ela respondeu: "Sim. Eu tenho certeza. Estou com você e você está segura".

Ok, aqui vamos, pensei.

Permiti que os sentimentos me inundassem. Me senti caindo em um abismo. Nicole me perguntou o que estava sentindo enquanto eu chorava. Falei desse lugar e disse: "Eu sou muito má. Quero morrer. Sou o pior, o mais horrível, horrendo e terrível ser. Sou hedionda". E então, fui para um lugar mais profundo, como se estivesse realmente falando com minha mãe. "Eu não posso fazer minhas necessidades irem embora. Por favor, não me deixe. Tentei, mas não consigo deixar de precisar. Quero me matar, assim você vai me amar. Sou tão má. Eu me odeio". Eu estava testemunhando o autoabandono e a supressão da minha alma que precisava atravessar para manter o vínculo com minha mãe.

A solidão traumática, o terror, o desamparo, a sensação de condenação eterna, a sensação de se odiar, o anseio por minha mãe. Enquanto falava e chorava, senti a mais intensa impotência e perda de esperança, como se cada célula do meu ser estivesse sendo permeada por desespero. De alguma forma, a sensação ter uma pessoa lá comigo me ajudou a ficar presente. Nicole me assegurou inúmeras vezes que eu estava segura, que ela estava comigo. "Você não está sozinha. Você está segura". Minhas pernas tremiam o tempo todo. Simplesmente permiti que os sentimentos, as palavras saíssem como quisessem e meu corpo tremesse tanto quanto precisasse. Parecia vir em ondas. Havia um intenso movimento de choro, palavras e tremores, e então uma profunda quietude por um ou dois minutos, e então começava de novo. Não havia imagens; parecia pré-verbal, ou de uma época nos primeiros poucos anos da minha vida, como uma sombra que foi guardada nos profundos recessos do meu ser desde então.

Durante um dos breves períodos de quietude, estava respirando profundamente quando percebi uma presença benevolente palpável em torno da dor; uma consciência pura, clara, amorosa que estava assistindo a dor, porém não se perturbava ou se limitava por ela; vi então que essa benevolência estava na minha própria essência, na minha própria existência, e incluía tanto a dor excruciante quanto a vasta, amorosa e terna consciência que a cercava. Esse reconhecimento visceral parecia muito libertador.

A emoção de completo desespero não me matou como eu temia. Eu estava em pé, no chão da minha mais profunda dor... e estava viva! Esse momento foi um poderoso ponto de mudança na minha jornada.

Sentar-se com a nossa dor é um ato tão simples, mas pode ser uma das coisas mais difíceis a fazer.

Sentir nossa dor e não correr para resolvê-la, anestesiá-la, evitá-la ou encobri-la requer enorme coragem. É aqui que entra a rendição. Chegamos a um ponto no processo de cura em que já lemos todos os livros, consultamos todos os gurus, ou tentamos todas as técnicas sofisticadas, e tudo o que restou foi a última coisa que queremos fazer: sentir nossos sentimentos dolorosos. Ironicamente, sentar-se com nossa dor é precisamente o que, por fim, nos trará tudo o que estávamos procurando evitando-a.

A chave principal para curar as feridas emocionais é a disposição para suportar o desconforto em prol da transformação. Essa disposição é essencial para superarmos as feridas da infância.

O desconforto pode vir de muitas formas:

- Ser incompreendida pelos membros da família.
- Sentar-se com a própria dor e apenas senti-la e permitir que ela esteja ali.
- Passar por períodos de raiva e indignação ao acordar para a realidade do quanto sofreu quando era criança.
- Deixar a tristeza aflorar, sem saber quando ela vai passar.
- Ter pouca energia ou o sentimento de estar perdida ou incerta.
- Permitir-se ser vulnerável e receber apoio dos outros.
- Alienação de pessoas de quem você costumava ser próxima.

Nossa cultura promove a ideia de gratificação imediata e resultados instantâneos. São necessárias enorme coragem e força para continuar com o processo nada glamouroso de cura, que tem um cronograma próprio. Além do componente cultural, há também os instintos de sobrevivência internos que nos dizem para lutar ou fugir quando nos sentimos ameaçadas. É por isso que ter um suporte no processo de cura é essencial.

Para uma criança interior não tratada, o único modo que conhece para se acalmar é agir de acordo com os padrões que foram impressos pela família de origem – em geral, os mesmos que estão causando a dor. Isso nos mantém presas em um círculo vicioso. A resposta é cultivar a habilidade da maternidade interna e acalmar nossa criança interior, enquanto fazemos novas escolhas que reflitam melhor nossos desejos e necessidades. Esse vínculo interno é o que nos ajuda a nos separarmos efetivamente dos padrões familiares e culturais que causam sofrimento.

Para muitas de nós, crescer envolve uma série de traições a si mesma, nas quais a única escolha que tivemos foi criar uma cisão interna para sobreviver. A cisão geralmente envolve algum modo de anestesiar nossos sentimentos e nos rejeitar para sermos aceitas pela família. A cura envolve a recuperação de nossa capacidade de sentir plenamente nossos sentimentos e, ainda assim, sentir e expressar a verdade de quem somos, sem vergonha.

Eventualmente, o desejo e a fome de viver nossa verdade ofuscam todos os outros desejos, inclusive o de ficar livre da dor.

Essa fome pela verdade é confiável e a levará ao que você precisa em cada momento. E, algumas vezes, o que você precisa é aceitar ainda um outro nível de dor interna. Os momentos de alívio e felicidade que se abrem por ter aceitado e vivido sua dor faz tudo isso valer a pena. Aprendemos repetidamente que o ato de abraçar nossa dor e estar presente com ela é o que nos conecta com a verdade maior sobre quem somos.

Um novo espaço interno será criado onde você tem permissão de viver do REAL.

Quando fazemos o trabalho interno, mais cedo ou mais tarde surge uma convicção: uma aceleração, uma fome e um compromisso feroz de viver a própria verdade. Ao encararmos cada vez mais a verdade sobre o que vivemos quando crianças, e como isso impactou nossa vida, cresce um desejo de viver cada momento a partir de dentro da chama do seu eu original. Cada momento passa a representar uma nova e revigorante oportunidade de viver uma consciência simples e aberta sobre o que acontece.

Vemos que a própria consciência é um abraço.

Começamos na dolorosa periferia. Ao ficarmos cada vez mais hábeis em suportar o desconforto e a incerteza, descobrimos o potencial de nos fundirmos com a sagrada presença que vive no centro de nossa dor, e compreender que é a verdade de quem nós somos.

Muitas de nós, bem no fundo, têm um sentimento de nostalgia, um anseio sem nome e uma tristeza dolorosa. Muitas viveram esse sentimento de estar sem chão e à deriva quando crianças em relação à mãe. Abraçar o sentimento de saudade dentro da Ferida Materna nos leva, por fim, a um lugar onde percebemos que não podemos jamais ser realmente abandonadas. Isso é possível quando nos tornamos uma mãe interior amorosa para nossa criança interior ao abraçarmos seu mais profundo desespero.

Nesse desespero há uma porta; uma porta para a nossa fonte, a consciência unificada na qual somos unos com todos.

Dessa forma, nossa dor é uma mensageira nos dizendo que é hora de voltar para casa, para a primordial casa interna, que é a realização de nossa verdadeira identidade enquanto consciência, o conhecimento de que somos espírito e nunca podemos ser de fato prejudicadas ou abandonadas porque somos um com o todo.

Sentir a nossa dor é o que permite nos livrarmos dela.

Ao se sentar com nossa dor e trazer suavidade e aceitação para ela, começamos a reconhecer que a dor que sentimos não é a verdade sobre quem realmente somos. Começamos a ver que somos a presença amorosa e aberta que incorporamos ao abraçar nossa dor, nossa verdadeira identidade por baixo de todas as outras. A culminação de viver como um "eu" é viver como o "não eu": o vasto e generoso espaço que amorosamente testemunha nossa dor e a abraça totalmente.

Através daquela ferida primária, sagrada, somos chamadas a ser aquela mãe amorosa de nós mesmas... e de toda a vida.

Ao encarnarmos o amor incondicional da mãe interior, nos reconectamos com a vida em si. Ficamos reconectadas ao centro que não nasce nem morre, que está constantemente nascendo e morrendo de incontáveis maneiras. Esse é o passo evolucionário que reside dentro da dor da Ferida Materna.

Como mulheres, crescemos acreditando que um poder sagrado reside *fora* de nós; e, no processo de cura, começamos a entender que o que mais desejamos, o que é mais sagrado, eterno e puro, está *dentro* de nós e sempre esteve. De fato, ele *somos* nós. Não apenas em uma ou em algumas, mas vivendo igualmente em todas nós, em toda vida.

Por estarmos todos conectados, cada vez que abraçamos amorosamente nossa dor, ativamos o poder da unidade em tudo.

A tristeza é a forma como processamos emocionalmente nossas experiências e nos movemos para além dela. Para nossa cultura, que é obcecada por produtividade e perfeição, a experiência de luto, sua tristeza, raiva e sentimento de perda, pode parecer passos para trás ou um lugar estático. Mas isso é uma ilusão. O luto é o grande acelerador.

De acordo com o médico e escritor Gabor Maté, como humanos, temos duas necessidades primárias: de apego e de autenticidade. Em famílias disfuncionais, a criança normalmente reprimirá suas necessidades de autenticidade para preservar o apego com o cuidador principal, em geral a mãe.

A necessidade humana principal é o apego. Sem tratamento, nossas feridas de apego persistirão na vida adulta, e podem fazer com que inconscientemente organizemos nossa vida de modo a não desencadear a memória emocional da solidão traumática. Isso é o que pode nos manter presas a relacionamentos, trabalhos ou situações das quais precisamos nos afastar.

A necessidade de reprimir a autenticidade cria uma mentalidade de "ou/ou" que pode ficar conosco e ser projetada em outras partes de nossa vida. A cura vem de reparar essa divisão, de forma que ambas as necessidades, de autenticidade *e* de apego, possam ser abundantemente atendidas dentro de nós e, subsequentemente, em nossos relacionamentos.

Essa reunião no eu nos abre para a possibilidade de perceber um "e" até mais amplo, um vínculo de amor e pertencimento que permeia toda a vida.

Necessidades de autenticidade – a experiência de ter nossa identidade real sendo vista, aceita e validada, inclusive:

- Falhas e limitações.
- Fracassos e erros.
- Manias e idiossincrasias.
- Dons e talentos.
- Grandiosidade e singularidade.

Necessidades de apego – as necessidades de amor, segurança e pertencimento, inclusive:

- Ser vista e respondida com gentileza.
- Ser emocionalmente realizada.
- Ter a sensação de fazer parte de uma díade e de grupos maiores.
- Toque físico e afeição.
- Ser apoiada e compreendida.
- Sentir-se emocionalmente segura.

Não temos muitos modelos do que seja perseverar nessa jornada de cura, e muitas param prematuramente. Uma parte crucial é a disposição em estar presente com a nossa própria dor. Como humanos, é natural querer evitar a dor, mas normalmente evitar é mais doloroso do que a dor em si. É por isso que apoio é tão fundamental. As feridas começam em relacionamento e a cura definitiva ocorre também em relacionamento.

Sem a respectiva resistência de um enredo mental, a dor emocional pode ser profundamente purificante, esclarecedora e libertadora.

Quando a dor daquela solidão original da infância é contatada e sentida, surge uma poderosa sensação de *aterramento*. Quando conseguimos ficar conscientes e encarar nossa dor emocional, estamos no alicerce do eu. Há um imenso alívio em perceber que está sentindo a profunda dor da ferida central, e que você está viva. A dor emocional, a qual você temia que pudesse destruí-la, a fez nascer para a realização da sua vastidão, para ver que você é maior do que qualquer emoção dolorosa.

Há uma diferença entre desespero e tristeza. Desespero é reviver a dor do passado como se ela estivesse acontecendo no presente. Isso é a projeção da dor do passado sobre a situação atual. É a dor da criança interior sem o testemunho de um adulto amoroso. Você identifica isso ao olhar para a sua narrativa mental que acompanha a dor emocional que está vivenciando. No desespero, a narrativa geralmente é negativa, focada no quão ruins as coisas estão e como não há esperança. Essa é a narrativa de uma criança sentindo dor sozinha, sem apoio. Quando estamos em desespero, a criança interior é abandonada repetidas vezes ao replicarmos esse padrão infantil internamente.

A tristeza é diferente. A tristeza transpira quando a consciência de um adulto amoroso está presente ao lado da dor, uma narrativa de presença amorosa, um sentimento de "Eu estou com você nesta dor. Você não está sozinha. Essa é a dor do passado. É seguro senti-la agora. Estou com você. Lamento que tenha sofrido tanto e estivesse tão só. É seguro sentir e deixar essa dor ir embora". Através desse ato de empatia com a própria dor, a presença dessa consciência interna nos permite digeri-la e atravessá-la para um lugar de maior leveza e liberdade.

Você se lembra do seu eu criancinha? Aquele que conversava com as abelhas, flores e borboletas? Ao encarar a dor dentro de si, você recupera a criancinha que a está esperando no seu interior. A sua presença na dor abre uma porta para sua inocência, vitalidade, ludicidade, criatividade, alegria e sabedoria fluírem para dentro da sua vida novamente.

Naquele momento de estar consciente em face da própria dor, é possível vislumbrar você maior, aquela você que é parte de todas as coisas. E sentir a compaixão espantosa por ela, que sempre a amou, em cada canto e recanto de sua vida. Você pode ver que nada jamais foi separado do amor dela.

A Ferida Materna pode ser um portal para realizar um vínculo de "apego" mais profundo e indestrutível que interconecta toda a vida.

Estando disposta a permanecer consciente na dor dela, um véu é erguido.

Cada pedaço de dor emocional que você corajosamente enfrenta a faz nascer para uma mais sólida expressão do *real*.

Com o tempo, percebemos que a segurança definitiva não vem do que a mente nos diz, mas de viver a partir daquele núcleo real de presença bruta e aberta dentro de nós; aquele núcleo "sólido" que é revelado no centro de nossa própria dor. Ao longo do tempo, talvez ao longo de uma vida, passamos a aceitar cada vez mais que a segurança não vem de luta ou atividade mental, mas de um brutal e aberto desconhecimento que pode somente nos guiar de momento a momento. Através disso, conseguimos acessar tanto o imaginário infantil quanto a profundidade e a sabedoria que foram esculpidas pela radical integridade de encarar nossa própria dor.

Essa radical integridade é o alicerce sobre o qual construímos nossa vida de autenticidade e serviço ao todo.

É paradoxal que, ao entrar na nossa mais profunda solidão, a solidão traumática da infância, temos a chance de ver que nunca estivemos separadas do divino. O mundo todo então se torna nossa base segura para exploração. Essa segurança é tão vasta, que esse abraço é eterno. Você pode começar a se identificar com esse aspecto de seu ser e praticar abraçando o que quer que surja lá de dentro com uma curiosidade gentil e amorosa.

A vida se torna uma série de desprendimentos infinitos até o real.

Metabolizar a dor torna você capaz de incorporar um nível mais potente de verdade. Ao incorporá-lo, você está servindo àqueles ao seu redor de uma maneira profunda.

Sua profunda autenticidade, sua originalidade, sua excentricidade são a mais potente e estimulante expressão do divino. Ironicamente, as mesmas coisas que tivemos que reprimir quando crianças geralmente se tornam o veículo pelo qual o divino procura se expressar em nós.

A verdade é que sua presença é única com a presença do divino.

Você não tem que fazer ou ser nada em particular para isso ser verdadeiro. Você já é, e sempre foi, infinitamente aceita e totalmente amada pelo divino. Isso fica visceralmente autoevidente em sua experiência ao longo do tempo. No início, são vislumbres, mas eles começam a se expandir até que, gradualmente, com o tempo, tornam-se o seu modo primário de ser.

Sentindo-se segura em sua originalidade e tendo soberania

As emoções dolorosas da Ferida Materna servem para ajudar você a perder as camadas de adaptações disfuncionais da sua infância e a chegar ao núcleo vivo de fogo dentro de você... e a caminhar cada vez mais no mundo como a luz que libera.

Dessa forma, a Ferida Materna é uma professora. Ao curá-la, ela se transforma de uma fonte de dor em uma fonte de sabedoria. Encarar a dor não nos aniquila, como o ego alegava, pelo contrário, nos faz nascer para um novo relacionamento com a vida, da separação à unidade. Aquela presença dentro de nós, o "amado interior", está sempre nos convidando a uma comunhão mais profunda com ele, a entregarmos nossas máscaras, nossa falsidade, nossa dependência da mente e nossas defesas, e viver a partir de uma intimidade sem defesas.

Quando um novo nível de dor se apresenta para ser processado, podemos vê-la cada vez mais como o amado interior acenando para nos fundirmos com ele no fogo da verdade, para desprender mais uma camada para a unidade com o todo, para perceber o vasto abraço em que absolutamente nada é deixado de fora.

Em um nível mais profundo, a Ferida Materna é um ferimento com vida própria. E quando a curamos no nível pessoal, adentramos algo universal. Ao nos desintoxicarmos das mensagens culturais e familiares, nossa força vital é lavada das defesas dolorosas, e um novo espaço é criado dentro de nós para irradiar energias poderosas que beneficiam toda a vida.

Como vivemos isso todos os dias?

A verdade é devastadora para o ego. É contra tudo que nossa cultura nos ensinou. De fato, nossa cultura é projetada para nos distrair das investigações necessárias para perceber isso em nossa experiência direta.

Requer coragem e integridade radical para realmente viver isso. Mas não há nada mais nutritivo e estimulante.

Na realidade, nosso lugar mais poderoso é o do enfrentamento nada glamouroso de nossos sentimentos a cada momento.

- Enfrentar nossa dor, dar o tempo para processar, investigar e obter informações.
- Ver as nossas defesas adaptativas e escolher permanecer aberta.
- Abraçar nossos lugares de vergonha e praticar ativamente o autoamor.
- Em termos de produtividade, agir apenas quando inspirada; senão, descanse.
- Examinar os nossos momentos de falsidade e escolher ser real.
- Trabalhar a cada momento para não fugir para os conceitos de "final, feito, destino".

Curar a Ferida Materna leva tempo. É comum as pessoas chegarem a lugares de intenso desconforto e pensarem: *"O que estou fazendo de errado? Pensei que estava me curando, mas me sinto péssima! Quando a dor vai terminar?!"*. É nesse ponto que as pessoas podem se humilhar, se distrair ou duvidar de sua capacidade de se curar. Mas também é nesse lugar que é importante não desistir, aguentar e obter a ajuda necessária para prosseguir.

Um equívoco comum é que pessoas "evoluídas" nunca sentem emoções desafiadoras como ódio, raiva, tristeza ou ciúme. Eu diria o oposto. Ser desperta, consciente e centrada significa incorporar o benevolente espaço para o amplo espectro de emoções emergir e ser visto sem julgamento. Inteligência emocional vem da capacidade de sentir todos os tipos de emoções sem ficar presa ou identificada com nenhuma delas. Pode-se dizer que temos a capacidade de nos tornarmos emocionalmente "fluentes".

Como crianças, precisávamos de aprovação externa para sobreviver, mas, como adultos, a aprovação que devemos encontrar é a nossa.

Minha sensação é que a verdadeira dádiva da dor de não ser vista é não ter outra escolha a não ser encontrar e recuperar seu valor dentro de si mesma primeiro, sem a aprovação ou validação dos outros. Fazendo isso, a singularidade do espírito emerge. Essa força só pode emergir após vivenciar a quantidade suficiente de luto; sentir indignação saudável em favor da criança que você foi, entristecer-se pelo que legitimamente precisava e não recebeu, aceitar que não é sua culpa, ver que as feridas inconscientes dos seus pais/responsáveis foram a causa e sempre estiveram completamente fora do seu controle. Quando seguimos nossa tristeza para onde ela nos levar, nosso coração se abre para a compaixão por todas as pessoas, por todos os seres vivos. A tristeza não nos enfraquece ou esgota, ela nos restaura, fortifica e renova.

O luto é uma expressão de autopropriedade

Você já sentiu a alegria e o alívio que vem de sentir emoções difíceis até o final? Aquela sensação de limpeza, de um peso sendo tirado, uma sensação de frescor e renovação? Todas as emoções difíceis nos oferecem essa transformação. Muitas de nós não cresceram aprendendo que todas as emoções, mais cedo ou mais tarde, seguem seu curso e chegam a uma conclusão. Como os adultos à nossa volta muitas vezes tinham medo das emoções, podemos ter sido persuadidos, distraídos ou envergonhados por eles. A verdade é que todas as emoções são temporárias. Quando abraçadas e permitidas, sempre passam.

Precisamos entender que isso é necessário para uma desconstrução interna acontecer. Em virtude de vivermos em uma cultura patriarcal, tivemos que internalizar estruturas e crenças que são, na verdade, *construídas para impedir* nosso empoderamento e autorrealização como mulheres. Então, sem essa necessária desconstrução e o desconforto que ela traz, nenhuma transformação autêntica pode ocorrer. É por isso que sou tão apaixonada por ser brutalmente honesta sobre o fato de que esse trabalho leva um longo tempo *e* enfatizar que cada mulher vale o tempo e o esforço que esse trabalho requer.

Se continuarmos no caminho de curar a Ferida Materna, algo verdadeiramente milagroso e profundo pode começar a despertar dentro de nós. Podemos nos tornar conscientes de nossa presença de um modo palpável, talvez uma presença que pareça familiar. Pode parecer um desejo divino, uma felicidade, uma fonte dentro de nós que sempre está e esteve lá, desde o começo. Podemos começar a perceber o seu poder como uma transbordante emanação de dentro, o verdadeiro eu nuclear, a fonte de tudo. O que resulta nesse estágio é conhecer. Conhecer sua divina natureza gradualmente amanhece em seu ser, e com uma sensação de que você tem dentro de si uma fonte de amor que está sempre lá, sempre disponível.

Para libertar completamente, primeiro precisamos sentir que somos plenamente apoiadas. Precisamos nos certificar de que temos um ambiente seguro em nossa vida para apoiar esse trabalho. Em minha opinião, o ambiente ideal para o suporte a esse trabalho tem três elementos simultaneamente; entretanto, embora ideal, não é necessário para todos. Cada um desses elementos é maravilhoso por si só, mas, juntos, formam uma poderosa base de apoio para que você possa atravessar a Ferida Materna. É possível experimentar um ou mais deles em épocas diferentes da sua jornada.

1. **Psicoterapia individual de longa duração** com terapeuta relacional, que ressoe profundamente com você e tenha anos de experiência em mágoas de apego e trauma complexo de desenvolvimento. Isso permite que se aprofunde no processo emocional necessário para gerar mudança significativa nos padrões e crenças iniciais. Pode demorar um pouco a achar a terapeuta certa, então é importante ter paciência (e precisamos de mais terapeutas que façam esse trabalho mais profundo em si mesmas, para que possam ajudar outras a chegarem a esse nível de profundidade da cura e da transformação.)
2. **Coaching com uma competente e compreensiva mentora/coach** que já tenha passado por muitos anos de tratamento e que continue em seu próprio caminho até hoje. Essa pessoa vai ajudá-la a agir nas mudanças e nos insights que ocorrem conforme você processa e cura a Ferida Materna. Esse é o serviço que eu ofereço.
3. **Uma comunidade solidária e estável** que promova segurança, autenticidade e transparência. Pode ser um grupo informal de amigas ou uma comunidade formal, que se reúna regularmente com a intenção de uma apoiar os desdobramentos uma da outra. O importante é que o grupo seja duradouro, confiável, bem informado sobre trauma e consistentemente disponível.

O compromisso corajoso e prolongado com a cura não é uma razão para autojulgamento; é um motivo para profundo autorrespeito. Esse processo de cura é feito ao longo do tempo, passo a passo, ternamente, gentilmente e com compaixão.

A sociedade moderna tende a julgar como falho ou desajustado de alguma forma quem faz terapia de longa duração ou *coaching*. Eu encorajo você a recusar-se a crer nisso. A verdade é que normalmente são necessários *mesmo* muitos anos de trabalho interno para curar mágoas intergeracionais, especialmente se estivermos na extremidade mais aguda do espectro do trauma de infância. Já me vi, e a outras pessoas, tentando fazer esse trabalho sozinha e, francamente, isso é apenas adiar o que realmente precisa ser feito.

Ansiar pelo alívio da dor é natural. É humano. Mas se queremos ser de fato maduras enquanto espécie, e nos curarmos realmente, devemos mudar o foco: *deixar de buscar alívio fora das nossas feridas*, e passar a buscá-lo através da *transformação de nós mesmas através delas*.

Não evoluímos e crescemos ao odiar nossas feridas ou julgar nosso sofrimento. Crescemos ao abraçar nossa dor e perceber que nenhuma emoção dolorosa pode nos fazer mal. Essa visão profunda só é possível deixando de lado o apego de estar "pronta", rendendo-se ao processo e obtendo ajuda profissional. Essa mudança poderosa na mentalidade em direção à própria jornada de cura é crucial para realmente colher as dádivas de uma vida conscientemente vivida.

O seu desejo por cura contínua não é patológico; é um impulso profundamente saudável e vivificante. A tendência de nos julgarmos por nossas feridas está profundamente incorporada na cultura e em nossas famílias. Podemos nos sentir como uma estranha ou como se houvesse alguma coisa errada conosco. Mas a verdade é que as pessoas que buscam cura e crescimento são sempre as mais saudáveis em um sistema familiar disfuncional.

É preciso ajuda especializada para manter a mentalidade necessária para o nosso processo evoluir e abundantemente colhermos as dádivas de nosso contínuo crescimento.

Pare de fazer do alívio da dor o seu principal objetivo. Pare de se obrigar a estar "pronta". Comece a ver a ferida como um portal para o seu poder.

Quanto mais você cura a Ferida Materna, mais pode incorporar conscientemente a própria natureza divina.

É como se o processo de cura limpasse todos os detritos limitantes que acumulamos em nossas famílias e em nossa cultura. E, quando limpamos, há mais espaço para guardar a energia de nossa verdadeira essência e incorporar nossa identidade como seres divinos capazes de apresentar novas ideias e soluções para o mundo, que está em uma fase de grande transição.

Embora esse trabalho de cura das feridas geracionais seja desafiador, insuportável e solitário às vezes, é um privilégio estar consciente o suficiente para fazê-lo. Muitos ancestrais nossos esconderam a sua dor, e isso os incapacitou de muitas maneiras. Agora somos abençoadas com a consciência e as ferramentas para curar nossas feridas.

QUESTÕES PARA REFLEXÃO
---

1. Quais sentimentos você tenta evitar ou minimizar que, se abraçados e sentidos, aliviariam muito a sua carga emocional?

2. Se você se sentir inspirada, a próxima vez que essas emoções desafiadoras surgirem, visualize-se calmamente abraçando a emoção com sinceridade e afeição. Há algum apoio que possa acionar para dar suporte a essa experiência?

3. Quais eram as suas necessidades de autenticidade quando criança? Quais eram suas necessidades de apego? De que maneiras teve que reprimir suas necessidades de autenticidade para proteger seu vínculo com sua mãe ou seus responsáveis? De que forma você pode dar àquelas necessidades de autenticidade reprimidas alguma expressão e algum apoio agora?

CAPÍTULO 13

Descobrindo a mãe interior

E a Grande Mãe disse:
Venha minha criança e dê-me tudo o que você é.
Eu não temo sua força e sua treva, o seu medo e sua dor.
Dê-me suas lágrimas. Elas serão meus rios caudalosos e oceanos
estrondosos.
Dê-me sua raiva.
Eu vou explodi-la em meus vulcões flamejantes e
trovões ondulantes
Dê-me seu espírito cansado. Eu vou deitá-lo para descansar em
meus macios campos
Dê-me suas esperanças e sonhos. Eu vou plantar um campo
de girassóis e arco-íris no céu. Você não é demais para mim.
Meus braços e meu coração dão boas-vindas à sua
real inteireza.
Há espaço em meu mundo para todas vocês, tudo o que
vocês são.
Embalarei você nos ramos das minhas antigas sequoias e nos
vales das minhas gentis colinas. Meus ventos suaves cantarão para
você canções de ninar e acalmarão o seu coração oprimido.
Solte a sua dor profunda.
Você não está só e você nunca foi só.

LINDA REUTHER, EM "HOMECOMING", UM POEMA ENCONTRADO EM
HER WORDS, EDITADO POR BURLEIGH MUTÉN

David e eu nos distanciamos ao longo dos anos e decidimos terminar o casamento, mas concordamos em continuar amigos. Eu estava aliviada que o processo de divórcio estivesse seguindo de forma relativamente suave. Durante esse tempo, minha terapia continuava a se aprofundar e a focar no luto das minhas ilusões, minhas perdas e a velha narrativa da minha história de infância.

Estava também adquirindo mais habilidade em trabalhar com minhas partes mais jovens traumatizadas, acalmando-as e regulando-as, e assumindo mais responsabilidade por meu sistema interno. Estava orgulhosa de como meus, então, dezessete anos de terapia haviam me ajudado a me amar o suficiente para fazer escolhas que, ainda que impopulares e não convencionais, refletiam meu eu verdadeiro e meus reais desejos. Com o casamento oficialmente terminado, as possibilidades para a minha vida pareciam abertas.

Nessa época, não havia comunicação da parte de minha mãe, pai, irmão ou qualquer um da família. Meus escritos estavam tendo mais exposição em plataformas globais, em podcasts e em revistas. Fui treinada como coach e desenvolvi meu próprio processo de sete passos para apoiar outras mulheres na cura da Ferida Materna. Quando não estava viajando, passava o tempo em casa, gerindo meu negócio e com meus amigos. Passei a sediar bazares de mulheres do "círculo da lua nova" na minha casa, para me conectar com outras mulheres, o que era uma nutrição vital para mim.

Estava no caminho de aprender a ser minha própria mãe interior, e essa segurança recém-encontrada e crescente resiliência interna criaram a possibilidade para encontrar o tipo de relacionamento amoroso que sempre quis e mereci. Mais ou menos um ano depois do divórcio, me encontrei com o desejo de estar em um relacionamento com outra mulher poderosa, e uma sensação de que isso abriria a minha vida a todo o tipo de possibilidades. Pareceu ser o próximo passo natural na minha jornada.

Conheci uma de minhas melhores amigas, J., através do ativismo ambiental local e já éramos amigas há mais de quatro anos nessa época. J. era lésbica assumida e uma alma antiga que parecia, para todos que a conheciam, muito sábia para sua idade. Ela vinha aos meus bazares, e adorávamos nadar, sair para jantar e dançar juntas. Ela estava solteira há alguns anos e, como eu, determinada a não se contentar com menos do que "a coisa verdadeira".

Percebi que estava me apaixonando por J. há algum tempo, mas tinha medo de perder nossa amizade próxima e duradoura. Certa noite, depois de irmos nadar em um lago aqui perto, revelei meus sentimentos. Embora ela também estivesse preocupada em arriscar nossa amizade, concordamos em assumir o risco juntas e nos comprometemos a começar um relacionamento amoroso com comunicação clara e aberta.

Parte da cura da Ferida Materna, e cura do patriarcado, é que começamos a sentir-nos seguras o suficiente para ignorar as normas patriarcais sob as quais fomos criadas e sermos mais autênticas; e nossos relacionamentos podem refletir um novo nível de segurança, amor e abertura que criamos dentro de nós. Para mim, a jornada em direção ao meu eu autêntico significava dizer não às velhas formas do meu sistema familiar e encontrar nova força e coragem para dizer sim a um novo modo de ser. Com J., em nosso primeiro abraço como casal, senti visceralmente uma porta se abrir dentro de mim e para um mundo completamente novo que meu eu anterior jamais havia pensado ser possível.

Durante o primeiro ano em que eu e J. estávamos juntas, chorei muitas vezes. Muitas coisas estavam se encaixando para mim. Novos insights, realizações e verdades mais profundas sobre mim, minha Ferida Materna e a influência da cultura patriarcal sobre as mulheres estavam sempre surgindo.

Por estar em um relacionamento amoroso saudável e encorajador com uma mulher, e particularmente a mulher que J. é, eu estava descobrindo meu poder erótico, não como algo puramente sexual, mas como uma parte essencial do meu poder enquanto ser humano do sexo feminino. Isso incluía experiências intelectuais, espirituais, sentidas visceralmente, humor, ludicidade e transparência sem defesas. Sentia como se meu ser tivesse se expandido para além do meu eu verdadeiro, além da minha família e além das normas patriarcais. Sentia que estava experimentando o que seria viver em um mundo não patriarcal. Através do recipiente seguro da nossa confiança, vi a minha compreensão e experiência de mim mesma desabrochar de maneiras que não havia sido possível até então. Com os papéis heteronormativos removidos, me sentia mais livre para ser eu mesma de forma mais completa, com uma fluência das energias masculinas e femininas, momento a momento, sem o mesmo nível de expectativas, estereótipos e obrigações que muitos relacionamentos heterossexuais engendram.

Eu tinha o espaço para refletir sobre como o patriarcado e relacionamentos com homens haviam afetado a mim e ao meu senso de identidade por toda a minha vida. Coisas que precisei considerar como sendo "a forma como são" revelavam-se velhas relíquias puramente enraizadas nas normas do patriarcado heteronormativo, não relacionamentos em geral. Uma das minhas maiores epifanias foi que o meu papel como "desmanteladora de muros" não era apenas endêmico por estar em um relacionamento amoroso; era parte e parcela de estar em relacionamento com homens, pelo menos com a grande variedade de homens com quem estive. Esse papel não era mais necessário no meu relacionamento com a J., e isso era deslumbrante para mim. A obrigação de decifrar como se conectar emocionalmente com alguém, de encontrar um modo de tirá-los da concha e persuadi-los a se conectarem – que eu considerava uma parte inevitável das parcerias – evaporaram, deixando um espaço enorme. O nível de reciprocidade, comunicação clara e profundidade da conexão emocional com a J. era além do que eu imaginava ser possível em uma relação. Eu chorava pelo quanto me culpei no passado por "não estar entendendo direito", por me exaurir ao tentar tomar o rumo certo, por me convencer de que estava preenchida em relacionamentos quando não estava.

Eu havia entrado em um mundo de mulheres, da minha parceira às minhas amigas, colegas, autoras de livros que lia, musicistas que ouvia. Conforme adentrava aquele mundo de mulheres mais intencionalmente, a distância dos homens me deu o espaço para admitir para mim mesma o quanto eu estava exausta por anos sustentando-os, brigando por migalhas de respeito e a constante ginástica de ser agradável, atraente, de decodificar, carregar os fardos, me encolhendo e me contorcendo para criar uma módica conexão – e, o mais doloroso, acreditando que aquele era o meu papel, o meu lugar, o melhor que podia esperar. Eu não tinha consciência de como era desgastante e cansativo manter relacionamentos com os homens na minha vida. Finalmente, estava psicologicamente forte o suficiente para admitir para mim mesma o quão ruim era, e lamentar.

Todas as relações amorosas têm os períodos de lua de mel seguidos por um estágio de diferenciação, um tempo para definir a individualidade de cada pessoa no relacionamento. A felicidade e a expansão do estágio de lua de mel com a J. começaram a dar lugar a um período desconfortável de tensão crescente entre nós. Esse período de diferenciação apresentou muitos desafios únicos para mim devido ao meu modelo de apego, que se originou das dinâmicas com minha mãe.

O fato de J. e eu termos uma conexão emocional muito forte me deu a oportunidade de curar mais partes da minha Ferida Materna, em particular um aspecto específico dela que tinha permanecido intocado até então. Até aquele momento, eu já tinha realizado uma parte imensa de cura da minha Ferida Materna no aspecto do abandono, desenvolvendo uma mãe interior amorosa e solidária para acalmar e deixar a minha criança interior segura quanto àquele devastador abandono original da minha infância, e aos gatilhos que se sucederam de parceiros emocionalmente indisponíveis que, até aquele ponto, tinham sido todos homens. Mas, ainda não tinha tratado o lado invasivo da minha Ferida Materna, em grande parte porque não sentia que meus parceiros *anteriores estavam emocionalmente engajados comigo o suficiente para que esse aspecto da ferida sequer fosse acionado.*

J. e eu embarcamos em uma jornada de amarmos uma à outra e ver o nosso relacionamento como um santuário para mais de nossa própria cura e transformação. Por eu nunca ter sido capaz de me diferenciar emocionalmente de minha principal figura de apego, minha mãe, era muito desafiador navegar pelo estágio de diferenciação com a J., minha principal figura de apego como adulta.

Aprendera desde bem cedo, através da relação com minha mãe, o que chamo de "modelo de servidão emocional" em relacionamentos. Para preservar uma conexão primária, eu "afundava e me fundia", significando afundar meus próprios sentimentos e me fundir com a outra pessoa, priorizando as necessidades e desejos dela em detrimento das minhas. Aprendi que meu senso de separatividade, autonomia e limites era vergonhoso e a causa de rejeição, humilhação e retirada. Com o tempo, comecei a ver o quanto essa dinâmica era automática e quase invisível no meu relacionamento com a J. Por não me sentir autorizada a estabelecer limites com antecedência e frequência, eu "afundava e me fundia" com ela, e assim veio o ressentimento, fazendo-me sentir invadida e sobrecarregada; e caí em exaustão. Através de muito trabalho interno e terapia de casal, descobri que minha raiva não era realmente da J., mas da minha mãe e do patriarcado como um todo, que me ensinaram a ilusão de que eu deveria reprimir minha necessidade de limites e me abandonar para preservar minha conexão com minha figura feminina primária de apego.

Continuar a curar a minha criança interior parentificada significava abraçar minha raiva como legítima E estabelecer limites firmes com antecedência e com frequência, coisas que a minha mãe jamais toleraria de mim. O amoroso encorajamento de J. aos meus limites foi incrivelmente curativo. Com o tempo, incorporei cada vez mais uma mãe interior "não patriarcal", que não apenas confortava e tranquilizava minha criança interior, mas também protegia e expandia sua liberdade.

Uma das coisas mais fortalecedoras que percebi foi a diferença entre o que é a verdadeira empatia e o que não é. Descobri isso ao me ver ficando defensiva e impaciente quando a J. estava em profunda dor emocional. Uma vez, J. estava expressando o quanto queria mais momentos de qualidade comigo e como se sentia distante de mim. Conforme ela, vulneravelmente, explicava isso em lágrimas, notei que me sentia com cada vez mais raiva e vergonha. Percebi que eu estava interpretando a tristeza dela e sua necessidade de empatia como uma exigência de que eu fosse inferior, e minha raiva estava atuando como uma forma de autoproteção. Como eu e ela trabalhamos isso, comecei a perceber que essa resposta estava ligada a como, quando criança, eu igualava empatia por minha mãe com "aniquilação emocional" de mim mesma.

Quando eu era criança, as exigências emocionais de minha mãe pareciam associadas a alguma falha vergonhosa em mim por não poder resolver as coisas para ela, e assim eu nunca tinha empatia por mim mesma. Era uma situação na qual qualquer criança estaria impotente. Me lembro de uma vez em particular quando saí da faculdade e fui visitar minha família, durante um período em que estava realmente lutando contra a depressão. Quase imediatamente após eu cruzar a porta de entrada, minha mãe começou a falar sobre si, sobre o que a estava estressando no trabalho e que estava cogitando se divorciar do meu pai. Lembro de estar sentada, a ouvindo falar, ciente de que meu sofrimento interno não era importante para ela, e percebi que eu estava sendo usada. Vi como eu estava sendo associada a um objeto que ela estava usando para o próprio alívio, o quanto ela não tinha consciência disso e o quanto eu estivera sempre sozinha no relacionamento. Senti o desespero, a exaustão e a desesperança me inundar. Senti a demanda dela pela minha empatia como areia movediça me sufocando, sem fim, sem alívio e sem reciprocidade à vista.

Ao maternalizar minha criança interior e lamentar o quão profundamente tive que me abandonar em face das solicitações emocionais de minha mãe, descobri que verdadeira empatia não é um lugar de subordinação ou servidão como eu havia passado. Empatia não significa resolver problemas, carregar a dor do outro como se fosse nossa, encaixar-se nas suas ilusões ou silenciar. A verdadeira empatia vem de um lugar de calmo poder interno, de um lugar de separatividade, soberania interna e proteção dentro de si mesma. Quando comecei a me sentir mais profundamente estabelecida em minha separatividade dentro do relacionamento com a J., fui capaz de ser muito mais empática, de realmente vê-la e acolhê-la em sua dor com amor, afirmação e aceitação. E, por eu não mais igualar empatia por ela com uma perda de mim mesma, sou capaz de estar presente para ela sem compromissos de autoproteção ou autopreservação. Tem sido incrível perceber que empatia não perpetua dependência no outro, mas cria um espaço para a outra pessoa sentir o próprio poder interior e força, o que de fato limpa os obstáculos *para a conexão. Dessa forma, ambas conseguem se sentir separadas E vistas, singulares E conectadas.*

No recipiente do meu relacionamento com a J., eu sou muito grata por ter sido capaz de identificar e transformar tantos roteiros traumáticos dolorosos da infância e por nós continuarmos a nos curar e a crescer juntas como casal. Relacionamentos são realmente o solo no qual criamos essas novas experiências vividas, vamos além do "horizonte materno" e para dentro de nossa própria paisagem adulta liberada e individualizada.

A relação mãe-filha vive dentro de nós depois de adultas. A voz de nossa mãe pode ser a voz de apoio e encorajamento, e pode ser também a voz da crítica em sua cabeça – mantendo-nos paralisadas, desencorajadas e inseguras. Nossa tarefa ao curarmos a Ferida Materna é transformar nossa mãe interior de uma duplicata de nossa mãe humana – com suas limitações –, na mãe que sempre quisemos: uma mãe interior que possa atender com precisão e abundância às nossas necessidades e que possa nos apoiar enquanto florescemos, e nos amar por quem realmente somos. Criamos essa mãe incondicionalmente amorosa dentro de nós através do diálogo consistente com nossa criança interior enquanto, ativamente, aumentamos nossa capacidade de cuidar, nutrir e confortar o nosso eu-filha. Com o tempo, mãe interior e criança interior formam um vínculo interno seguro, que preenche a lacuna da maternidade que não recebemos de nossas mães. Deste modo, o vínculo primário de apego não é mais com a nossa "mãe exterior", mas com nossa mãe interior, trazendo enorme liberdade e vitalidade. Paramos de procurar por esse amor fundamental no lado de fora, porque o estamos encontrando internamente. Isso retira a pressão que impomos às outras pessoas em nossa vida de preencher um buraco em nós que é impossível preencherem, permitindo que fiquemos mais presentes e menos defensivas em nossos relacionamentos. Isso também cria segurança interna suficiente para que sejamos mais completamente expressivas, inventivas, valorosamente originais, corajosamente verdadeiras e honestas conosco e com as outras pessoas.

Muitas pessoas não entendem que o que queremos, em última análise, é o nosso *próprio* amor, que é verdadeiramente infinito e sem limite.

A razão para parecer que, como adultos, ainda queremos o amor de nossa mãe é porque o amor dela é o que dá à criança *permissão para se amar*. Quando lamentamos a perda da chance de ter essa permissão das nossas mães (pois não podemos voltar à infância), isso nos devolve o nosso poder. Vemos que não é culpa da nossa criança interior sua mãe não ter dado o que ela precisava. Acreditar que isso era falha sua era um modo de agarrar-se à falsa esperança de que a mãe se tornaria a mãe que você precisava. Compreender a verdade – que sua mãe não mudará, e que as feridas dela não são sua culpa – troca a mãe primária do exterior para a interior, e nos dá uma segunda chance de receber os cuidados maternos que nos faltaram.

A maternidade interna é uma habilidade que pode ser aprendida e, com prática, pode criar um relacionamento interno completamente novo. Pela maternidade interna, experimentamos em primeira mão que nossa infância não é nosso destino, mas simplesmente o solo no qual nascemos, que pode ser transformado. A maternidade interna possibilita que formemos uma fonte profunda de segurança interna que nos permite alcançar o nosso maior potencial.

Maternalizamos nossa criança interior ao fazer, conscientemente, novas escolhas que não poderíamos fazer no passado e, ao fazer isso, recebemos nutrientes emocionais que substituem déficits anteriores. Por exemplo, alguém que era recriminada por dizer o que pensava quando criança pode trocar esse padrão por assumir o risco de falar o que pensa como adulta, mesmo se isso parecer desconfortável, para tentar um resultado diferente. Quando agimos contra o padrão original e temos uma experiência diferente da que tivemos na infância (talvez ser apoiada ao invés de recriminada por dizer o que pensa), nossa criança interior recebe a mensagem de que as coisas são diferentes agora.

Se os outros reagirem de forma similar ao que nossos pais fizeram antes, talvez com algum nível de rejeição ou retirada, o seu aspecto mãe interior pode sempre aparecer de forma diferente, com mais apoio e afirmação. Isso torna cada experiência uma oportunidade de reescrever o passado e, ao fazer isso, abrir novas possibilidades para o futuro. Esse novo resultado demonstra que você não está congelada no passado, presa naquele padrão, mas que, como adulta, é capaz de ter novas experiências de si mesma e da vida.

A criação de um vínculo interno começa com a disposição para o diálogo regular com nossa criança interior. Dependendo do nível do trauma que você viveu na infância, sua criança interior pode estar relutante em confiar em você a princípio, e pode levar tempo para ela se abrir. Mesmo um pequeno diálogo todos os dias, ao longo do tempo, faz colher um enorme retorno na forma de energia física, emoções positivas e bem-estar geral. Com o tempo, sua criança interior começará a confiar em você mais e mais. Seja persistente e ficará maravilhada com os resultados.

O papel dos gatilhos e da honestidade própria como verdadeira segurança

Gatilhos emocionais indicam que projetamos antigos medos ou padrões sobre outras pessoas ao nosso redor. Eles significam um *flashback* emocional vindo para a criança interior, um núcleo de trauma que está pronto para ser processado, digerido e curado. Os gatilhos oferecem a oportunidade de investigar quais padrões não curados do passado foram ativados para que possam ser curados e liberados. Muitas de nós tememos que, se nos tornarmos as mulheres poderosas que fomos feitas para ser, seremos uma ameaça aos que estão ao nosso redor. Podemos esconder a nossa luz para não ofender os outros ou acionar suas inseguranças. A criança em nós teme que reclamar nossa completa individualidade faça com que sejamos abandonadas. Compreensivelmente, essa solidão era muito ameaçadora para nós, quando crianças. Mas há um tipo diferente de solidão que podemos encontrar na idade adulta, uma solidão que é um tipo de nutrição.

Em alguma medida, estamos sempre operando na tensão entre evolução e segurança ou individualidade e pertencimento. O teórico do apego John Bowlby introduziu o conceito de como as crianças usam a mãe como uma base segura para a exploração. Se a mãe transmite segurança suficiente para a criança através de sua sintonia com ela, a criança sente-se segura o suficiente para se aventurar e explorar o ambiente. Devemos transferir nossa fonte de segurança do exterior para o interior.

O poder milagroso da "presença ao lado da dor"

Como mães interiores, não tentamos fazer nossa dor ir embora. Não afastamos a criança interior dos seus sentimentos, como nossas mães ou outros adultos podem ter feito. Incorporamos uma presença amorosa ao lado da dor e permitimos que os sentimentos permaneçam, quanto tempo precisarem. Os velhos neurocircuitos devem ser ativados para serem retrabalhados. Não podemos fazer isso somente em nossa cabeça; temos que sentir para curar. Somente na ativação daquela emoção original é possível curar e retrabalhar aquela resposta traumática. Na hora, a mãe interior pode prover uma presença benevolente e amorosa que diz: "Eu vejo você. Estou com você nessa dor. Você está segura, ainda que sentindo essa dor emocional. Vamos deixar a dor ficar aqui. E vamos fazer algo suave. Que tal darmos uma caminhada, ou passar uma loção nas mãos, ou olhar as árvores pela janela?". Fazer algo físico e simples com a dor ajuda a criança interior a sentir de forma visceral que ela está segura no presente.

A seguir, está o que considero os principais pilares da maternidade interna. Com consistência ao longo do tempo, eles começam a preencher a lacuna materna e construir confiança entre a mãe interior e a criança interior. Em épocas diferentes, alguns desses pilares podem ser mais necessários que outros conforme você se cura através das diferentes camadas da sua Ferida Materna.

Pilares da maternidade interna

Aceitação das emoções: aceitar os sentimentos que surgem e acolhê-los com empatia e uma amorosa curiosidade.

Conforto: consistentemente confortar a criança, fazer coisas que ajudam a criança a se sentir nutrida, confortada e segura. Isso significa conforto físico bem como conforto emocional.

Liberdade: dar tempo e espaço à criança para sentir a própria energia, receber coisas que ela quer, seguir os próprios ritmos, começar as coisas e parar de fazê-las.

Brincadeira: dar à criança tempo para usar sua imaginação, sentir-se desincumbida, rir, deliciar-se e aproveitar a vida.

Estrutura: prover a criança com a sensação de que você é um reservatório seguro, confiável e consistente de apoio. Ter uma rotina previsível, em algum nível.

Comunicação consistente: regularmente ver como ela está e tranquilizá-la, deixar que saiba que ela importa e ouvi-la, fazer perguntas e ter ações consistentes com suas palavras. Intervalos na comunicação são oportunidades de reparar rupturas passadas da nossa infância.

Escuta: ouvir os medos ou preocupações que ela possa ter e responder rapidamente com segurança, empatia e evidenciar que ela está segura. Exemplo: "Conte-me tudo que está deixando você com raiva. Eu quero ouvir tudo sobre isso. Eu estou aqui".

Disciplina: fazer proativa e regularmente coisas que beneficiam a criança interior e também o seu eu adulto. Isso pode significar coisas como ir a consultas médicas e dormir bem.

Alguns exemplos de coisas afirmativas que você pode dizer para a sua criança interior:

- "Eu sou tão feliz por você ter nascido!"
- "Você é completamente boa e maravilhosa."
- "Você é adorável e especial."
- "Você está segura."
- "Eu respeito você."
- "Eu estou tão orgulhosa de você."
- "Eu estou tão feliz por você estar aqui!"
- "Você pode fazer!"
- "Eu estou bem aqui, sempre que você precisar de mim."
- "Tudo bem ter necessidades. Eu amo atender às suas necessidades"
- "Eu adoro tomar conta de você."
- "Tudo bem cometer erros."
- "Todos os seus sentimentos estão ok para mim."
- "Você pode descansar em mim."
- "Não há nada que possa dizer ou fazer que me faça deixar de amar você."
- "Você não tem que trabalhar ou gerenciar nada. Seja uma criança e aprenda, brinque, explore e cresça. É seguro para você relaxar e confiar em mim para cuidar das coisas."

- "Você não tem que cuidar de mim. Eu sou adulta e tenho todo o suporte que necessito. Você deve ser criança e receber apoio de mim. Você não tem que retribuir."
- "Eu amo você como você é, aconteça o que acontecer."

Alguns exemplos de questões para perguntar à sua criança interior:

- "Como você está se sentindo hoje?"
- "O que precisa de mim agora?"
- "O que posso fazer por você agora?"
- "Sinto que você está sentindo_____. Quer conversar sobre isso?"
- "O que gostaria de fazer agora?"

Sua mãe interior

Sua mãe interior é o seu eu adulto, com todo o seu conhecimento e poder, apoiada por forças superiores como o universo, Deus/Deusa, e o seu eu superior.

Como a mãe interior, você ajuda sua criança interior a ver que o passado está realmente no passado. Você faz isso ao ser consciente do estado emocional da sua criança interior e fazendo novas escolhas que demonstrem o fato de que os perigos que ela enfrentou desde cedo na infância não estão mais presentes.

Você, como sua mãe interior, tem a capacidade de cuidar da sua criança interior e fornecer coisas que sua mãe pode não ter conseguido.

Alguns exemplos:

- Acalmá-la quando ela está assustada.
- Confortá-la quando você está indo em uma nova direção que parece arriscada para ela.
- Apoiá-la afirmando o seu valor, importância e merecimento.
- Proteger seus limites.
- Apoiá-la em seus desejos de brincar, aprender, explorar e crescer.
- Afirmar sua bondade e que isso é indestrutível, independentemente do que aconteça na vida.

O vínculo interno que mudará a sua vida de maneira profunda

Você se alterna entre a mãe interior e a criança interior. Nesse sentido, recebe a nutrição que precisa e provê o contêiner seguro que precisava quando criança. Pode-se dizer que, através desse relacionamento, cria um centro de totalidade e segurança interna que permite que você realmente prospere e desabroche no mundo. Esse relacionamento continua a se aprofundar ao longo do tempo e traz uma riqueza maior para a vida. Para mulheres que foram filhas parentificadas, isso também deve envolver relembrar à criança interior que ela não precisa trabalhar ou manejar nada como fazia quando era pequena; agora ela pode descansar, brincar e ser uma criança, pois agora tem uma adulta capaz que pode protegê-la e cuidar dela.

Quando sua criança interior realmente compreende, com a sua ajuda, a verdade de que sua dor nunca foi culpa dela, uma mudança enorme acontece:

- O vínculo primário de apego começa a trocar de lugar: da mãe exterior limitada para a mãe interior incondicionalmente amorosa.
- Você se torna cada vez mais capaz de sentir a realidade de sua amabilidade e regozija-se em sua própria bondade e valor, independentemente das circunstâncias externas.
- Você é mais capaz de receber amor dos outros porque uma parte de você está menos investida em se ver como "inferior", como uma forma de ser leal à sua mãe (esperando indefinidamente que ela se apresente do modo como você precisava).
- Você é capaz de ver-se mais precisamente. Pode ver suas faltas, falhas e erros enquanto permanece firmemente enraizada em sua sensação básica de bondade e valor. A aprovação externa pode vir, mas você não precisa mais disso para se sentir bem.

Formas de cultivar a mãe interior "boa o bastante"

Ao cultivar a mãe interior "boa o bastante", você está desenvolvendo um novo relacionamento dentro de si. Você não tem que ser perfeita; vai cometer erros. O importante é que está disposta a continuar. E, pouco a pouco, vai muito longe.

Quais eram algumas das coisas que você queria quando era pequena, o que nunca teve? Como uma garotinha, queria que sua mãe:

- Escovasse amavelmente seus cabelos?
- Planejasse suas roupas da escola na noite anterior?
- Lesse uma história para você dormir todas as noites?
- Ouvisse atentamente o que você tinha para dizer e respondesse empaticamente?
- Consolasse e ajudasse você a pensar em soluções quando estava aborrecida?
- Apoiasse seu interesse em música, arte ou dança?
- Desse muitos abraços e fosse fisicamente afetuosa com você?
- Apoiasse sua independência, permitindo que você brincasse por horas, imersa em sua imaginação?
- Ficasse radiante com os seus sucessos e progressos, celebrando você entusiasticamente em todas as oportunidades?

Há algo tão primitivo em nosso âmago...
A criança que fomos não é apenas uma foto da nossa história; ela é uma energia vital que vive dentro de nós agora. Nossa criança interior é parte de nosso eu autêntico, o eu que nós éramos antes de termos que usar máscaras e adotar um eu falso, em algum nível, para sobreviver em nossas famílias e em nossas culturas. Quando nos importamos com nossa criança interior, começamos a recuperar nosso eu autêntico e natural. Começamos a restaurar um senso de bondade e de dignidade para aquelas coisas que talvez tenhamos sido obrigadas a deixar nas sombras.

Acolher de volta partes de nós mesmas que tivemos que rejeitar é incrivelmente libertador!

Podemos saudar de volta nossas partes rejeitadas com um abraço, e agir de novas maneiras que demonstrem à nossa criança interior que o passado acabou e que é seguro ser seu eu pleno.

Alguns exemplos de atitudes que curam e libertam:

- Estabelecer limites quando isso era proibido antes.

- Usar sua voz para dizer a sua verdade, se isso fez com que você fosse rejeitada no passado.
- Dar-se tempo para brincar ou para não fazer nada, se você foi ensinada que o seu valor vem apenas do esforço.

Temos que ser rebeldes para nos curarmos. A cura requer que tenhamos coragem para desfazer os padrões disfuncionais que, desde cedo, foram colocados em nossas vidas. É uma longa jornada e pode ser muito desafiadora, mas vale muito a pena. Em última instância, isso expande nossa capacidade para novos níveis radicais de alegria, prazer, criatividade e conexão.

Podemos encontrar um amor dentro de nós que não tem limites.

Na nossa cultura, parece que crianças são recompensadas por *crescer e sair* da infância o mais rápido possível, e não tão facilmente amadas por qual for o estágio em que estejam como crianças. Por isso, muitas de nós crescemos nos sentindo punidas ou abandonadas pelo simples fato de termos necessidades: a necessidade de comer, de ser mantida, de ser vista, de ser ouvida, de descansar, de ser compreendida etc. Muitas de nós aprendemos a odiar nossas necessidades e a nos odiarmos por tê-las. Podemos estar carregando esse autodesprezo internamente, e isso pode nos manter presas.

Quando trabalhamos com a criança interior, nossa vitalidade e segurança interna são restauradas.

Todas nós precisamos nos sentir adoradas, acariciadas, confortadas, nutridas e honradas pela pessoa única que somos. Quando ajudamos nossa criança interior a sentir esses sentimentos, nova energia e vitalidade chegam a todas as áreas da vida, pois estamos liberando a vergonha e nos ungindo em bondade e bênçãos. Isso nos confere nova autoconfiança, leveza e alegria.

Criando um ambiente interno seguro para a sua criança interior prosperar

Ouça o que a sua criança interior tem a lhe dizer e sinta a energia mudar em seu corpo e em suas emoções. Pinte, desenhe, escreva um diário, escreva cartas, dialogue com uma cadeira vazia, pegue seus brinquedos antigos favoritos. Divirta-se com o processo. Você está criando um santuário interno onde tudo está bem – haja o que houver. Um santuário onde é seguro ser uma criança, onde é seguro ter sentimentos, onde é seguro estar confusa ou desarrumada, onde é seguro chorar, onde é seguro brincar e se divertir!

Descobrindo e incorporando sua indestrutível bondade

Eu tinha uma foto de uma raposa na minha mesa e lembro de um dia, quando toda hora que olhava para ela, sentia muita vontade de chorar. Percebendo algo potente sob a superfície, sentei com a foto e me permiti sentir o que estava vindo. Quando olhei dentro dos olhos da raposa, senti sua inocente e pura presença. Comecei a chorar e percebi que eu chorava pela presença inocente e pura da minha criança interior. E, enquanto chorava, tive uma grande percepção. Percebi que a inocência e a pureza não haviam sido destruídas pelo trauma precoce, como eu temia, mas estavam presentes comigo de verdade naquele momento. De fato, elas nunca poderiam ter sido completamente destruídas, nem eu poderia ter sido jamais separada delas, porque essa inocência e pureza eram a própria essência do meu ser e parte da minha conexão com a vida em si.

Amar nossa criança interior nos dá acesso à nossa essência, nossa verdade e nossa vitalidade de um modo que nada mais pode nos dar.

O vínculo indestrutível que criamos entre nosso eu adulto e nossa criança interior repõe os déficits de nossa primeira infância com a nutrição emocional que cria a força necessária para vivermos como o nosso eu pleno, brilhante e autêntico. É um processo de construção de uma nova base para suportar a vastidão de quem somos realmente.

Um dos meus ditados favoritos é "Somos mães de nós mesmas para nos tornarmos mestras". A cada novo nível de empoderamento, a criança interior necessita da garantia de que é seguro entrar em um novo território além do que nossas famílias ou amigos chegaram, garantia que ela não ficará sozinha, o que está no cerne de tantos medos que carregamos.

Toda vez que formos a novos níveis em nossa vida, a garotinha dentro de nós precisará de garantia extra e apoio.

As profundas energias de cura da maternidade interior incluem:

- Trazer suavidade e gentileza para os nossos medos e ansiedades.
- Permitirmo-nos mais espaço para estar com nossas emoções.
- Arranjar tempo para diferenciar a dor do passado da segurança do presente.
- Evidenciar todas as coisas boas e belas em nossa vida todos os dias.
- Permitirmo-nos passar o dia mais lentamente, hora a hora.
- Criar novos pontos inegociáveis que protejam nossos limites.
- Tomar atitudes calmas e claras como adulta enquanto, internamente, acalma os medos da criança interior.
- Celebrar vitórias e possuir a nossa magnificência independentemente da aprovação externa.
- Ter a coragem de terminar, sem culpa, relacionamentos que nos empobrecem ou desrespeitam.
- Criar novos e consistentes hábitos de autocuidados e nutrição em nossos cronogramas.

A cada nível, ficar mais qualificada na maternidade interior traz incríveis mudanças na vida de uma mulher, como:

- Maior sensação de possibilidades e entusiasmo sobre o futuro.
- Forte amor-próprio em face de qualquer coisa que a diminua.
- Nítida sensação de que é capaz de criar qualquer coisa que queira.
- Sentimento de que é merecedora de apoio infinito e conexão com os outros.
- Sensação de abundância e espaço para todos os seres conseguirem o que desejam.
- Percepção do seu lugar especial no mundo, que nunca pode ser tirado.
- Alegre generosidade e desejo de apoiar outras mulheres em seus sonhos.
- Disposição para assumir o desconforto do desconhecido em prol do que é verdadeiro e real.

Maternidade interior não é passear no parque. Sim, ela inclui muita suavidade e gentileza. Mas também inclui estar disposta a ficar desconfortável, firme e paciente, assim como:

- Disposição para sentir as desconfortáveis e quase sempre dolorosas emoções que foram reprimidas quando era garotinha.
- Compromisso de contato constante e diálogo com a criança interior.
- Coragem para buscar apoio e não fazer isso sozinha.
- Disposição em tentar coisas novas que podem parecer estranhas e tomar tempo.
- Disposição para abrir mão de gratificação instantânea e olhar sob uma perspectiva de longa duração.
- Disposição para tornar a sua vida interior uma prioridade máxima e ouvir seu corpo e suas emoções, agindo com base no que sabe internamente.

Pistas de que você se beneficiaria muito com a maternidade interior incluem:

- Você se vê regredindo para sentir-se como uma garotinha em situações que causam estresse.
- Sentir-se impotente e incapaz em certos momentos mais do que o usual.
- Você se esforça até a exaustão e esgotamento no trabalho.
- Você se anestesia para enfrentar.
- Você encontra padrões repetidos da sua infância aparecendo em relacionamentos.
- Você luta com o medo de ficar sozinha por rejeição ou abandono.
- Você se sente paralisada em momentos de fazer mudanças na sua vida por culpa, vergonha ou obrigação.

Eis uma verdade poderosa...
Há um paradoxo de que, enquanto desaceleramos para nutrir a criança pequena dentro de nós, aceleramos nosso impulso para a frente em nossas vidas como mulheres.

---------- **QUESTÕES PARA REFLEXÃO** ----------

1. Algumas das pistas acima ressoam em você? Se sim, quais?

2. Ache uma foto sua quando menina e olhe para ela de perto. Note os detalhes e deleite-se na inocência e no quão única você era. Como seu eu adulto, envie para aquela garotinha alguma energia amorosa de bondade e aceitação. "Eu amo você e eu estou aqui para você agora". Coloque a foto onde você possa vê-la todos os dias.

3. Que atividade você poderia fazer para nutrir a sua criança interior hoje? O que a ajudaria a se sentir mais nutrida, amada e apoiada? Pense nisso e então faça. Observe como se sente depois.

---------- **EXERCÍCIO: SEIS PASSOS PARA DIALOGAR** ----------
COM A SUA CRIANÇA INTERIOR

1. **CONECTAR:** fale com a sua criança interior intimamente, em voz alta, ou por escrito; cumprimente-a, dizendo algo como: "Oi! Eu estou aqui com você". Comunique que está presente e disponível para ela. (Se você está começando agora, simplesmente fazer o passo 1 ao longo do dia pode ser altamente reconfortante.)

2. **PERGUNTAR:** faça perguntas a sua criança interior, como "O que está acontecendo com você agora?", "Como está se sentindo?", "O que precisa agora?", "Você gostaria de falar sobre o que a está aborrecendo?".

3. **ESCUTAR:** crie realmente espaço para ouvir e observar de perto o que está vindo. Preste atenção às palavras, imagens e sensações que surgem da sua criança interior.

4. **RESPONDER COM EMPATIA:** valide a experiência emocional da sua criança interior repetindo para ela, em tom gentil, o que

a ouviu dizer e responda com empatia: "Entendo. Sim, isso faz total sentido para mim, claro que você se sentiria assim. É normal e natural que se sinta assim, dado o que você passou".

5. **FORNECER SEGURANÇA INTERNA:** visualize-se segurando-a e tranquilizando-a fisicamente; gentil e respeitosamente segurando a sua mão, fazendo contato visual, carregando-a, acariciando sua testa de um modo carinhoso, maternal etc.

6. **RESSIGNIFICAR POSITIVAMENTE:** crie uma narrativa fortalecedora para ajudá-la a compreender o que aconteceu no passado e o que está acontecendo agora. Explique gentilmente que o passado acabou e que ela agora está segura. Essa narrativa positiva deve ser honesta, encorajadora e sincera. Mostre evidências concretas para validar a nova narrativa, que afirmem o valor e a segurança da sua criança interior no momento presente.

CAPÍTULO 14

A vida além da Ferida Materna

Você pensou que aquela união era um caminho pelo qual você decidiu seguir. Mas a alma segue coisas rejeitadas e quase esquecidas. O seu verdadeiro guia bebe de um rio sem represas.

RUMI

J. mudou-se para minha casa na floresta e foi muito divertido finalmente vivermos juntas: preparar refeições, sentar perto do fogão à lenha e fazer caminhadas nas trilhas atrás da casa. Também passávamos o tempo visualizando o tipo de casa que queríamos comprar juntas, uma na qual nós poderíamos fazer jardinagem, receber os amigos e as pessoas queridas, e fornecer espaço para grandes reuniões, desenvolver comunidade e conexão entre mulheres. Imaginávamos essa casa como um espaço onde as pessoas poderiam se reunir para encontrar a sua verdade.

Em apenas alguns meses nós, milagrosamente, encontramos a casa perfeita – e fizemos contato com um grupo de mulheres que começamos a receber, que rapidamente se tornaram nossas amigas queridas e "família escolhida". Mudando-nos para nossa nova casa, brincamos que estávamos transformando a casa da Era Vitoriana, construída em uma época de repressão feminina, em uma casa da liberdade de expressão feminina. J. e eu tivemos que misturar nossas respectivas bibliotecas. Líamos em voz alta uma para a outra livros de Audre Lorde, Adrienne Rich, Alice Walker, Judy Grahn, Mary Daly, Andrea Dworkin, Denise Levertov, Muriel Rukeyser, Leslie Feinberg, dentre outras. Havia momentos em que eu olhava para trás, para o meu antigo eu, e percebia o quão ignorante tinha sido, o quão cega à profundidade, ao poder e à resiliência das minhas antepassadas feministas. Senti uma incrível humildade, tristeza e gratidão por tudo que estava aprendendo e vivendo. Senti-me orgulhosa por estar entre outras mulheres revolucionárias.

Amar uma mulher parecia a coisa mais natural, sagrada e libertadora que eu já tinha vivido. Diferente de muitas, eu não tive a experiência de "sair do armário" para minha família, pois, naquela época, não tinha nenhum contato com eles há mais ou menos quatro anos. Percebi que tinha sido excluída e excomungada não por me assumir como lésbica, mas porque tinha me assumido como um indivíduo; e esse ato de desobediência ao patriarcado e autorreivindicação, foi um precursor para descobrir minha sexualidade como lésbica, um passo importante na minha evolução.

Com o tempo comecei a aceitar que, embora minha família acreditasse que me amava, não tinha a capacidade de me amar como a mulher empoderada que me tornei. Eu continuava me trazendo de volta para essa verdade repetidamente: aquilo estava realmente acabado e eu jamais os veria de novo. Que independentemente do quanto eu os amasse, independentemente do quanto minhas intenções fossem boas, eles nunca seriam capazes de ver isso. Trazer-me de volta para esse refrão interno era doloroso, porém importante, especialmente para evitar que o sonho impossível se formasse de novo. Quanto mais lamentava e aceitava aquela realidade, mais sentia como minhas a nova vida com minha parceira e nossa casa nova, e a comunidade. Comecei a sentir um orgulho imenso de que, embora fosse doloroso ter tantas perdas na minha vida, tudo agora parecia autêntico, nutridor e real. Embora continue a processar o trauma do que passei, minha vida parece verdadeiramente minha, e me sinto muito viva e grata. O que antes era um vazio para mim, agora é uma nova comunidade local de amigas, uma relação saudável com a J., uma família de alma e uma rede global de colaboradoras. Daquela dor emergiu mais amor e abundância que eu jamais poderia imaginar.

A vida é mais como uma prática devocional com mais camadas aparecendo para serem curadas, mas com cada camada, mais clareza e liberdade eu sinto. Com cada camada, tratando-se de abraçar quaisquer gatilhos que apareçam, ser mãe da criança dentro de mim, diferenciando o passado do presente e encontrando-se com a vida mais plenamente, acreditando que o que quer que apareça é para o melhor, mesmo que minha mente ainda não saiba como nem por quê. Minha mente hiperativa não está mais funcionando como "mãe", pelo contrário, um calmo substrato de ser é cada vez mais o fundamento da minha vida. A cada camada, eu me tornava mais terna e mais feroz. Me sentia mais integrada, como uma mistura de criança inocente e sábia anciã, e essa energia se expressa como a mulher adulta que sou.

Com o tempo, eu vim para um lugar que chamo de "derrota benevolente", uma aceitação de que todas as estratégias que me ajudaram a sobreviver à minha família de origem deixaram de me servir. Como criança, pensava que tinha que dominar a vida com a minha mente para sobreviver. Precisava descobrir as regras da vida e dominá-las através de esforço, luta e estratégia, sendo a boa menina, sendo hipervigilante e superprodutiva. Acreditava que essas estratégias mentais criariam as circunstâncias desejáveis e ENTÃO eu poderia descansar. Mas todo aquele esforço mental e luta falharam comigo porque não me levaram ao meu objetivo principal: que minha mãe e minha família me amassem e me vissem como eu, dolorosamente, ansiava.

O luto me levou a um lugar de sóbria profundidade e clareza. No fundo, no fundo, o que minha criança interior sempre quis foi descansar e SER. E por um longo tempo, acreditei que precisava do amor da minha família para me permitir fazer aquilo. O alívio veio da rendição a todos os níveis mais profundos de aceitar que não posso controlar a vida ou as circunstâncias, não importa o quanto eu tente. A nutrição que vem de Ser não pode ser conseguida com trabalho; ela apenas pode ser sentida e vivida no agora. E no agora é onde toda verdadeira criatividade e conhecimento residem.

Meu desejo pela verdade e por viver da integridade constantemente me levavam de volta ao fato de que nada neste mundo, não importa o quanto seja bonito, validador, expansivo ou extático, nunca poderá apagar o trauma que eu sofri e minha responsabilidade de cuidar da dor dentro de mim. A nutrição para mim agora NÃO vem de encontrar conforto em estratégias mentais que prometem algum futuro resgate ou recompensa, ou na esperança de ser capaz de dominar as circunstâncias, mas no poder de estar no momento presente, onde há um amor que não precisa de estratégias mentais. É como se a mãe interior estivesse dizendo a cada momento: "aceite a derrota benevolente e fique aqui comigo. Você não precisa correr, se proteger ou procurar nada. Eu estou sempre aqui agora; segurando você, segurando tudo".

Tudo neste mundo mudará ou desaparecerá. O esforço mental nos afasta do que queremos, não nos aproxima. Ao enfrentar corajosamente nossa dor através de incorporar a mãe interior, em estar presente com nossa fragilidade, podemos encontrar a nutrição pela qual procurávamos. Isso nos prepara para estar em contato total com a vida, sem o isolamento da evitação ou negação. Esse contato total com a vida, com a verdade, é o que creio que estamos realmente buscando.

Através da cura da Ferida Materna, podemos descobrir o que é o verdadeiro poder e começamos a incorporá-lo. Esse não é o poder do patriarcado como um "poder sobre", mas o poder de Ser, como em "estar com". Aqui não estamos mais dependendo de, ou em conformidade com uma autoridade externa, mas nos sintonizando com uma autoridade interna baseada na nossa verdade, encontrando esse fluxo e vivendo cada momento a partir dela.

Curar a Ferida Materna não é sobre ver a transformação como um caminho para se livrar da dor do seu passado, mas como um caminho para abraçar a vida agora. Não existe um caminho fácil. É preciso coragem, determinação e resiliência, mas vale a pena. Não há fim nessa jornada, apenas mais oportunidades para evolução, perdendo mais das nossas ilusões e manifestando nosso verdadeiro eu com maior vivacidade, liberdade e alegria.

Conforme a Ferida Materna vai se curando, você percebe que nunca houve nada de errado com você. Uma energia incrível lhe é devolvida. Lentamente, com o tempo, torna-se claro em um nível direto e visceral que você é divina e conectada com toda a vida. O remédio está na ferida. Ao curarmos, a Ferida Materna não apenas desaparece, ela se transforma de uma fonte de dor em uma fonte de sabedoria que continua a nutrir cada parte da sua vida. A ferida em si, quando tende para a cura, revela em perfeita sincronia todos os progressos, todas as mudanças e informações necessárias para semear uma nova vida e um novo mundo.

Enquanto você atravessa a ferida e faz o seu caminho para o outro lado, se transforma, e também sua visão de si mesma e de sua vida, sempre de maneiras mágicas e inesperadas – pois a sua conexão com a vida está gradualmente sendo restaurada. Você começa a ver que realmente pertence. Passa a haver mais espaço para mais brincadeira, prazer e criatividade. Você continuará a ter momentos de tristeza e resíduos do trauma, mas com cada camada, mais de você é liberada para explorar mais do seu propósito e potencial.

Surfando as ondas da cura

A melhor metáfora que encontrei para a vida depois da Ferida Materna é surfar. Comecei a surfar com um grupo de amigos quando tinha dezessete anos. Passei o verão inteiro sem sequer pisar na prancha, mas aprendendo a ler as ondas, desenvolvendo a força na parte superior do meu corpo, aprendendo o momento de identificar quais ondas pegar e quais deixar passar. No começo, as ondas me esmurravam e me derrubavam, algumas vezes arranhando meu rosto contra o fundo do mar; outras vezes a prancha se erguia e batia na minha cabeça. Mas eu continuava. Com o tempo, aprendi a antecipar as ondas, aproveitar o movimento seguinte, pular no momento certo e surfar sobre elas com alegria, em vez de ser dominada e ameaçada por elas. Isso é o processo de cura da Ferida Materna: aprender a surfar nas ondas da cura, aproveitá-las, permitir que movam você para a frente, para aprender como controlar o poder delas, saudá-las.

Com o tempo chegamos a um lugar real de gratidão e compaixão genuína por nossas mães e suas jornadas. Podemos sentir gratidão por qualquer coisa que nossa mãe pôde dar e compaixão pelo que ela não pôde. Isso é progressivo. É uma evolução. A cura é em espiral. Não existe um momento final "acabado", e conforme o tempo passa, isso se torna menos o foco ou a meta. Ao contrário, o foco passa a ser o empoderamento e a liberdade que sentimos ao atravessarmos cada camada. Surfar as ondas da cura torna-se menos como uma tarefa árdua e mais como uma aventura, constantemente movendo você para o desconhecido, encontrando apoio ao longo do caminho, e tesouros também.

Permissão para ser real

A permissão para ser real é algo que acontece no espaço íntimo entre você e você mesma. Curando a Ferida Materna, você se torna cada vez mais a base segura para exploração de si mesma. Como a mãe interior para a criança interior se torna o espaço profundo onde tudo está bem. Há um poderoso círculo de amor que flui ao redor e através desse vínculo interno, permitindo que você, gradativamente, deixe os padrões limitantes de sua família de origem e da cultura patriarcal mais ampla. Exploração, experimentação e erros são todos bem-vindos. Aqui não existe fracasso, apenas aprendizado. Conforme ficamos mais seguras interiormente, nos tornamos livres para correr riscos, mapear um novo território, para realmente explorar a paisagem interna sem o medo usual de "O que eles vão pensar de mim?". Esse medo ainda pode aparecer, mas o poder de ela a deter diminui.

O patriarcado exigiu que as mulheres fossem diminutas e abrissem mão do seu poder em troca de aprovação externa. À medida que nos tornamos mulheres despertas, tornamo-nos pequenas não em ceder a qualquer autoridade externa, mas em ceder à verdade no centro do nosso ser, ao divino, à fonte interna. É isso que passa a guiar nossa vida, que, então, passa a ser vivida em devoção a *isso*. O processo de se tornar pequena nesse contexto é a exaltação máxima, porque nos tornamos instrumentos de um poder superior. Daqui, tudo o que fazemos pode ser vivido como uma expressão dessa verdade. Nossa autoridade é interna. Isso é muito curador, pois o patriarcado nos diz que devemos nos dividir e nos trair para sermos aceitas. Aqui, nossa autoridade é colocada diretamente no centro de nosso ser. Aqui percebemos nossa plenitude inata. Em seu livro *Aceitação radical*, Tara Brach nos encoraja a deixar que nosso sofrimento seja o portal para o coração desperto. Visto dessa forma, nosso sofrimento não é algo do que se deva fugir, mas uma porta para verdades mais profundas. Brach fala sobre ver nossa dor como algo que nos é confiado. Para cultivar segurança interna, passamos a ser a mãe da nossa criança interior de maneiras que nossa mãe exterior não pôde ser. Substituímos aqueles déficits originais, sentindo-os completamente em primeiro lugar. Precisamos sentir as emoções que eram proibidas quando éramos jovens. Esse é o primeiro passo para se tornar realmente autêntica.

À medida que vivemos cada mais o nosso eu original, somos periodicamente solicitadas a sair do conhecido e encontrar repouso no desconhecido. Ele nos pede para sermos amigas da nossa maior solidão e encontrar segurança em nossa própria presença. Nessa simplicidade gritante existe plenitude profunda que não é deste mundo. O ego se aquieta e fica a serviço do mistério orgânico da sua própria evolução. Há uma conexão entre o desejo pela mãe e o desejo pelo amado interior.

Pode-se dizer que esse desejo flui através do mesmo canal, o desejo da criança por sua mãe e o desejo do adulto pela verdade suprema na forma de Deus/Deusa/tudo o que é. É por isso que, quando curamos a Ferida Materna, o caminho fica aberto para encarnarmos o poder espiritual que quer ser expresso através de nós.

Quando nos aprofundamos o suficiente em nossa dor e solidão existencial, descobrimos que, na verdade, nunca fomos sós. Lá dentro de nossa dor e sentimentos confusos está uma presença amorosa ao lado de tudo o que já vivemos. Conforme nos sentimos cada vez mais seguros internamente, nossa lealdade muda das crenças que herdamos de nossas famílias e de nossa cultura para a nossa própria verdade interior e integridade. Com o tempo, nossa capacidade de ser honestas conosco sobre o que estamos sentindo torna-se a nossa verdadeira fonte de segurança. Essa segurança inata começa a ofuscar as ilusões de segurança que pensávamos alcançar através das velhas defesas que adotamos na infância.

A integração entre a criança interior cada vez mais curada e o consciente e sábio eu adulto culmina em um novo modo de ser, uma ponte entre o espírito e a matéria, a nova terra em si. Encarnamos a Deusa quando somos a mãe da criança traumatizada dentro de nós. Ao sermos nossa própria mãe, uma maior sensação de paz e liberdade nos invade, e liberamos a necessidade de que os outros mudem para nos sentirmos bem. Podemos deixar os outros serem quem são e liberar o apego de sermos vistas com precisão por eles. Isso se torna possível quando chegamos ao ponto em que podemos nos ver com precisão e *nos* apreciar o suficiente para desapegar. Fazemos isso maternalizando a nossa criança interior traumatizada na segurança do momento presente. Nos maternalizamos em tempo real sentindo a dor do trauma passado *e* qualquer dor de uma situação atual, fazendo isso em ambos os níveis simultaneamente. É um momento de grande poder viver com a consciência de muitos níveis ao mesmo tempo; estar ciente como o adulto no presente e como a criança interior, e também como a divina presença sem forma que somos no nível mais profundo.

O melhor uso de uma infância traumática é utilizar as deficiências de sua família para dar à luz a sua grandeza. Sua grandeza é simplesmente ser mais de quem você é no seu âmago. Essa é a mais profunda dádiva disponível na dor do nosso abuso. Essa é a verdadeira ressurreição.

Quando descobrimos a luz na nossa dor mais profunda, tornamo-nos capazes de vê-la em todos os lugares e em todas as coisas. A consciência da unidade e o pertencimento existencial se tornam uma realidade sentida. Ser a soberana feminina é ser tanto terna *quanto* feroz. Permita-se ser ampla. Permita-se ocupar espaço. Com o tempo, chegamos a um ponto em que nossa criança interior sente-se segura o bastante para começar a abrir mão das crenças iniciais que nos dizem que devemos ser pequenas para ser amadas. E, ao fazê-lo, somos cada vez mais capazes de sentir vitalidade, admiração, criatividade, alegria, empolgação, conforto e receptividade. O vínculo interno nos permite se separar emocionalmente das mensagens tóxicas de "inferioridade" e "encolha para ser aceita" que as mulheres recebem da cultura dominante.

Muitas de nós estão desejando a capacidade de ser plenamente autênticas, reais, vistas e amadas por quem realmente somos. Estamos coletivamente desejando ter uma vivência visceral de nossa verdadeira criatividade, poder e beleza, não diluídos e não reduzidos pelas estruturas limitantes da cultura mais ampla. Cada uma de nós tem o potencial de trazer à luz suas individualidades originais de forma que isso transforme o nosso mundo. O momento é propício para o que você quiser apresentar.

Você vai se apresentar?

Seja qual for a permissão externa que está esperando, ela não vem. A única permissão que pode libertar você é a sua.

Potência é incorporar o seu valor indiscutível e seus dons.

Estamos fora da integridade quando nos desvalorizamos e nos depreciamos. É hora de finalmente jogar fora a ideia de que se autodiminuir é nobre. O maior presente que podemos dar a alguém é o exemplo de nossas próprias vidas funcionando, avançando em nosso poder e sendo quem realmente somos sem nos desculpar, sem sentir vergonha, mas com uma sensação de felicidade e celebração internas.

Potência é a flor da legitimidade. Reivindique sua legitimidade e seu direito de ocupar espaço.

Não podemos incorporar a nossa potência se, primeiramente, não nos sentirmos legitimadas. Nada nem ninguém de fora pode conferir o sentimento de legitimidade que almejamos, no entanto essa é a base para tudo. Legitimidade é um senso de merecimento e bondade. O tempo para desenvolver isso foi quando éramos crianças e nossa mãe nos conferiu um senso de legitimidade através da sua própria sensação de pertencer ao mundo. Se *ela* não sentia que pertencia, nosso senso de legitimidade e valor foi comprometido. Não podemos voltar atrás no tempo e adquirir esse senso de legitimidade; podemos apenas lamentar a oportunidade perdida e criar para nós mesmas a legitimidade interna que almejamos.

Porque nossas mães cresceram em culturas patriarcais, cada uma de nós tem, em algum grau, a sensação de estar perdida. Uma vez que a Ferida Materna é abraçada, ela realmente se transforma em uma dádiva – levando-nos ao sentimento de legitimidade que desejamos. Legitimidade é o direito de ser, o direito de prosperar, e atua como uma entidade com órgão e poder. A despeito das mensagens culturais que nos dizem o contrário, cada uma de nós é legitimada pelo fato de que existimos, nós *somos*. A vida em si nos deu legitimidade pelo fato de termos nascido. Sentimos isso mais e mais ao remover as camadas de crenças limitantes e resíduos traumáticos que cobrem nossa essência.

Ouse ter a sua potência.

Nossa essência, nosso eu espiritual, é essa centelha de potência. Quanto mais confiamos nela, mais ela brilha através de nossa forma humana, mais clara a sua orientação se torna e maior a transformação que oferecemos àqueles ao nosso redor, em virtude da vibração com a nossa potência.

A solidez da sensação de legitimidade sentida forma um tipo de contêiner para guardar aquela centelha de potência interior. O contêiner da legitimidade sustenta a nossa potência e permite que ela floresça. Pode-se até dizer que a sua sensação básica de legitimidade é o contêiner humano para a potência do seu eu Deus/Deusa.

Ter a sua potência é a coragem não defendida de viver e encarnar a pura verdade de ser, custe o que custar.

Ter a sua potência é viver como essência, além do ego pessoal. É ceder à sua verdade mais profunda e confiar onde quer que ela lhe leve, mesmo se sua mente achar que deveria ser diferente. É preciso coragem e força para fazer isso.

Em última instância, é sobre desmantelar os muros internos do eu egoico individual que sente que tem que se defender contra a vida. Quando esses muros vêm abaixo, sua vontade pessoal mescla-se com a vontade divina como um rio encontrando o oceano. Subitamente, há um poder vivendo dentro de você que provê incrível energia, apoio e inspiração. Você não é mais um córrego isolado – é o próprio oceano. A vida diária fica voltada a encontrar aquele fluxo e permitir que ele leve você para tudo o que precisa, tudo o que tem que saber e tudo que ele quer expressar através de você.

O que está impedindo você de viver alinhada com o que sabe que é verdadeiro para você? Quanto isso está lhe custando?

Temos que olhar para como sofremos lavagem cerebral para nos autoflagelarmos, e recuperar nossa força vital escolhendo novos pensamentos e crenças que refletem acuradamente e articulam o que sabemos ser verdade. Muitas mulheres atingem um limite pouco antes de um avanço importante. Tendemos a primeiro *procurar permissão externa* para prosperar, para ter sucesso e para se destacar. O patriarcado iludiu as mulheres para que acreditem em sua falta de valor ou poder. O legado é longo e as crenças são profundamente arraigadas. Nossas mães e avós não tiveram escolha exceto acreditar e passar essas crenças para nós. Nós temos que nos legitimar de formas que as nossas mães não puderam. Não há outra saída. Como diz o ditado, nós somos aquelas por quem esperávamos.

Não há desculpa para não seguir os seus sonhos. Agora é a hora. Não subestime os efeitos de simplesmente tomar uma decisão poderosa de fazer isso. Confiar no que quer que se siga a essa decisão será exatamente o que é necessário para realizá-la. Não é fácil, mas vale a pena. Nada se compara à bênção de viver a partir da profundidade do seu ser.

A atenuação é o impulso para diminuir alguém, para ser menor, para desaparecer, para ser invisível. A atenuação parece ser uma das feridas centrais na qual incorremos como mulheres neste mundo. Desde cedo, somos ensinadas que existem coisas sobre nós que são vergonhosas, então aprendemos a nos esconder, nos contorcer e nos manipular para sermos aceitáveis para o mundo. Temos que acreditar em nossos defeitos para sobreviver. Temos que ser coniventes com nossa própria opressão.

Nós podemos transformar a vergonha em um amor ardente.

O fato de não termos sido aceitas – por nossas famílias ou pela sociedade – não significa que não somos legítimas. Não significa que havia algo de errado conosco. Significa que havia algo profundamente ferido em nossa sociedade e em nossas famílias. Admitir isso não é culpar, mas, sim, chegar à verdade para que a cura possa ocorrer.

O fim da atenuação chega quando nos dispomos a ser mal interpretadas, quando nos dispomos a arriscar ofender os outros em prol do que é real e verdadeiro em nós mesmas e no mundo. Devemos estar dispostas a ficar desconfortáveis e a sermos vistas como inconvenientes.

Deve-se entrar em contato com uma certa crueza interna, uma ferocidade, uma determinação de "não parar até que eu seja dona de mim mesma".

Em nossa cultura tendemos a apressarmo-nos em direção ao perdão, compaixão e soluções. E, como mulheres, aprendemos muito bem a dourar as coisas que nos deixam, e aos outros, desconfortáveis e escondê-las debaixo do tapete. Isso inclui aceitar menos do que merecemos pelo bem da "paz".

O tempo da conivência acabou. Precisamos estar determinadas a ser as nossas donas, a saber com toda certeza que pertencemos a nós mesmas.

Como crianças do sexo feminino, tivemos que dizer sim para um mundo e para famílias que tinham feridas, feridas que custaram anos de nossas vidas. Como portadoras atuais da dor geracional e coletiva, temos a capacidade de transformar conscientemente aquela dor em consciência. Como crianças, não tínhamos escolha a não ser entregar o nosso poder. Agora é hora de retificar aquele "sim" com um poderoso "não" para as coisas que continuam a nos oprimir – começando com os modos pelos quais nós mesmas nos oprimimos.

Para nos libertar, primeiro temos que localizar as maneiras pelas quais somos divididas dentro de nós. As maneiras pelas quais somos cindidas interiormente precisam ser identificadas e reconhecidas. De outra forma, elas continuarão a nos controlar e nos limitar. Complacência custa muito caro.

Como você é complacente? De que formas se atenua?

O caminho para a posse de si mesma pode ser longo e traiçoeiro, pois envolve encarar toda a tristeza, dor e ódio que bloqueiam o nosso eu verdadeiro. Esses sentimentos assustadores devem ser enfrentados. O amor que somos não tem medo dos lugares de fragmentação que acumulamos. É por isso que ele evoca em nós a coragem para olhar de frente para a nossa dor e passarmos por ela.

O amor que nós somos metaboliza a dor e a transforma nele mesmo... amor.

Aprendemos a nos desviar das coisas que nos assustam e nos deixam desconfortáveis. Essa é uma forma de entregar o nosso poder. Ao incorporarmos uma consciência maior, compreendemos que precisamos virar e nos voltar *para* aquelas coisas que nos deixam desconfortáveis, e trazer a luz da consciência sobre elas – pelo bem da nossa própria transformação.

Curar a Ferida Materna é impossível sem o receptáculo de uma relação terapêutica com uma terapeuta habilitada em apego e trauma, especialmente para aquelas de nós que viveram abusos e traumas graves. A ferida aconteceu em relacionamentos e a cura também acontece em relacionamentos. Parte de ser mãe de si mesma é obter o apoio de qualidade que nós precisamos. Veja o apêndice na página 257 para algumas recomendações sobre o que você deve procurar.

Nossa segurança reside nessa disposição para nos voltarmos para os lugares de fragmentação.

O amor que nós realmente somos não teme a fragilidade. Quando a nossa fragilidade é acolhida, transforma-se em uma inquebrantável inteireza que entendemos que estava lá o tempo todo – uma eterna e atemporal inteireza que é quem realmente somos. Ela é evocada pela nossa disponibilidade em ficar desconfortáveis e olhar para dentro das sombras internas. Isso é alimentado por sua lealdade ao que é real e verdadeiro, custe o que custar.

Caminhando no fio da navalha entre a ferocidade e a ternura

Ao processarmos os lugares de fragmentação dentro de nós, literalmente dissolvemos as camadas que têm obscurecido nossa luz. Conforme as camadas se dissolvem, um aspecto mais profundo da nossa verdadeira identidade emerge – uma consciência do amor puro que ficou prístino e intocável durante toda a dor. Descobrimos isso quando confrontamos todas as crenças que nos dizem que não somos boas ou poderosas o bastante em nossa vida. Essa mensagem não é a de um conserto rápido e fácil, mas é a verdade pura, não diluída. Você vale cada porção de desconforto e inconveniência que precise para tomar posse de si mesma, para se amar.

A intimidade mais poderosa é quando nenhuma emoção ou experiência pode separar você de si mesma. Essa é a verdadeira segurança e a verdadeira liberdade. Esse é o presente aguardando por nós na Ferida Materna.

———————— **QUESTÕES PARA REFLEXÃO** ————————

1. Como crianças do sexo feminino, muitas de nós foram forçadas a dizer sim a coisas que queríamos dizer não. Podemos ter tido que suportar experiências que pareciam insuportáveis ou desafiadoras, sem a possibilidade de expressar nosso sofrimento. Que experiências desse tipo você vivenciou?

2. Imagine-se conectando-se com a sua criança interior. Expresse empatia pelo quanto foi difícil sentir-se só, impotente ou sem uma voz naqueles momentos. Imagine-se dizendo a ela que agora você está aí como o eu adulto dela para proteger o seu direito de dizer não e ter suas necessidades e seus limites respeitados.

3. Quais são algumas formas de você apoiar o seu direito de dizer não em sua vida cotidiana, que afirmaria a sua soberania agora, como mulher adulta, e que também nutriria a sua criança com a sensação de estar sendo protegida e ouvida?

Conclusão

A mulher emergente: libertando a "submissa" e fazendo as pazes com o nosso poder

...as conexões entre e dentre as mulheres são a força mais temida, mais problemática e mais potencialmente transformadora no planeta.

Adrienne Rich

A Ferida Materna tem sido um ponto cego no empoderamento feminino até agora. Até a mais evoluída dentre nós tem evitado olhar para esse problema. Curar a Ferida Materna é a próxima fronteira do feminismo, pois ela funciona como um eixo das nossas mais insidiosas formas de autolimitação, os modos muito sutis e invisíveis de nos reter a fim de garantirmos o amor, a segurança e o pertencimento. Esses padrões autolimitantes insidiosos têm sido passados de mãe para filha por séculos. A hora de parar o ciclo é AGORA.

Historicamente, as crianças do sexo masculino eram dependentes de seus pais apenas até se tornarem chefes das próprias famílias, mas a dependência das crianças do sexo feminino, das mães e das esposas dos seus pais/maridos, era para a vida toda. Existe um velho ditado inglês que diz: "Um homem é um filho até que tenha uma esposa, a filha é uma filha a vida toda". O arranjo familiar ao longo da história, em que mulheres são poderosas *apenas por meio* de seus protetores masculinos, limitou o desenvolvimento de uma solidariedade feminina consolidada e a coesão de grupo ao longo do tempo, assim como a ilusão de que privilégios de classe e raça poderiam proteger as mulheres brancas da misoginia.

Para muitas mulheres ao longo da história, em diferentes estágios da vida, a segurança era encontrada por meio de alguma forma de "proteção" masculina, impedindo-as de superar um estado infantil de estar sob a contínua subordinação masculina durante o curso de suas vidas. Desta forma, a família ditava as obrigações e os papéis que uma filha adulta cumpriria durante a vida, do pai para o marido e para o filho, com sua mãe e/ou sogra presentes para ajudar a reforçar essa doutrinação de alguma forma. Isso, combinado com a ausência de uma tradição que afirmasse a autonomia e independência das mulheres, levando à invisibilidade de mulheres significativas, há muito tempo tem impedido as mulheres de sequer imaginar qualquer coisa além desse arranjo, no qual a vida, desde o nascimento até a morte, foi vivida em subordinação ao domínio da família.

Uma vez que uma mulher se torna mãe, para muitas, o lar se torna o seu domínio; a sua prisão como filha se torna o seu lugar de poder como mãe para encenar a dominação ao seu próprio modo. Durante grande parte da história da civilização ocidental, com poucas oportunidades para as mulheres fora do lar, as coisas eram assim. Se uma mulher se rebelava contra a família ou contra as normas sociais, poderia ser expulsa, deixada por conta própria, ou sofrer difamações, tortura ou morte. Para algumas, a mãe ou a sogra podem ter sido as que atiraram a primeira pedra ou a conduziram para fora de casa. Em alguns lugares, esses incidentes ainda são ocorrências diárias.

Estamos em um determinado lugar no tempo, em 2022, no qual muitos daqueles arranjos patriarcais mudaram ao longo de décadas recentes: as mulheres agora representam a maioria dos diplomados em universidades; estão optando por ter menos filhos, se escolherem ter algum; e ocupam mais cargos políticos do que nunca. E, ainda que os direitos reprodutivos das mulheres sejam continuamente ameaçados, mulheres negras ainda estão morrendo de parto em números recordes, mulheres indígenas ainda estão desaparecendo, e a maioria dos pobres é de mulheres não brancas.

Na era digital do feminismo, temos mais informação disponível do que nunca, e as mulheres estão se encontrando, criando possibilidades para grandes grupos de mulheres se libertarem da subordinação patriarcal. Mas para isso acontecer em larga escala, de modo sustentável, devemos fazer o trabalho interno de cura da Ferida Materna, abordando o quanto a atmosfera cultural tóxica do patriarcado fez com que nossas necessidades humanas de amor, segurança e pertencimento fossem fundidas com crenças sobre sermos "inferiores", resultando nas maneiras insidiosas como oprimimos a nós mesmos e aos outros. Para as mulheres brancas em particular, não devemos cair na vergonha ou na culpa pelo legado de supremacia branca que herdamos, mas, sim, recuar em uma grande humildade que compreende que parar para ouvir e aprender com as mulheres negras e de outras etnias é uma atitude essencial para recuperar a nossa humanidade da supremacia branca e do patriarcado.

Curar a Ferida Materna ajuda a nos conscientizar da nossa história, tanto pessoal quanto culturalmente, de forma que possamos formular um futuro verdadeiramente feminista e pós-patriarcal para todos. Esse trabalho é de longo prazo e levará gerações. Isso também ajuda a cultivar uma saudável consciência materna dentro de nós, uma mãe interior transpessoal, uma inteligência benevolente interior à qual podemos recorrer a qualquer momento em busca de força, conforto e orientação.

Estamos em um ponto no tempo no qual muitas mulheres estão se curando e se tornando intolerantes aos sistemas tóxicos, e escolhendo deixá-los para trás, mesmo se afastando da família de origem ou de organizações, empresas, igrejas ou comunidades. Conforme curamos a Ferida Materna, nos tornamos mais corajosas, rompendo com o *status quo*, tendo conversas difíceis, sabendo quando se afastar, recusando-se a propagar disfunções e criando nossos próprios sistemas de apoio que priorizem a nós e a outras mulheres. Encarando a dor interna e vivendo a transformação como um modo de vida, começamos a parar de projetar nossas necessidades de apego não correspondidas em situações ou pessoas. Tornamo-nos mais soberanas, separadas e singulares. Mais realistas, mais conectadas conosco e com o fluxo superior interno. Há menos esforço, pressão ou força, e mais de uma profunda "sintonia" com a nossa própria verdade, discernindo a sabedoria superior dentro de nós, e não mais confundindo-a com o lixo patriarcal que nos ensinaram a nosso respeito.

Gerda Lerner, na conclusão do seu livro *A criação do patriarcado*, recomenda duas coisas às mulheres para acabar com o patriarcado: (1) que nós, pelo menos por uma vez, sejamos centradas na mulher; e (2) que saiamos do pensamento patriarcal. Ela explica que esse centramento nas mulheres significa que confiamos em nossa própria experiência feminina, que não acreditamos mais na mentira da inferioridade que nos rodeia na cultura. Significa que aprendemos a identificar e ignorar o comentário masculino em nossa cabeça e a passar a olhar para nós mesmas, para outras mulheres e para nossas antepassadas feministas em busca de validação.

Sair do pensamento patriarcal significa que devemos ser céticas a respeito de todos os sistemas de valores e de pensamento, pois o nosso apagamento é feito em cada um deles. Ela aconselha que sejamos também críticas às nossas próprias narrativas mentais, que foram treinadas no contexto patriarcal. E, finalmente, explica que acabar com o patriarcado requer de nós grande coragem: a coragem de nos questionar, a coragem de ficar sozinha, a coragem de nos aceitar e a coragem de nomear as nossas experiências como inerentemente válidas. Ela diz que talvez o maior desafio de todos seja ir além da ilusão de segurança enraizada na aprovação externa para uma audácia de nos afirmarmos como legitimamente autorizadas a transformar o mundo, nos definindo e nos centrando nele, sem apologias.

Continuando a guiar mulheres para a cura da Ferida Materna através dos meus cursos, programas de mentoria e retiros, testemunhei uma onda exatamente desses dois acontecimentos. Quando mulheres curam a Ferida Materna, automaticamente começam a se centrar em si mesmas e em outras mulheres, e se tornam cada vez mais conscientes de si enquanto coletivo através dos tempos. Individualmente, desmantelamos a bagagem de nossas antepassadas nos padrões de autossupressão e, ao fazermos isso, descobrimos a nossa verdadeira energia, nossa força vital, e isso começa a se tornar uma estrela-guia, guiando nossa vida e procurando a sua própria expansão e expressão. Esse processo naturalmente envolve conectar-se com e inspirar outras mulheres que, cada vez mais, vemos como irmãs em subverter as mesmas opressões que nós e nossas antepassadas sofremos. Também nos tornamos mais conscientes da necessidade de reivindicar a nossa humanidade do patriarcado através do desmantelamento das doenças sociais, inclusive a supremacia branca, a homofobia, o classicismo e outras. O ponto central para isso é uma crescente resiliência, cultivada para criar espaço para a dor e o sofrimento de outras mulheres. A dor não é mais vista como um beco sem saída, uma fraqueza ou uma ameaça ao nosso poder pessoal, mas uma porta para o autoconhecimento e a libertação.

No segundo ponto de Lerner, eu também tenho visto a cura da Ferida Materna fazer com que as mulheres questionem o pensamento patriarcal, e passam a vê-lo não como algo universal e a ser respeitado porque fomos ensinadas a isso, mas precisamente como uma relíquia histórica obsoleta de controle sobre as mulheres, que não têm qualquer possibilidade de recompensa na equação. A deferência à família ou às instituições, e ao modo de pensar masculinos, não é mais uma passagem para a segurança. As mulheres começam a encontrar sua segurança, merecimento e perspectivas dentro da própria autoridade, dentro delas e em colaboração com outras mulheres. Através da cura da Ferida Materna, nos libertamos das distorções patriarcais externas que internalizamos, e declaramos que não somos mais obrigadas aos sistemas patriarcais que nos têm sido impostos desde o nascimento.

Alguns relacionamentos não vão sobreviver à verdadeira você.

No âmbito pessoal, como mulheres, muitas de nós estamos no processo de emergir do centro dos mandamentos patriarcais que nos dizem para sermos pequenas e ficarmos quietas, para aceitar nosso papel como o sexo inferior dominado. Uma das formas principais com que isso aparece em nossa vida cotidiana é um lugar comum tão familiar que não damos a devida atenção, e ainda assim dentro dele reside um poder inexplorado para derrubar o patriarcado. *É como nos mostramos nos nossos relacionamentos.*

Os relacionamentos pessoais são o solo no qual a revolução realmente acontece.

Como mulheres, somos condicionadas a crer que nosso valor reside em fazer os relacionamentos funcionarem; que o reino emocional é o nosso domínio e que, se relacionamentos falham, é sempre por nossa culpa. Mesmo quando sabemos que é melhor desistir de um relacionamento, pode restar um resíduo sutil de autoculpabilização que continua no fundo a nos afligir, muito tempo após o término. Mensagens culturais sobre gênero nos recompensam por ser o sexo "emocional" e valorizam aquelas que tentam reabilitar os homens imaturos e toleram o desrespeito sem fim de amigos, família e colegas de trabalho. Podemos ver isso no subtexto de incontáveis séries de TV e narrativas românticas.

A "autenticidade" tornou-se um jargão clichê no amplo "complexo industrial do empoderamento feminino" que é atualmente o *coaching* e o desenvolvimento pessoal. Mas a autenticidade que estamos almejando é muito mais radical e subversiva ao *status quo* do que imaginamos. Ela requer uma fidelidade inabalável àquele núcleo de verdade interior que é encoberto por nossas vivências de crescer como mulheres, e um compromisso de reivindicar e encarnar nossas verdades, mesmo quando nos deparamos com a desaprovação e a rejeição externas.

Uma das coisas que ouço muito frequentemente das mulheres é o medo de que a sua verdadeira autenticidade vá causar danos aos seus relacionamentos: isso inclui parceiros amorosos, amigos, colegas de trabalho e membros da família.

As mulheres se perguntam:

- "O meu casamento pode sobreviver ao meu eu verdadeiro?"
- "A minha honestidade vai destruir o meu parceiro?"
- "Se eu me tornar quem quero ser, vou perder os meus melhores amigos?"
- "Se me assumir como o meu eu real, a minha família vai me renegar?"
- "Eu vou poder permanecer no meu trabalho se não puder mais tolerar certas coisas?"

O medo de perder relacionamentos é uma maneira fundamental pela qual o patriarcado nos detém. Mantemos a voz baixa, exageramos a verdade, manipulamos para conseguir o que queremos, diluímos a verdade, estagnamos nosso crescimento como uma forma de lealdade. Esses padrões não são motivo para autojulgamento ou autoculpa; são mecanismos de sobrevivência transmitidos de forma intergeracional para suportar a misoginia, e motivo para autocompaixão. E é urgente agora amadurecermos para além deles e para dentro de um novo relacionamento com a nossa verdade e nosso poder.

A pura honestidade das mulheres é uma enorme ameaça ao patriarcado.

Destruímos o patriarcado nos momentos simples, privados e não glamourosos que o mundo externo provavelmente nunca verá:

- Quando ouvimos a vozinha que nos diz que algo está errado sobre uma situação ou pessoa.

- Quando escolhemos abrir espaço para nossa tristeza ao invés de nos forçarmos a aparentar que estamos felizes.
- Quando reconhecemos o quanto estamos furiosas e nos recusamos a ignorar isso.
- Quando somos corajosas o suficiente para reconhecer o nosso racismo, capacitismo, homofobia etc.
- Quando escolhemos defender outras pessoas que são marginalizadas.
- Quando nos permitimos ser inconvenientes e desagradáveis aos outros em prol de nosso próprio bem-estar.
- Quando desaceleramos o ritmo frenético do nosso dia e honramos nossa necessidade de espaço, silêncio ou descanso.
- Quando sentimos a clareza de uma verdade desconfortável e resolvemos verbalizá-la mesmo que isso possa desapontar outra pessoa.

Toda vez que você, respeitosamente e sem se desculpar, honra a sua própria verdade e a expressa sem dilui-la para proteger os sentimentos dos outros, está dando um presente a eles. Quando é firme, clara e respeitosa, você empodera os outros, mesmo se forem provocados por isso. Gatilhos são de fato rupturas no *status quo*; turbulentas aberturas que libertam para um novo modo de ser se formos corajosas o bastante para fazer o trabalho interno que eles requerem.

Temos que estar dispostas a arriscar a perda nos relacionamentos para:

- Não passar adiante o trauma que vivemos pessoal e coletivamente.
- Sermos realmente criativas, originais e inovadoras.
- Mudar os padrões intergeracionais opressivos para as crianças do futuro.
- Deter a supremacia branca, antinegros, racismo e homofobia nas nossas organizações e comunidades.
- Salvar a vida neste planeta.
- Engajar-nos com pessoas que têm experiências diferentes das nossas (isso é especialmente verdadeiro para mulheres brancas, privilegiadas, heterossexuais, sem deficiências físicas, ricas etc.).

Alguns relacionamentos que podem não sobreviver incluem:

- Relacionamentos com membros da família que contavam com você para desempenhar um determinado papel que protegia suas próprias inseguranças e negações.
- Relacionamentos com membros da família que têm visões de mundo e valores mais limitados.
- Relacionamentos com amigos que podem se sentir ameaçados pelo seu crescimento.
- Relacionamentos amorosos nos quais o seu parceiro não está comprometido ou disposto a também assumir responsabilidade pelo próprio crescimento.
- Relacionamentos com colegas que podem se sentir ameaçados pela sua coragem de se posicionar e prefeririam que você não virasse o barco.

Fazer as pazes com o nosso poder envolve aceitar o fato de que nossa autenticidade vai, inevitavelmente, desencadear sentimentos dolorosos nos outros, e saber que podemos sobreviver a isso.

Quando paramos de funcionar demais em nossos relacionamentos, isso libera uma enorme energia que retorna para nós, para ser usada em nossa própria evolução. E isso devolve às outras pessoas seu poder para processar e usar as suas próprias emoções para a sua própria transformação. Os gatilhos são chaves para a cura, que pertencem à pessoa que é acionada – chaves para uma porta interior. Usar o gatilho para desbloquear uma maior liberdade dentro de si é a jornada delas. É delas a oportunidade de aproveitar, ou não.

Há um delicioso tipo de liberdade em cometer erros, em ser mal interpretada e em não ser querida.

É delicioso quando sabe que aquelas coisas não têm mais o poder de diminuir o seu amor-próprio. Quando acontecem, podem parecer desconfortáveis em alguns momentos, mas não podem mais tirar você do seu centro. Na verdade, começam a servir como oportunidades para ser a mãe de você mesma mais efetivamente, e ancorar-se até mais profundamente em sua verdade.

Essa deliciosa liberdade *não* é o mesmo que ser rebelde ou oposicionista simplesmente por ser. É deliciosa porque é parte da liberdade de ser um indivíduo pleno. Um indivíduo significa o direito a ter todos os tipos de emoções e sentimentos que merecem respeito, mesmo se outros não concordarem. Ser um verdadeiro indivíduo é uma liberdade que não foi concedida à maioria de nossas avós e bisavós. Reivindicar o direito de ser um indivíduo poderia ter significado ofensas, morte ou banimento. E para algumas mulheres hoje, especialmente as de algumas etnias, ainda significa. Permanecer pequenas tem sido, sem dúvida, um modo de ficar segura e fora de perigo.

Fazer as pazes com nosso poder também significa um reconhecimento do nosso poder de oprimir, especialmente no caso das mulheres brancas, pois estamos mais perto do homem branco na hierarquia de quem se beneficia do patriarcado.

Culturalmente, precisamos lamentar. Pessoalmente, precisamos lamentar. E as situações no mundo exterior refletem esse crescente imperativo interno de olhar para a sua própria dor. Existe um excitante passo evolucionário dentro da Ferida Materna – isto é, *se* escutarmos o chamado para entrar, encarar nossa situação e lamentar. Entretanto, se escolhemos continuar a evitar e adiar o sofrimento, continuaremos a representar papéis e prejudicar a Terra. Quanto mais indivíduos fizerem esse trabalho, mais a cultura se transformará.

Como mulheres, sentimos culpa baseada na falsa premissa de que é nossa tarefa fazer as pessoas se sentirem bem o tempo todo. Se isso não acontece, achamos que representa uma falha de nossa parte. Dê a si mesma a permissão para acabar com essa antiga culpa. Nunca foi uma obrigação verdadeira.

Temos que abandonar esse papel de "submissa" para adentrar o nosso pleno poder.

A verdade é que não podemos proteger as pessoas de seus próprios sentimentos dolorosos. Distrair os outros de suas dores não resolve; apenas prolonga o sofrimento e adia sua cura.

Haverá desconforto quando pararmos de definir o nosso senso de valor por agradar aos outros.

Vai ser desconfortável porque estamos liberando um antigo padrão que soa muito familiar. E as outras pessoas vão se sentir desconfortáveis porque o amortecimento entre elas e suas "coisas" não existirá mais. Elas serão forçadas a estar em contato com sua própria dor. Sua capacidade para suportar o desconforto dessa mudança é crucial.

Lembre-se que esse desconforto é temporário. O importante é resistir aos sentimentos de culpa que podem surgir, e não permitir que eles direcionem o seu comportamento. Use a culpa como um estímulo para afirmar-se mais plenamente.

Com constância, o desconforto dará lugar a uma profunda docilidade de ser, de sentir a alegria de pertencer a você mesma. Como uma mulher radiante com a permissão para ser o seu eu pleno, você oferece uma poderosa "frequência de possibilidades" aos outros. Você se torna a realização de um antigo sonho de suas antepassadas – uma mulher que é um indivíduo, uma mulher perante ela mesma...

A Ferida Materna é uma ferida comum que todas nós como mulheres temos, e é uma ponte para nos conectarmos umas com as outras, para curar, para crescer e para emergir do patriarcado e adentrar em uma nova era de poder feminino coletivo.

O patriarcado está acabando, como todas as eras eventualmente acabam. Curando a nossa Ferida Materna, estamos criando uma nova linhagem materna de mulheres, além das famílias, além do tempo, além das culturas, uma consciência de grupo mais globalmente coesiva e crescente, que prioriza as mulheres. E estamos criando uma consciência de grupo que questiona a autoridade masculina e sua errônea afirmação da verdade universal. Ao centrarmos as mulheres e ativamente desmantelarmos os sistemas patriarcais no mundo e em nós mesmas, o que o curar a Ferida Materna permite que façamos, podemos, coletivamente, parir uma nova era e uma nova terra.

Agradecimentos

Quero agradecer às corajosas mulheres que vieram antes de mim, escritoras cujos trabalhos vêm de um compromisso com a verdade sobre suas vidas como mulheres: Adrienne Rich, Audre Lorde, Marge Piercy, Andrea Dworkin, Kate Millett, bell hooks, Phyllis Chesler. Também quero honrar Mary Oliver, Maya Angelou, Alice Walker, Virginia Woolf e Gerda Lerner. Ao longo dos anos, suas obras me inspiraram a desenvolver completamente a minha vontade, a vontade de crescer, investigar, de me voltar para minha dor, explorar meus próprios mistérios e compartilhar minhas descobertas com outras mulheres.

Agradeço aos meus agentes Terra Chalberg e Meg Thompson por acreditarem neste trabalho e por seus esforços para realizar este livro. Sua sabedoria, *expertise* e amizade significaram muito. Obrigada à minha editora, Emma Brodie, por seu incrível *feedback*, orientação e competência editorial. Eu não posso agradecer o suficiente por falar comigo, encorajar-me e compartilhar do meu entusiasmo e visão para este livro. Agradeço também a Cassie Jones, Kiele Raymond, Maggie Stephenson e Trista Hendren.

Agradeço a Sophia Style, Mónica Manso Benedicto e Isabel Villanueva, que foram as primeiras a me contatarem e me convidarem a ministrar meus primeiros seminários em Barcelona, além de me apresentarem à sua rede de contatos por toda a Europa e para além dela.

Quero agradecer aos meus queridos amigos, velhos e novos: Toko-pa Turner, Karen Sharpe, Heather Kamins, Abigail Hartman, Elizabeth Bridgewater, Pam Parmakian, à família Webster, Tayla Findeisen, Jillian Casadei, Rachel Smith Cote, Kathleen Fakete, Jim Bauerlein, minhas irmãs da B.A.S.I.L., à família Pottern.

Agradeço às mulheres com as quais eu colaborei em outros projetos, que ofereceram seu entusiasmo, sua sabedoria e seu apoio: Lourdes Viado, Karly Randolph Pitman, Lucy Pearce, Layla Saad, Erica Mather, Emmeline Chang, Katarzyna Majak, Anna Chan, Rachel Ricketts e Jeannie Zandi.

A Lise Weil, Kim Chernin, Cynthia Rich, agradeço por suas conversas e histórias. A Karna Nau, Sandra Derksen, Ali Brown, Eleanor Beaton, agradeço por sua *expertise* e *feedback*.

Também quero agradecer a todas as minhas clientes, alunas e leitoras por todo o mundo, que compartilharam suas histórias comigo por meio dos meus cursos, seminários e retiros. Agradeço a vocês pela sua coragem de fazer esse profundo trabalho e por me dar *feedback* sobre como esta obra transformou suas vidas e continua a fazer isso. É uma grande alegria, honra e privilégio assistir e apoiar vocês nesse caminho.

Quero agradecer a J., em cuja presença eu me curei, cresci e me transformei, e cujo carinhoso encorajamento, paciência e apoio foram vitais para ajudar este livro a ser feito.

E, finalmente, eu quero agradecer à minha terapeuta, Nicole Ditz, cujo apoio constante e inabalável, envolto em uma brilhante *expertise* ao longo dos últimos vinte e dois anos, ajudou-me a me curar, lamentar e prosperar ao extremo. Desde meus dezenove anos de idade você tem estado ao meu lado passando por tudo. Palavras não podem descrever a profundidade de minha gratidão por você que me ajudou, com seu inabalável amor materno, a compreender que eu sou amável e a lentamente desenvolver e internalizar aquela mãe amorosa dentro de mim mesma; algo que jamais pode ser destruído ou tirado de mim e que estará comigo para sempre.

Apêndice

Os tópicos neste livro tocam em temas como funcionamento do cérebro e trauma complexo de desenvolvimento. Por eu ser *coach* e não psicoterapeuta ou especialista em trauma, pedi à minha terapeuta, Nicole Ditz, que provesse este apêndice com informações para aquelas que desejarem aprender mais. Uma lista de fontes clínicas segue o apêndice para mais aprofundamento.

Nicole Ann Ditz

É psicoterapeuta integrativa profunda, especialista há mais de vinte anos em tratamento intensivo de longa duração do trauma complexo de desenvolvimento em adultos. Para mais informações, visite o site www.holisticdepththerapy.com.

Aviso legal: o emergente campo do trauma complexo de desenvolvimento abrange inúmeros campos multidisciplinares de compreensão, que contribuem para investigações científicas de grande abrangência, conhecimento teórico e inumeráveis modalidades de tratamento. Estas incluem, mas certamente não esgotam, as ciências do cérebro, neurobiologia interpessoal, psicologia do desenvolvimento, pesquisas e práticas sobre apego, ciências cognitivas, psicanálise contemporânea relacional, modelos de desenvolvimento caracterológicos, bem como miríades de escolas de tratamento experiências, somáticas, afetivo/emocionais, baseadas em componentes e relacionais. Dada a complexidade e o espaço limitado deste apêndice, posso somente dar explicações superficiais. Você pode consultar o meu website e as fontes a seguir se estiver interessada em explorar mais esse complexo campo.

Meu estilo de terapia inclui numerosas práticas, modalidades e teorias. Essas práticas incluem, mas não se limitam a: CBT, DBT e competências de aprendizagem em matéria de tolerância a situações de emergência, dramatizações de papéis da Gestalt, psicodinâmica das relações de objeto que atuam sobre a forma como a pessoa internaliza a mãe ruim, práticas junguianas, trabalho com sonhos, as artes expressivas/registro do processo interno em diários, diálogo de vozes trabalhando com partes internas/críticas, terapia focada em solução quando surgem problemas da vida, Sistemas Internos Familiares, reconsolidação de memória, trabalho com a transferência traumática, reencenação traumática e trabalho de reparação, trabalho com dissociação estrutural interna de partes interiores, técnicas de regulação emocional do trauma, terapia transpessoal e terapia de casais profunda.

Trauma complexo de desenvolvimento é geralmente resultado de persistente abuso físico e emocional e/ou negligência, rejeição, invalidação, desarmonias emocionais crônicas e invasivas que normalmente começam na primeira infância, e que ocorrem dentro do vulnerável sistema de apegos primários da criança. Algumas vezes os pais são muito bem-intencionados, mas, por seus próprios problemas psicológicos e traumas não processados, são simplesmente incapazes de cuidar e nutrir seus filhos de formas saudáveis. O trauma de desenvolvimento pode levar a vários níveis de ruptura e desorganização multifacetadas e abrangentes, tanto da arquitetura estrutural e neural do cérebro em rápido desenvolvimento quanto no sistema nervoso autônomo, inclusive os setores simpáticos e parassimpáticos. Esses setores são responsáveis pelas reações secundárias a grandes ameaças de trauma, como luta/fuga/congelamento/colapso/desligamento. O cérebro traumatizado é marcado por uma grande falta de integração entre a altamente executiva região pré-frontal do cérebro e o mesencéfalo límbico e tronco cerebral, mais primitivos, emocionais e orientados para a sobrevivência. Secundariamente, o trauma pode diminuir a rica conectividade sináptica entre as regiões horizontais direita e esquerda do cérebro e causar desorganização entre os hemisférios. O hemisfério subcortical direito, dentre suas inúmeras outras funções, é responsável mais por armazenar memórias pré-linguísticas implícitas de traumas emocionais e sensações somáticas relacionadas ao trauma, enquanto o hemisfério esquerdo é mais orientado para a compreensão consciente abstrata lógica, analítica, verbal e cognitiva. Uma vez que uma grande parte do trauma relacional infantil é armazenado nas redes cerebrais neurais pré-verbais inconscientes, uma terapia baseada predominantemente na análise verbal cognitiva é de utilidade limitada na promoção da cura. Um terapeuta competente deve levar muito tempo conectando-se com o cérebro direito emocional subcortical primitivo do adulto através de processos baseados em apego e trabalho experiencial.

O trauma complexo de desenvolvimento com seu impacto deletério na organização do cérebro e do sistema nervoso leva a alterações cerebrais prejudiciais generalizadas nos sistemas relacional/de apego, consciência, excitação, emocional, cognitivo e perceptivo, bem como nos modelos cerebrais internos de elaboração de si, dos outros e do mundo. Isso pode levar à desregulação emocional contínua; sintomas dissociativos; prejuízo na formação de um robusto senso de identidade com frequentes e pesadas identificações baseadas na vergonha; sentimentos de solidão/isolamento generalizados; violentas reações eruptivas espontâneas ocasionais de terror, horror ou desespero; bem como níveis variáveis de ansiedade crônica, agitação, depressão e/ou raiva. Sintomas interpessoais podem incluir, por exemplo, desconfiança dos outros, ansiedade social e estilos de apego primário inseguros, como ansiedade/preocupação, evitação/indiferença e apego desorganizado. Uma visão de mundo negativa distorcida e generalizada pode se formar baseada no modo como a criança foi tratada dentro do sistema familiar traumático. Projeções complexas subconscientes podem constelar ao redor de uma nebulosa sensação de ameaça externa, mal-estar geral e medo de pessoas conhecidas e desconhecidas que possam prejudicar, invadir ou criticar o frágil eu. Por sua vez, uma outra visão de mundo traumática, baseada em uma história de infância de privação emocional inconsciente pode, pelo contrário, inconscientemente procurar uma idealizada figura materna ou paterna salvadora em relacionamentos, instituições, grupos sociais, organizações religiosas/espirituais e assim por diante.

O trauma se torna profundamente incrustado no sistema nervoso e nos caminhos neurais cerebrais da criança (e depois, do adulto). Assim, sintomas traumáticos são revividos repetitivamente na subjetividade incorporada presente do adulto por meio de sensações dolorosas, emoções, distorções perceptivas e estados oscilantes de hiperexcitação simpática e hipoexcitação parassimpática que se encontram fora da janela de tolerância do cérebro, uma janela na qual emoções e experiências podem ser facilmente integradas. Isso pode fazer os sobreviventes sentirem como se estivessem em uma montanha-russa angustiante movendo-se entre altos estados simpáticos inseguros de medo/pânico/raiva e estados parassimpáticos de entorpecimento/dissociação/colapso. O acionamento do gatilho neural dos problemas relacionados a traumas ocorre mesmo quando comunicados por associações muito sutis no ambiente diário, que lembram o cérebro subconscientemente dos eventos traumáticos da infância, desencadeando o disparo dessas velhas e enraizadas vias cerebrais neurais super-reativas. Se alguém, por exemplo, parece desatento em relação a um sobrevivente de trauma com uma história de negligência emocional, isso pode disparar no sobrevivente sentimentos desproporcionais de rejeição, abandono ou vergonha. Por consequência dessa constante repetição de experiência de trauma do cérebro e do sistema nervoso no presente, gasto muito mais do meu tempo trabalhando com as manifestações atuais e sequelas do trauma de desenvolvimento do que escavando memórias do passado. O trauma do passado não está realmente no passado, ele vive intensamente nas experiências no presente, a menos que seja feito tratamento intensivo de cura. Felizmente, nossos cérebros têm impressionante neuroplasticidade e são capazes de mudar ao longo da vida. Pesquisas na década passada sobre imagens cerebrais, biologia molecular, neurobiologia e epigenética revelaram que psicoterapia de longa duração pode fazer mudanças e modificações na plasticidade sináptica, no metabolismo neurotransmissor e até na expressão genética.

Organizações caracterológicas defensivas do falso self: essas são uma característica do trauma complexo de desenvolvimento relacional porque o cérebro da criança, o senso de identidade e a personalidade foram formados dentro do caldeirão de um sistema familiar traumatizante e ameaçador, no qual a criança teve de sobreviver. O falso self forma uma concha protetora sobre o eu central verdadeiro e é moldado para se acomodar às demandas implícitas e explícitas dos responsáveis pela criança. Essas adaptações são tentativas de preservar um inseguro e frágil vínculo de apego com o responsável primário e minimizar novos abusos e rejeição. As adaptações caracterológicas podem assumir uma miríade de formas. Na população de clientes altamente funcionais com quem eu trabalho, as adaptações que vejo com mais frequência incluem tipos que gostam de agradar/obedientes/solícitos demais; tipos fortes/heroicos/no controle; tipos compulsivamente perfeccionistas/bem-sucedidos/produtivos; tipos responsáveis/mediadores/crianças-parentificadas; tipos emocionalmente desapegados/cerebralmente dominantes; e tipos sonhadores/dissociativos/espirituais. Essas e incontáveis outras adaptações são, infelizmente, frequentemente recompensadas e reforçadas pela sociedade tanto na infância quanto na fase adulta. Muito do meu tempo como terapeuta de trauma, passei cuidadosa e gentilmente desmantelando os excessos restritivos dessas falsas personas defensivas, e ao mesmo tempo ajudando os clientes a crescer e desenvolver um exuberante, robusto e livre senso de individualidade autêntico. (Para uma interessante leitura descritiva sobre trauma, máscaras psicológicas e falso/verdadeiro self, indico que consulte meu website, seção "The Invisible Faces of Complex Trauma".)

Buraco negro: na psicanálise contemporânea e na teoria do trauma, o buraco negro é descrito como falhas dissociativas, brechas, vazios internos, experiências não formuladas e estruturas ausentes na formulação de um sólido e coeso senso de individualidade. Esses déficits, ou buracos psicológicos na estrutura do self, decorrem do desenvolvimento da pessoa na infância dentro de famílias abusivas, intrusivas e negligentes. A autêntica e sólida estrutura do self se aglutina e consolida quando uma criança se desenvolve dentro de um ambiente de cuidados familiares normalmente calmo, apoiador, seguro, protetor e emocionalmente atento.

Quando o ambiente é traumatizante, a criança não consegue relaxar e explorar a vivência intrapsíquica do seu eu, mas tem de viver, de certo modo, de dentro para fora, hipervigilante às ameaças no ambiente familiar externo, e defensivamente tentando antecipar e proteger-se de dano psicológico e, às vezes, até mesmo físico. Isso cria rupturas traumáticas no processo de autoformação. Os papéis na estrutura do self correlacionam-se com a desorganização, desregulação e dissociação estrutural interna do cérebro e do sistema nervoso. Isso, por sua vez, permite erupções primitivas de intensos efeitos avassaladores, como terror de aniquilação, horror ou intensa vergonha para às vezes romper as estruturas de defesa e inundar a criança e, mais tarde, o eu consciente adulto. Algumas clientes descrevem isso subjetivamente como sentir que podem "desaparecer, se dissolver, ser destruídas, enlouquecer, implodir ou se despedaçar". Outras descrevem esses papéis fenomenologicamente como estarem "vazias, sombrias, espaços frios do nada", e se sentem completamente sozinhas e com medo de deixar de existir.

O útero externo: como terapeuta integrativa do trauma de desenvolvimento com base relacional e profundamente integrativa, concebo a relação terapêutica corretiva de longo prazo como metaforicamente um tipo de ninho terapêutico reparador ou útero externo. A relação/aliança terapêutica tem sido empiricamente encontrada em todas as escolas teóricas da psicologia e da neurobiologia interpessoal para ser o agente central de cura, independentemente de quais outras práticas e estratégias terapêuticas sejam empregadas. Dentro desse útero terapêutico especializado, eu proporciono às minhas clientes um fluxo contínuo e constante de suprimentos psicológicos, emocionais, cognitivos e relacionais que ficaram faltando durante os seus anos críticos da infância formativos do cérebro e do autodesenvolvimento. Esse ambiente de crescimento relacional enriquecido provê milhões de micromomentos de sintonia empática, presença compassiva, responsividade hábil, ressonância, validação e valorização, suporte emocional e regulação, ressignificação de distorções perceptivas, processamento de memórias traumáticas, reparação de rupturas terapêuticas, psicoeducação, ensinamento de inumeráveis novas habilidades psicológicas e uma infinidade de oportunidades experienciais para praticar novas formas de ser um autêntico eu individuado e conectado. O útero terapêutico permite o crescimento de um novo modelo de funcionamento internalizado de apego seguro conquistado. Algumas escolas acadêmicas de psicologia referem-se a esse relacionamento terapêutico de apego como provedor de um tipo de "reparentalização limitada". Os crescentes campos das neurociências e da neurobiologia, juntamente com nova tecnologia como Ressonância Magnética Funcional, estão fornecendo mais e mais evidências de que o tipo de relacionamento terapêutico corretivo de longa duração de fato promove mudanças neuroplásticas no processamento, na integração e na estrutura cerebral.

Construindo um autêntico senso de si em terapia: o senso de si de uma pessoa é sempre formado e deformado dentro dos relacionamentos com os cuidadores parentais, começando pelo nascimento. Quando esses relacionamentos de apego primário são carregados com interações traumatizantes, bilhões de suprimentos relacionais saudáveis cruciais para o desenvolvimento de uma autêntica autoformação ficam faltando, e o processo de desenvolvimento de um sólido senso de si é profundamente desvirtuado. Entretanto, dada a permanente plasticidade cerebral, os terapeutas integrativos de trauma relacional, como eu, podem fornecer, dentro de um novo relacionamento terapêutico corretivo, e ao longo de muitos anos, suficientes suprimentos relacionais que ficaram faltando ou foram distorcidos em períodos formativos cruciais. Isso obviamente não é o mesmo que receber esses suprimentos e um relacionamento seguro de apego quando bebê ou criança. Entretanto, ainda é incrível para mim quantas das minhas clientes são capazes de evoluir de serem cronicamente desreguladas emocionalmente, perdidas, desconectadas de si mesmas, alheias às suas necessidades e desejos internos verdadeiros, presas dentro de estilos de defesa caracterológicos dolorosos e relacionamentos insalubres para se tornarem significativamente mais assertivas, confiantes, conscientes de si, vivas, emocionalmente reguladas, seguras no seu senso de autovalor e capazes de criar relacionamentos satisfatórios e de sentirem-se internamente sólidas e reais. Esse é o milagre duramente conquistado da lenta constelação da verdadeira individualidade. Parece demorar eternamente – dois passos à frente, um passo para atrás. Os velhos modos de ser, as defesas e os padrões feridos são formidáveis e tenazes. No entanto, para aquelas com perseverança, força e coragem para permanecer no curso, eu tenho testemunhado o crescimento de um senso de si autêntico e em evolução em muitas pessoas que começaram se sentindo destroçadas, inúteis e sem esperança. As pessoas são feridas em relacionamentos traumatizantes iniciais, mas também podem ser ajudadas a mudar, e se curar e desenvolver um novo senso de si dentro de relacionamentos hábeis e emocionalmente responsivos durante todo o ciclo de vida. É impossível desenvolver um autêntico senso de si sozinho.

Mãe interior, criança interior e vínculo interno: partes da criança interior são consideradas subpersonalidades em um adulto saudável, não traumatizado. Elas carregam marcas de desenvolvimento em nosso cérebro feitas por nossas experiências formativas na infância: memórias explícitas e implícitas, sentimentos, crenças, visões sobre nós mesmas e sobre o mundo, assim como as primeiras experiências de apego primário. No caso do trauma de desenvolvimento, essas experiências formativas foram repletas de emoções profundamente angustiantes, como medo, vergonha, desconfiança e mágoa nas relações primárias, e uma ausência básica de segurança e proteção emocional. Para os sobreviventes de trauma, essas partes infantis ou estados regressivos do cérebro são sempre, pelo menos inicialmente, parcialmente dissociadas dentro do sistema do self para permitir que o adulto funcione no mundo. Podemos conceber metaforicamente essas partes infantis traumatizadas conforme aparecem na pessoa adulta durante atividades simpáticas do sistema nervoso desreguladas, como forte medo ou raiva, ou estados parassimpáticos superativos, como vergonha e desespero. Podemos continuar a estender essa metáfora para a ideia de estados da criança interior traumatizada como sendo representativos da atividade da região subcortical inconsciente do tronco encefálico e região límbica, associadas com as emoções fortes pré-linguísticas, sensações, necessidades de sobrevivência, modelos de funcionamento interno distorcidos de relações de apego inseguras, bem como estados traumáticos de luta/fuga/congelamento/desligamento.

A "mãe interior" metafórica pode ser imaginada associada às regiões cerebrais bilaterais pré-frontais executivas maduras marcadas pela razão consciente, lógica, solução de problemas e competências interoceptivas de autorreflexão. Essa mãe interior tem a capacidade de desenvolver autoliderança sistêmica, aprendendo a se regular e acalmar intensos estados de estresse nas subpartes infantis e traduzi-las em compreensão conceitual e ações efetivas. Essas capacidades cerebrais executivas da mãe interior são aprendidas ao internalizar, ao longo do tempo, as funções "maternais" da terapeuta do trauma. Sobreviventes de trauma muitas vezes têm inicialmente pouca capacidade de percepção e de autorregulação emocional, pois estados afetivos primários traumatizados são muito fortes e facilmente sobrecarregam as regiões superiores do cérebro. Assim, a terapeuta deve atender diretamente para fornecer recursos relacionais e cuidados emocionalmente sintonizados para as partes infantis da pessoa adulta por um bom tempo, até que ela desenvolva a capacidade de dominar estas habilidades por ela mesma.

Ao longo de muito tempo, conforme se forme um vínculo de apego interno seguro entre a mãe interior e a criança interior, o cérebro se torna mais integrado vertical e horizontalmente, do alto para baixo, e por meio dos hemisférios direito e esquerdo. Isso confere ao sobrevivente em processo de cura uma sensação de mais calma, harmonia, competência, segurança, proteção, regulação emocional e bem-estar. As subpartes da criança interior não desaparecem, como alguns acreditam; pelo contrário, ela cresce com a sensação de estar emocionalmente segura e compassivamente atendida pela presença amorosa de um self materno interior. Eles são lentamente integrados ao multifacetado senso de identidade da pessoa. Essa coerência cerebral interna permite que a pessoa conduza as tarefas da vida adulta de forma competente, enquanto é infundida a com a vitalidade, imaginação e vividez das partes infantis curadas e organizadas.

Se você estiver interessada em ler mais, indico as seções do meu website: "Trauma and Treatment of the Inner Child e Voices of the Inner Child".

Fontes clínicas sobre o trauma complexo do desenvolvimento, psicoterapia e as neurociências

Armstrong, Courtney. *Rethinking Trauma Treatment: Attachment, Memory Reconsolidation, and Resilience*. Nova York: W. W. Norton & Company, 2019.

Badenoch, Bonnie. *The Heart of Trauma: Healing the Embodied Brain in the Context of Relationships*. Nova York: W. W. Norton & Company, 2017.

Cozolino, Louis. *The Neuroscience of Psychotherapy: Building and Rebuilding the Human Brain*. Nova York: W. W. Norton & Company, 2002.

Fisher, Janina. *Healing the Fragmented Selves of Trauma Survivors: Overcoming Internal Self Alienation*. Nova York: Routledge, 2017.

Heller, Laurence, E Aline LaPierre. *Healing Developmental Trauma: How Early Trauma Affects Self-Regulation, Self-Image, and the Capacity for Relationships*. Berkeley: North Atlantic Books, 2012.

Pease Banitt, Susan. *Wisdom, Attachment, and Love in Trauma Therapy: Beyond Evidence Based Practice*. Nova York: Routledge, 2019.

Schore, Allan N. *Right Brain Psychotherapy*. Nova York: W. W. Norton & Company, 2019.

Solomon, Marion, E Daniel J. Siegel, editores. *How People Change: Relationships and Neuroplasticity in Psychotherapy*. Nova York: W. W. Norton & Company, 2017.

Streep, Peg. *Daughter Detox: Recovering from an Unloving Mother and Reclaiming Your Life*. Ile D'Espoir Press, 2017.

Van der Kolk, Bessel. *O corpo guarda marcas: cérebro, mente e corpo na cura do trauma*. Rio de Janeiro: Sextante, 2020.

Bibliografia

Bargh, John A. *O cérebro intuitivo: os processos inconscientes que nos levam a fazer o que fazemos*. Rio de Janeiro: Objetiva, 2020.

Bowlby, John. *A Secure Base: Parent-Child Attachment and Healthy Human Development*. Nova York: Basic Books, 1988.

Brach, Tara. *Aceitação radical: como despertar o amor que cura o medo e a vergonha dentro de nós*. Rio de Janeiro: Sextante, 2021.

Bradshaw, John. *Volta ao lar: como resgatar e defender sua criança interior*. Rio de Janeiro: Rocco, 1993.

Cori, Jasmin Lee. *Mãe ausente, filho carente: como reconhecer e curar efeitos invisíveis da negligência emocional na infância*. Barueri: Manole, 2018.

Dworkin, Andrea. *Pornography: Men Possessing Women*. Nova York: Plume, 1989.

Evans, Patricia. *Como enfrentar a violência verbal: aprenda a se defender de relações abusivas*. Rio de Janeiro: Sextante, 2015.

Friday, Nancy. *Minha mãe/meu modelo: uma filha em busca de sua identidade*. Rio de Janeiro: Record, 1980.

Gibson, Lindsay C. *Filhos adultos de pais emocionalmente imaturos: como se curar de pais que rejeitam ou que são distantes e egoístas*. São Paulo: nVersos, 2021.

Harris, Massimilla. *Into the Heart of the Feminine: An Archetypal Journey to Renew Strength, Love, and Creativity*. Asheville: Daphne Publications, 2014.

Lerner, Gerda. *A criação do patriarcado*. São Paulo: Cultrix, 2019.

Martinez, Mario E. *The Mindbody Code: How to Change the Beliefs That Limit Your Health, Longevity, and Success*. Boulder: Sounds True, 2016.

Maté, Gabor. *In the Realm of Hungry Ghosts: Close Encounters with Addiction*. Toronto: Vintage Canada, 2018.

Millett, Kate. *Sexual Politics*. Nova York: Columbia University Press, 2016.

Moffitt, Phillip. "Healing Your Mother (or Father) Wound". 2011. Disponível em: www.dharmawisdom.org/teachings/articles/healing-your-mother-or-father-wound. Acessado em: 22 mar. 2022.

Oliver, Mary. *Dream Work*. Boston: Atlantic Monthly Press, 1986.

Penny, L. Most Women You Know Are Angry – and That's All Right. *Teen Vogue*, 2 ago. 2017. Disponível em: www.teenvogue.com/story/women-angry-anger-laurie-penny. 22 mar. 2022.

Piercy, Marge. *Circles on the Water: Selected Poems of Marge Piercy*. Nova York: Knopf, 2002.

Reuther, Linda. Homecoming. Em *Her Words: An Anthology of Poetry about the Great Goddess*, editado por Burleigh Mutén, 222. Shambala, 1999.

Rich, Adrienne. *On Lies, Secrets, and Silence: Selected Prose, 1966–1978*. Nova York: W. W. Norton & Company, 1995.

Shaw, George Bernard. *Annajanska, the Bolshevik Empress*. Whitefish: Kessinger Publishing, 2004.

Sieff, Daniela F. Confronting Death Mother: An Interview with Marion Woodman. Spring Journal 81 (2009): 177–199.

Tolle, Eckhart. *O poder do agora: um guia para iluminação espiritual*. Rio de Janeiro: Sextante, 2000.

Winnicott, D. W. Ego Distortion in Terms of True and False Self. Em *The Maturational Processes and the Facilitating Environment: Studies in the Theory of Emotional Development*, 140–57. Nova York: International Universities Press, Inc., 1965.

Permissões

Páginas 6 e 7: Em *Dream Work*, copyright © 1986 by Mary Oliver. Usado sob permissão de Grove/Atlantic, Inc. e The Charlotte Sheedy Literary Agency. Qualquer uso deste material por parte de terceiros, fora desta publicação, é proibido.

Página 27: Em *The Power of Now: A Guide to Spiritual Enlightenment*. Copyright © 2004 Eckhart Tolle. Usado com permissão.

Páginas 41 e 245: Trecho de "Husband-Right and Father-Right" e trecho de "Disloyal to Civilization: Feminism, Racism and Gynephobia" em *On Lies, Secrets and Silence: Selected Prose 1966–1978* de Adrienne Rich. Copyright 1979 de W. W. Norton & company, Inc. Usado com a permissão de W. W. Norton & Company, Inc.

Páginas 49 e 50, 107 e 108, 155: Republicado sob a permissão de New Harbinger, em *Adult Children of Emotionally Immature Parents: How to Heal from Distant, Rejecting, or Self-Involved Parents*, de Lindsay C. Gibson, 2015; permissão obtida através da Copyright Clearance Center, Inc.

Páginas 105 e 106: O conceito de "As Muitas Faces da Boa Mãe" foi adaptado de *The Emotionally Absent Mother*, segunda edição expandida e atualizada por Jasmin Lee Cori (The Experiment, 2017).

Página 127: Em *Pornography: Men Possessing Women*, de Andrea Dworkin. Copyright © 1989 com a permissão de Elaine Markson Literary Agency.

Páginas 136 e 137: De "Healing Your Mother (or Father) Wound", de Phillip Moffitt, https://dharmawisdom.org/teachings/articles/healing-your-mother-or-father-wound. Usado com permissão.

Página 145: Estados Unidos e Canadá, "Right to life" de *Circles on the Water*, de Marge Piercy, copyright © 1982 by Middlemarsh, Inc. Usado com a permissão de Alfred A. Knopf, impresso por Knopf Doubleday Publishing Group, uma divisão da Penguin Random House LLC. Todos os direitos reservados. Países fora dos Estados Unidos e Canadá: "Right to life", de Marge Piercy, copyright © 1979, 1982 de Marge Piercy e Middlemarsh, Inc. De *Circles on the Water*, Alfred A. Knopf, 1982. Primeira aparição em *Sojourner*, agosto de 1979. Usado com a permissão de The Wallace Literary Agency, uma divisão da Robin Straus Agency, Inc.

Páginas 165: De Sieff, Daniela F. (2009) "Confronting Death Mother – An interview with Marion Woodman." *Spring Journal* 81, pp. 177–199. Usadas com permissão.

Página 185: Em *Sexual Politics*, de Kate Millett. Copyright © 2016 Columbia University Press. Reimpresso com a permissão do editor.

Página 211: Em *Homecoming*, de Linda Reuther. Em *Her Words: An Anthology of Poetry About The Great Goddess*. Editado por Burleigh Mutén. Copyright © 1999 Shambala.

Facebook é uma marca registrada da Meta.

Netflix é uma marca registrada da Netflix, Inc.

Teen Vogue é uma marca registrada da Condé Nast. Todos os direitos reservados.

U-Haul é uma marca registrada da U-Haul International, Inc. Todos os direitos reservados. As marcas e os direitos autorais da U-Haul International, Inc. são usados sob licença pela Web Team Associates, Inc.